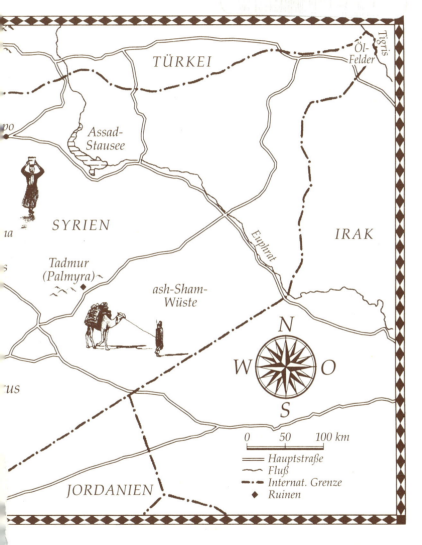

Lieve Joris   Die Tore von Damaskus

Lieve Joris

Die Tore von Damaskus

Aus dem Niederländischen von
Barbara Heller

MALIK

Die Originalausgabe erschien 1993 unter dem Titel
»De poorten van Damascus« bei
J. M. Meulenhoff in Amsterdam.

ISBN 3-89029-107-4

© Lieve Joris und J. M. Meulenhoff bv, Amsterdam 1993
Deutsche Ausgabe:
© Piper Verlag GmbH, München 1998
Gesamtherstellung: Ebner Ulm
Printed in Germany

I

HALA ist fülliger geworden und hat sich, wie es hier Mode ist, die Haare blond färben lassen, aber die Art, wie sie sich umsieht, ist noch die gleiche. Der schnurrbärtige Dirigent der Militärkapelle im Park – sie stößt mich an und nickt vielsagend in seine Richtung – ertrinkt schier in seiner Jacke mit den mächtigen Epauletten. Und diese pompösen Bewegungen! Dabei sehen die Musiker gar nicht zu ihm hin, sie haben nur Augen für ihre Noten.

»Warum sind da keine Geigen dabei, Mama?«

Hala streicht Asma übers Haar. »Weil das Marschmusik ist. Kannst du dir vorstellen, daß man mit Geigen in den Krieg zieht? Da braucht man mindestens Trompeten!«

Es ist unser erster Spaziergang durch Damaskus, und ich komme mir an Halas Seite fast wie eine Blinde vor. Sie führt mich an vertraute Orte, und langsam kehren die Erinnerungen wieder. Über dem Eingang zum Suq hängt ein riesiger lachender Assad, im Hintergrund ein Miniatur-Damaskus. Der Präsident schielt leicht, was seinem Gesicht einen etwas durchtriebenen Ausdruck verleiht – kein sehr schmeichelhaftes Porträt. Die ganze Stadt hängt voll von solchen Bildern. Jung, alt, mit Brille, ohne Brille; seit ich hier angekommen bin, habe ich ihn in allen möglichen Varianten gesehen. Heute morgen ist sogar ein Mercedes mit Assad-Sonnenblenden vorbeigerauscht.

»Ich kann mich gar nicht erinnern, daß er früher so allgegenwärtig war.«

»Die Idee hat er aus Nordkorea«, sagt Hala und lächelt geringschätzig. »Nach seinem Staatsbesuch dort hat er das ganze Land mit diesen Bildern pflastern lassen. Als ob wir nicht wüßten, wie er aussieht.«

Rings um die Omayyaden-Moschee ist ein Teil des Suqs abgerissen worden, angeblich damit der Präsident an den Feiertagen im Auto zum Gebet fahren kann, aber jeder hier kennt den wahren Grund: Wenn in Damaskus ein Aufstand ausbricht, muß die Altstadt für Panzer erreichbar sein.

Hala zieht mich mit sich in den Gewürzbasar, wo es nach Kaffee, Zimt und Muskat duftet. Durch die Löcher in dem Wellblechdach fallen Lichtflecke auf das Kopfsteinpflaster. Vor einem kleinen Laden mit Naturheilmitteln bleiben wir stehen. Auf einem der Holzregale prangt ein Glasbehälter mit getrockneten Seepferdchen. Die Aufschrift verkündet: *Animal from the sea to make the man strong at night in the bed.*

Wir lachen und wandern weiter durch die engen Altstadtgassen. Hala liest die Todesanzeigen an Laternenpfählen und Hauswänden, sieht sich die Fotos der Verstorbenen an und rechnet nach, wie alt sie geworden sind. Eine Marotte, sagt sie, schon als Kind habe sie das getan.

Aus offenen Fenstern dringen aufgeregte Stimmen auf die Straße hinaus. Asma spitzt die Ohren. »Ihre Lieblings-Radiosendung«, flüstert Hala. Jede Woche wird die dramatische Rekonstruktion eines berühmten Mordes gesendet.

»Und worum geht es diesmal?«

Hala lauscht. Es ist eine Affäre, die vor etwa zehn Jahren viel Staub aufgewirbelt hat. An der Universität von Damaskus war eine Studentin ermordet worden. Um die ausbrechende Panik zu unterdrücken, wurde ein x-beliebiger junger Mann verhaftet und gehängt. »In Syrien ist es schwierig, die Wahrheit über ein Verbrechen ans Licht zu bringen«, seufzt Hala. Vor Jahren hatte eine Serie von Vergewaltigungen junger Mädchen eine Kleinstadt im Norden in helle Aufregung versetzt. Der Täter gestand fünfzehn der Verbrechen, doch die meisten Opfer wollten aus Scham nicht aussagen. Die Stadt blieb stumm – die Eltern eines vergewaltigten Mädchens sind imstande, ihre Tochter zu töten, weil sie nicht mehr Jungfrau ist. Niemand wagte über den Fall zu schreiben, aus Angst, Unruhe zu verbreiten.

Ins Gespräch vertieft, sind wir weitergegangen, doch jetzt zieht Asma ihre Mutter ungeduldig am Arm. »Wo gehen wir denn hin, Mama?«

»Nirgends, wir laufen nur so herum.«

»Aber wohin denn?« Asma versteht nicht. Es ist Hochsommer, die Sonne brennt erbarmungslos herab, und Asma will nach Hause. Als wir endlich einwilligen, vollführt sie einen kleinen Freudentanz.

Sie wohnen in einem Arbeiterviertel, in dem die Straßen keine Namen und die Häuser keine Nummern haben. Das Haus ist zwar durch eine Mauer von der Straße getrennt, aber von gegenüber kann man aus dem zweiten Stock direkt in die Zimmer schauen. Eine Frau im weißen Kopftuch sitzt dort den ganzen Tag am Fenster, und wenn sie nicht da ist, nimmt ihr Sohn ihren Platz ein. Die beiden sehen, wer durch die Straße geht, wer im Gemüseladen einkauft, wer wann weggeht oder nach Hause kommt. Sie sehen Asma mit ihren Freunden Fußball spielen und später an das eiserne Tor hämmern, in der Hand eine Tüte *bizr* – gesalzene Sonnenblumenkerne.

Warum wir uns nicht in den kühlen Schatten des Feigenbaums im Hof setzen, ist mir ein Rätsel – bis ich eines Tages beim Wäscheaufhängen merke, daß auch in den Häusern hinter unserem neugierige Nachbarn aus den Fenstern spähen. Nicht einmal, als ich zu ihnen hochschaue, ziehen sie den Kopf zurück.

Hala hatte mir schon von ihrem Haus geschrieben. Daß es größer sei als das alte, daß darin mehr Platz für mich sei. Ich hatte mir wunder was vorgestellt und war ziemlich enttäuscht, als ich meine Koffer an der Tür absetzte. Ein schmaler Flur, ein Wohnzimmer mit einer karierten Polstergarnitur, ein Schlafzimmer, eine kleine Küche mit einem Spülstein aus Granit. Hoch oben auf dem Schlafzimmerschrank ein

Plastikblumenarrangement, in Zellophan verpackt. Die große Schanghaiuhr im Flur ist stehengeblieben.

Doch Hala, so merke ich bald, ist hier glücklich. Von drei Dingen hat sie immer geträumt: Bad, Telefon und Waschmaschine. Sie hat schwer darum kämpfen müssen, aber sie hat sie alle drei bekommen. Für eine Wohnung wie diese müßte sie inzwischen das Zehnfache bezahlen.

Später sehe ich, mit wieviel Sorgfalt sie die Zimmer eingerichtet hat. Das Blau der Sitzgruppe kehrt in den geblümten Vorhängen wieder, und überall finden sich Spuren ihres Kampfes gegen den Platzmangel. Die Hochzeitsgeschenke, in ihrem früheren Haus unter dem Bett verstaut, liegen jetzt auf dem Kleiderschrank. Der Klapptisch im Flur wandert durch die ganze Wohnung, von der Küche, wo wir zu Mittag essen, ins Wohnzimmer, wo wir essen, wenn der Fernseher läuft. Außerdem dient er Hala als Schreibtisch und Asma als Spiel- und Hausaufgabentisch.

Kaum sind wir zu Hause, wirft Hala ihre Kleider aufs Bett und verschwindet im Badezimmer. Der winzige, kahle Raum mit Boiler, Wasserhahn und Plastikwanne wird zum dampfenden, schäumenden türkischen Bad. Auf einem Hocker sitzend, übergießt Hala sich mit Wasser und wäscht sich so die Hitze des Spaziergangs und den Straßenstaub ab. In ein Badetuch gewickelt taucht sie wieder auf, lachend, zufrieden, hinter sich eine Dampfwolke. »Am ersten Tag schuf Gott die Erde«, sagte sie, »am zweiten Tag das Bad.« Sie zieht sich ein Nachthemd an, eine Gewohnheit, die mich anfangs befremdet, die ich aber bald selbst übernehme.

Asma liegt mit der *bizr*-Tüte auf dem Schoß auf dem Wohnzimmersofa und sieht sich einen Zeichentrickfilm an. Hala und ich hören uns auf dem großen Bett im Schlafzimmer die neueste Kassette der libanesischen Sängerin Fayruz an. Ab und zu fällt im Hof mit leisem Aufprall eine Feige vom Baum, oder aus der Nachbarschaft ertönt Kinderschrei.

Das Viertel, vor vierzig Jahren noch außerhalb gelegen, hat

sich inzwischen behaglich an die Stadt angeschmiegt. Es ist ein Dorf, auch wenn seine Bewohner von überallher kommen und in keiner Weise zusammengehören. Voriges Jahr ist in einem Haus ein paar Straßen weiter eine Gasflasche explodiert. Es geschah mitten in der Nacht, und die Frauen liefen im Morgenrock auf die Straße hinaus. Fünf Tote. Das Haus ist wieder instandgesetzt, aber niemand geht daran vorbei, ohne an damals zu denken. Ein solches Drama verschafft dem Viertel unfreiwillige Berühmtheit. Am Nachmittag erzählt Hala mir von einem weiteren Vorfall, den die Nachbarn nicht so schnell vergessen werden.

Sie war hochschwanger, als sie hierherzog. Ihre Tante, eine ehemalige Krankenschwester, hatte angeboten, ihr zu helfen, aber es war eine so schwere Geburt, daß Hala Angst bekam, sie nicht zu überleben. »Willst du nicht doch lieber ins Krankenhaus? Soll ich dort anrufen?« keuchte ihre Tante. Als ob das noch möglich gewesen wäre! Ihre Schwester Zahra zerrte so ungeschickt an ihren Beinen, daß es noch tagelang wehtat.

Hala hatte Ahmed gebeten, bei ihr zu bleiben, aber der Anblick setzte ihm so zu, daß er ins Wohnzimmer flüchtete und schließlich sogar das Haus verließ. Ihre Beziehung befand sich in einer schwierigen Phase. Typisch Ahmed, den Kopf voll himmelstürmender Ideen, aber mit dem kleinen Wesen im Haus wußte er nichts anzufangen. Er wollte, daß das Kind nachts zwischen ihnen schlief. Ein so kleines Ding, so winzige Fingerchen – Hala hatte Angst, er könnte es im Schlaf erdrücken.

Bereits nach einer Woche wollte er mit dem Baby auf den Markt. Es sei noch viel zu klein, protestierte Hala, aber er wickelte Asma in eine Decke und ging los. Nach einer Stunde war er wieder da. Das sei ja langweilig, beklagte er sich, Asma habe sich überhaupt nicht umgesehen, sie habe die ganze Zeit geschlafen!

Aber es gab auch andere Momente. Hala hatte gehört, daß Säuglinge sofort schwimmen können, wenn man sie ins Wasser wirft. Sollten sie es probieren? Ein aufregender Gedanke. Sie stellten eine Wanne mit Wasser unter den Feigenbaum und ließen Asma hineingleiten. Es war ein rührender Anblick, wie das kleine Würmchen in der Wanne zappelte, doch wenn sie es nicht herausgeholt hätten, wäre es ertrunken.

Als Asma vier Wochen alt war, klingelte es eines Nachmittags an der Haustür. Hala war nach der Entbindung noch nicht ganz wiederhergestellt, sie fühlte sich fiebrig und erschöpft. Gerade hatte sie Hammelkeulen aufgesetzt, Ahmeds Lieblingsgericht. Sie machte auf und sah sich etwa dreißig Männern gegenüber, alle mit dem Gewehr im Anschlag. »Wo ist dein Mann?« Sie schoben sie beiseite, stürmten hinein und stellten alles auf den Kopf. Hala lief völlig aufgelöst zwischen den Zimmern hin und her. Was suchten sie? »Wir sind keine Moslembrüder«, beteuerte Hala. Sie wußte, daß der Geheimdienst *mukhabarat* sie schon seit Wochen im Visier hatte.

»Die suchen wir auch nicht«, schnauzten die Männer sie an, »aber ihr seid Marxisten.« Sie stopften alle Papiere, Briefe und Zeitungen, die sie finden konnten, in Tüten, und ein Teil von ihnen zog ab. Sechs Mann blieben zurück. Sie würden auf Ahmed warten, erklärten sie grimmig.

Der Duft der Hammelkeulen zog durchs ganze Haus. Ahmed konnte jeden Moment kommen. Wie sollte sie ihn warnen? Sie konnte nur hoffen, daß er schon Bescheid wußte oder daß das ungewohnte Treiben in der Straße ihn stutzig machen würde. Auch vor der Haustür standen Posten, die sich eifrig mit ihren Walkie-Talkies zu schaffen machten.

Das Kind hatte zu weinen angefangen. Sie nahm es hoch, versuchte es zu beruhigen und brach selbst in Tränen aus. Da klingelte es. Es war ein Freund von Ahmed. Sie sah gerade noch sein bestürztes Gesicht, dann wurde er gepackt und abgeführt. Jeder, der sie an diesem Tag besuchen wollte, wurde verhaftet.

Nur Ahmed kam nicht. Als die Männer Anstalten machten, im Wohnzimmer zu übernachten, zog Hala sich ins Schlafzimmer zurück. Voll Angst lag sie in dem großen Bett. Stundenlang hatte sie geweint, und jetzt glühten ihre Wangen vom Fieber. Im Halbdunkel sah sie Ahmeds karierten Schlafanzug, den er am Morgen achtlos über Asmas Gitterbettchen geworfen hatte. Die Tür ging auf, und eine Gestalt schlich sich ins Zimmer, trat ans Kinderbett und nahm den Schlafanzug. Hala klopfte das Herz bis zum Hals: Ahmed war doch noch gekommen! »Du mußt weg!« flüsterte sie. »Das Haus ist voll von *mukhabarat*-Leuten, sie suchen dich!«

Doch als sie aufwachte, lag sie allein im Bett, und das Haus war von fremden Männerstimmen und dem Knistern und Rauschen der Walkie-Talkies erfüllt. Ahmed war tags zuvor am Eingang der Straße festgenommen worden. Später erfuhr sie, daß er in der ersten Nacht brutal gefoltert worden war – und währenddessen war sein Geist in einem Fiebertraum bei ihr gewesen.

Die Männer blieben. Sie schienen noch weitere Besucher zu erwarten. Die erste, die vor der Tür stand, war Halas Mutter. Die Nachbarn hatten sie angerufen und ihr gesagt, daß es in Halas Haus nicht mit rechten Dingen zugehe. Die Männer zwangen sie zu bleiben. Sie schlief auf einer Bank im Hof, kochte für sie und schickte sie einkaufen. Asma weinte jede Nacht und spuckte hundertmal hintereinander den Schnuller aus.

Eines Abends klingelte ein betrunkener Freund an der Haustür. Als er den *mukhabarat*-Leuten Auge in Auge gegenüberstand, fing er an zu schreien, zerriß sein Hemd und beteuerte, er sei einer von ihnen. Sie zerrten ihn ins Haus und riefen ihren Anführer herbei. Der Freund arbeitete tatsächlich für den *mukhabarat*, was sie jedoch nicht hinderte, ihn festzunehmen.

Nach und nach wurde es ruhiger. Hala vermutete, daß die Razzia auf die ganze Stadt ausgedehnt worden war. Vielleicht waren inzwischen alle gewarnt worden und untergetaucht oder bereits hinter Schloß und Riegel. Die Männer schienen auf einen der Führer einer kommunistischen Splittergruppe zu warten, der Ahmed angehörte, aber er kam nicht, und nach zwei Wochen zogen sie wieder ab.

Es ist Abend geworden, gerade ist das »*Allahu akbar*« des Muezzins in der nahegelegenen Moschee verklungen, und im ganzen Viertel scheint dasselbe Fernsehprogramm zu laufen. Wie viele Stunden liegen wir schon auf dem Bett? Hala redet und redet, seit Jahren hat sie nicht mehr so viel geredet, sagt sie. Alle hier haben die gleichen Probleme, wieso soll man einander damit lästig fallen? Aber jetzt, da sie einmal angefangen hat, ist sie nicht mehr zu bremsen.

Der Zeichentrickfilm ist längst zu Ende. Asma hat ihre Puppen aus dem Schrank geholt und sie mit einer wassergefüllten Spritze verarztet, und immer noch liegen wir auf dem Bett. Trotzig steht sie vor uns: »Mama, ich hab heute noch überhaupt nichts gesagt! Wenn du die ganze Zeit mit *ihr* redest, mit wem soll *ich* dann reden?«

Hala zieht sie zwischen uns auf das große Bett. Die erste Nacht haben wir zu dritt darin geschlafen, aber Asma schlägt nachts so wild um sich, daß die beiden ins Wohnzimmer umgezogen sind. Da schlafen sie im Sommer immer, hat Hala mich beruhigt, es ist dort kühler. Abends höre ich sie wie ein Liebespaar miteinander flüstern und lachen.

Mein Besuch hat Asmas Leben gehörig durcheinandergewirbelt. Hinter Hala versteckt, stand sie bei meiner Ankunft am Flughafen, ein schüchternes kleines Mädchen mit funkelnden schwarzen Augen. Zu Hause zeigte sie mir ihre Schätze: das Atari-Spiel, das Fernglas, den Walkman, die Madonna- und George-Michael-Kassetten, den amerikanischen Trinkbecher, der ein Weihnachtslied spielt, die Rambo- und Batman-Sticker, ihre Puppenfamilie. Sie geht pfleglich mit ihren Sachen um; den Bären, den ich ihr vor sieben Jahren geschickt habe, und auch die rote Umhängetasche hat sie immer noch. Die Geschenke, die ich ihr diesmal mitgebracht habe, hat sie in der Nachttischschublade verstaut. Manchmal baut sie auf dem Klapptisch eine Spielzeugausstellung auf.

Nach diesen Kennenlernritualen aber sind wir verstummt. Mein Arabisch ist nicht so gut, daß wir uns richtig miteinander unterhalten könnten, und sie lernt in der Schule zwar Französisch, aber bisher habe ich noch kein französisches Wort von ihr gehört. Elf Jahre ist sie mit ihrer Mutter schon allein. Ich bin in ihr Revier eingedrungen, ich nehme ihr etwas weg. Und was gebe ich ihr dafür? Die Sängerin Sandra kenne ich nicht, das Atari-Spiel ebensowenig, ich kann nicht Karten spielen, ich kann gar nichts! Die Scheu der ersten Tage hat sich in nichts aufgelöst, Asma ist voller Abwehr.

»Das gibt sich schon wieder«, beruhigt mich Hala. Sie hat Brathähnchen geholt und ist unterwegs dem Milchmann begegnet. Jetzt ertönt seine heisere Stimme ganz in der Nähe: »*Halib! Haliiib!*« In den Taschen, die er seinem Pferd über den Rücken gehängt hat, stehen Blechkannen. »Pferdemilch«, lacht Hala, während sie in die Küche trippelt. Früher kam ein Mann mit seiner Schafherde in die Straße und die Milch wurde frisch gemolken.

Draußen ist es kühler geworden, der Jasminstrauch vor dem Haus beginnt süß zu duften – die beste Zeit, um aus dem Haus zu gehen. Die Läden haben noch geöffnet, die Schaufenster sind erleuchtet. An der Ecke stehen ein paar Jungen und flüstern: »Marlboro, Winston, Lucky Strike.« Schmuggelware aus dem Libanon, erklärt Hala.

Leute flanieren an den Schaufenstern vorbei, Männer halten sich mit dem kleinen Finger eingehakt. Sie kaufen *ful* – braune Bohnen –, die sie im Stehen verzehren. Der Abend erweckt die Straßen zum Leben, verwischt die harten Konturen. Die gesichtslosen neuen Wohnblocks verschwimmen in der Dämmerung, in der Ferne schimmert märchenhaft das hellgrüne Minarett der Moschee. Die häßlichen Mäntel, die viele Moslemfrauen neuerdings tragen, wirken plötzlich nicht mehr so grau, und unter ihren Kopftüchern schwatzen die Frauen ausgelassen miteinander. Selbst das Assad-Foto am Fahrrad des *ful*-Verkäufers wirkt bei diesem Licht fröhlich.

Zum ersten Mal, seit ich angekommen bin, habe ich das aufregende Gefühl, in die Intimsphäre dieser Stadt einzudringen. Genauso sind Hala und ich damals durch den Suq von Bagdad gegangen, als mein Blick auf einen winzigen Friseursalon fiel, kaum breiter als die Tür. Rotes Licht, glitzernder Wandschmuck – die Frivolität eines Bordells – und dazwischen in dem gesprungenen Spiegel das Gesicht eines Mannes, der mit Hingabe eingeseift wurde. Die Lippen des Friseurs bewegten sich, er schien etwas Lustiges zu erzählen, denn die beiden Männer, die in den verschlissenen Sesseln warteten, bogen sich vor Lachen. Alle Schrecken des Golfkrieges hatten diese Szene nicht aus meinem Gedächtnis zu tilgen vermocht. Tagsüber die Transparente mit den hohlen Phrasen, die riesigen Porträts des Präsidenden al-Bakr und seiner rechten Hand Saddam Hussein, und abends die vier Männer, in einem Ritual vereint, das so intim war, daß ich beschämt den Kopf abwandte, bevor sie mich bemerkten.

Hala lächelt. Sie hat vor kurzem das Buch eines Damaszener Barbiers gelesen, der vor zweihundert Jahren im Herzen des Suqs ein kleines Geschäft betrieb. *Das tägliche Leben in Damaskus in den Jahren 1741 bis 1762* lautet der Titel. Der Barbier schreibt über den gefürchteten Pascha al-Azm, den Gouverneur, der im Namen des türkischen Sultans in Damaskus das Szepter schwingt, über die Morde in der Altstadt, die Soldaten, die den Mädchen nachstellen, die steigenden Preise, die Bestechungsgelder, die gezahlt werden müssen. »Wenn man das liest, weiß man, daß sich hier nichts geändert hat. Früher war das Auge des Paschas überall, jetzt ist es das Auge des Präsidenten und seiner Leute.«

Asma ist in einem Laden verschwunden und kommt mit einer kleinen Tüte grellfarbiger Smarties aus heimischer

Produktion wieder heraus. Sosehr sie zu Hause am Rockzipfel ihrer Mutter hängt – draußen ist sie selbständiger als andere Mädchen ihres Alters. Jungenhafter auch. Sie trägt Jeans und ein T-Shirt, auf das Hala die Nummer ihres Lieblingsfußballers aufgebügelt hat. Asma weigert sich standhaft, Röcke anzuziehen. In ein paar Jahren könnte ihr Verhalten zum Problem werden. Schon jetzt bekommt Hala entsprechende Bemerkungen zu hören. Daß sie Asma einfach so auf der Straße spielen lasse! Mit Jungen! Und wenn etwas passiert?

Das ist die Wohngegend, sagt sie. All diese Menschen, die von überallher kommen – sie sind so konservativ, weil sie so viel verloren haben. Die echten Damaszener sind viel liberaler. Sie selbst ist in einer besseren Gegend aufgewachsen. Auch sie hat als Kind viel mit Jungen gespielt.

Wir sind ein gutes Stück gegangen. Damaskus liegt in einem Tal, und jetzt taucht der lichtübersäte Quassyun-Berg vor uns auf. Dort oben liegen die Gartenlokale, von denen man einen herrlichen Blick über die Stadt hat. Früher haben wir dort manchmal gesessen und *nargileh* – Wasserpfeife – geraucht. Doch Hala denkt an andere Dinge. »Überall auf den Hügeln stehen Panzer. Wenn hier mal ein Aufstand ausbricht, ist die Stadt sofort eingekesselt.« Ihre Stimme klingt bekümmert. »Manchmal fühle ich mich richtig eingesperrt – als wäre Damaskus ein einziges großes Gefängnis.«

Ich hatte geglaubt, die arabische Welt hinter mir gelassen zu haben. Entnervt von den Komplott-Theorien über Israel und seine westlichen Satelliten, die es angeblich auf den Untergang der Araber abgesehen hatten, war ich 1982 nach Israel gefahren. Es war weder einfach noch angenehm gewesen, dazu waren mir die Sorgen der Araber zu vertraut, aber die Rückkehr zu den Phrasen meiner arabischen Bekannten war auch nicht leicht gewesen. Ausstellungen palästinensischer

Kinderzeichnungen zum Thema der Aggression des israelischen Feindes – ich konnte ihnen nicht mehr glauben.

Und dann kam der Golfkrieg. Anfangs hielt ich mich weitgehend heraus; diesem Saddam Hussein sollte man ruhig eine Lektion erteilen. Ich war sowohl in Kuwait als auch im Irak gewesen, und das Regime des Emirs al-Sabah war mir immer noch lieber als das von Saddam Hussein.

Aber die Haßkampagne, die den Krieg begleitete, ging mir gegen den Strich. Bei einem Besuch in meinem Elternhaus erfuhr ich, daß mein Vater seit Wochen nur noch vor dem Bildschirm saß. Saddam Hussein titulierte er als Hitler, die Amerikaner waren die großen Helden. Er werde nie vergessen, wie die Alliierten uns im Zweiten Weltkrieg befreit hätten, sagte er, ohne sie stünden wir jetzt längst nicht so gut da. Und schon gerieten wir uns in die Haare.

»Und was die Araber zu dem Krieg sagen, das interessiert dich überhaupt nicht!« warf ich ihm vor.

»Die Saudis sind jedenfalls heilfroh über die amerikanische Intervention!« rief er.

»Die Saudis!« Ich spuckte die Worte förmlich aus. »Die haben auch einiges zu verlieren! Die größten Glücksspieler und Hurenböcke der Welt – aber zu Hause Hände abhacken und die Frauen einsperren. Schöne Freunde haben sich die Amerikaner ausgesucht!«

Ich wunderte mich über mich selbst. Was tat ich da eigentlich? Ich verteidigte meine arabischen Bekannten. Ich brauchte gar nicht mit ihnen zu sprechen, um zu wissen, wie sie argumentieren würden. Wieder in Amsterdam, versuchte ich den Krieg mit den Augen meines Vaters zu sehen und konnte verstehen, daß er sich in der Zurückgezogenheit seines Hauses instinktiv für die Seite entschied, die ihm am nächsten war.

Doch dann hörte ich auf einer Party bei Freunden genau die gleichen Argumente. Das befremdete mich – diese Leute hatten doch so viel mehr Möglichkeiten, sich zu informieren! Als ich die Phalanx der Einmütigkeit vorsichtig zu durchbrechen versuchte, fuhr jemand mich an: »Und du verteidigst diese Demagogen und Religionsfanatiker auch noch!«

Meine arabischen Bekannten hatten wieder Namen und Gesichter bekommen, und die Aufregung, die unter ihnen herrschen mußte, ließ mich nicht mehr kalt. Regelmäßig rief ich Joseph an, einen libanesischen Freund in Paris. Und wie erging es Kamal? Er lebte in Washington, mitten im Lande General Schwarzkopfs.

Damals begann ich wieder öfter an Hala zu denken. Ich hatte sie zwölf Jahre zuvor bei einer Tagung in Bagdad kennengelernt, wo es uns im Gewühl magnetisch zueinander hingezogen hatte. Bald verließen wir die hohen Säle des Kongreßgebäudes, gingen im Suq spazieren und führten am Ufer des Tigris hitzige Debatten. Als Hala nach Damaskus zurück mußte, folgte ich ihr spontan. Und dort wirkte der Zauber weiter. Allem, was ich sah, gab sie eine Bedeutung.

Damals hatte sie mir eine kleine Figur geschenkt, die seitdem in Amsterdam auf meinem Kaminsims steht: unglasierte Keramik und nicht besonders ansehnlich, doch die Geschichte, die Hala mir dazu erzählte, war wunderschön: Der häßliche Gott Zeus war so verliebt in Leda, daß er sich, um ihr zu gefallen, in einen Schwan verwandelte. Und Leda erwiderte seine Liebe; mit zärtlicher Gebärde drückt sie den Schwanenhals an ihren nackten Leib.

Griechische Mythologie in den Straßen von Damaskus! Aber so war es mit vielem, was Hala mir erzählte. Es gab mir das Gefühl, fern der Heimat, in einem so von der Außenwelt abgeschlossenen Land, eine verwandte Seele gefunden zu haben.

Das Bild, das ein Fotograf am Brunnen der Tekkiye-Moschee von uns gemacht hatte, bewahrte ich sorgfältig auf. Die Zeit legte einen grünen Schleier darüber, doch wenn ich es betrachtete, spürte ich wieder die Wärme und Sorglosigkeit jener Tage. Fünfundzwanzig waren wir damals gewesen, junge Mädchen noch, voller Vertrauen in die Zukunft. Hala war klein und zierlich, mit langen schwarzen Haaren und lebhaften Augen in einem feingeschnittenen Gesicht. Neben ihr kam ich mir geradezu vierschrötig vor.

Kurz zuvor hatte sie Ahmed geheiratet, der bis 1970 in Jordanien gelebt hatte und dann voller Kampfgeist nach Syrien gekommen war. Beide arbeiteten an der soziologischen Fakultät der Universität und gehörten einem umtriebigen Freundeskreis an, in dem man sich jeden Abend traf, Mahlzeiten improvisierte und endlos diskutierte.

In Bagdad hatten wir am Tigris gegrillten Fisch gegessen, in Damaskus aßen wir in den Gartenlokalen am Barada. Die Liebe zwischen Syrien und Irak stand in voller Blüte, und in den Liedern, die aus den Lautsprechern schallten, war von den Flüssen Tigris und Barada die Rede, die sich zu einem einzigen mächtigen Strom vereinen sollten – nach der Karte, die ich im Kopf hatte, ein Ding der Unmöglichkeit. Wenige Monate später war die Liebe abgekühlt, und bald schlossen sich die Schlagbäume zwischen den beiden Ländern endgültig.

Zu Hause redeten Hala und Ahmed über Gott und die Welt, doch auf der Straße waren sie vorsichtig. Alle hatten Angst vor dem *mukhabarat*. Während meines Aufenthalts dürfe ich keinen Buchstaben zu Papier bringen, legten sie mir ans Herz. Ein Verwandter hatte einmal Halas Tagebuch gelesen und gedroht, einen Bericht über sie zu schreiben. Als ich einen Niederländer besuchte, der im Diplomatenviertel wohnte, brachte Hala mich nur bis zum Anfang seiner Straße. Weiter wagte sie sich nicht vor, um keine Schwierigkeiten zu bekommen. Da merkte ich, daß ihre Welt möglicherweise engere Grenzen hatte, als ich ahnte.

Interessiert hörte ich mir die Komplott-Theorien an, die abends aufs Tapet gebracht wurden – auch in Amsterdam hatten wir ständig davon geredet. Ich glaubte noch an die Macht der Unterdrückten dieser Erde und daran, daß eines Tages alles anders werden würde. Doch wenn Hala und ich allein waren, redeten wir über ganz andere Dinge. Von Ahmed sprach sie wie von einem ungestümen Kind. Er war überzeugt, alle Probleme mit dem Gewehr in der Hand lösen zu können, aber sie glaubte nicht daran.

Er war nicht der erste Mann in ihrem Leben. Als sie mit achtzehn anfing zu studieren, hatte sie ihre Jungfräulichkeit als einen Ballast empfunden, den sie so schnell wie möglich abwerfen wollte. Ihren ersten Partner wählte sie sorgfältig aus, um ihn dann achtlos beiseite zu schieben. Die Männer, die sie später kennenlernte, klärte sie darüber auf, daß sie nicht mehr Jungfrau war. Einer von ihnen wollte sie heiraten. Sie fragte ihn, ob sie ihr Jungfernhäutchen durch einen kleinen Eingriff wiederherstellen lassen solle, damit in der Hochzeitsnacht seine Ehre gewahrt bleibe. Als er nickte, brach sie die Beziehung auf der Stelle ab – einen solchen Heuchler wollte sie nicht zum Mann. Mit Ahmed war es anders, er hegte einen so starken Widerwillen gegen die kleinbürgerliche Moral, daß sie das Thema gar nicht anzuschneiden brauchte.

So hatte sie in dieser Welt der großen Worte und allumfassenden Diskussionen ihre eigene kleine Revolution gemacht. Mir gefiel ihre Art zu kämpfen, und deshalb konnte ich mich auch so schwer mit dem abfinden, was später geschah. Sie hatte reisen wollen, so wie ich. Wie oft hätten wir uns treffen können! Aber wir sahen uns nicht wieder, und jedesmal wenn ich zu einer Reise aufbrach, dachte ich daran, daß sie zu Hause bleiben mußte.

Manchmal frage ich mich, was aus mir geworden wäre, wenn ich an ihrer Stelle gewesen wäre. Wie viele Jahre hatte ich gebraucht, um mit meiner Erbitterung über das Los der Araber fertig zu werden, wie viele Länder hatte ich besucht, von wie vielen Seiten hatte ich das Problem betrachtet! Und wie war es ihr in dieser Zeit ergangen? Seit der Staat in ihr Privatleben eingegriffen hatte, waren ihr alle Wege versperrt. Und jetzt hatte derselbe Staat sich im Golfkrieg auf die Seite der Amerikaner gestellt. Wie sie darüber wohl dachte?

Ich schrieb ihr einen Brief. Ob ihre Einladung von damals

noch gelte? Keine Antwort. Sie war keine große Briefschreiberin. Da rief ich sie an. Ich sei willkommen, sagte sie. Wenn ich wartete, bis Asma Ferien habe, könnten wir zusammen durch Syrien reisen.

»Die arabische Welt!« seufzte ein Kollege entnervt, als er von meinen Plänen erfuhr. »Warum gehst du nicht wieder nach Osteuropa? Das ist näher und wird noch die ganzen nächsten Jahre *das* Thema bleiben.«

»Wir können die Araber doch nicht einfach links liegenlassen«, entgegnete ich. »Wir müssen schließlich weiter mit ihnen leben, oder etwa nicht?«

Er lachte mitleidig. »Das siehst du falsch. Nicht *wir* müssen mit *ihnen* leben, sondern *sie* mit *uns*.«

»Syrien!« protestierte ein Freund. »Dann fahr doch wenigstens in den Irak!«

Aber ich packte bereits meine Koffer. »Ich fahre nicht nach Syrien«, sagte ich, »ich fahre zu Hala.«

Jetzt, da ich hier bin, fürchte ich, sie mit dem Wust von Fragen, die mich beschäftigen, vor den Kopf zu stoßen. Auch sie hat Vorbehalte; ich merke es daran, wie vorsichtig sie über den Krieg redet. »Der Wind in den Straßen von Damaskus ist nicht normal«, hat sie heute nachmittag im Park gesagt, »die Leute nennen ihn den Golfkriegswind.« Die brennenden Ölfelder hätten den Himmel zerrissen und alles da oben durcheinandergebracht. »Nicht mehr lange, und der Ruß weht bis hierher.«

Ich betrachtete den Maiskolben in meiner Hand, den der Verkäufer gerade aus einem Kübel mit dampfendem Wasser gefischt hatte. »Meinst du?«

Aber sie lachte. »Was man so hört...«

Gleich darauf setzte sie zögernd hinzu: »Es heißt auch, daß noch nicht alles vorbei ist, daß ein neuer Krieg kommt.«

»Mit dem Irak?«

»Nein, nein, zwischen Israel und Syrien.«

Ich merkte, wie das Unbehagen der vergangenen Monate

mich wieder überkam. Ein neuer Krieg, nur zu, als wäre es noch nicht genug, als stünde der Ausgang nicht von vornherein fest! Und die unmittelbar vor meiner Abreise angekündigte Nahost-Friedenskonferenz? Hatte Syrien nicht seine Teilnahme zugesagt? Doch ich behielt diese ketzerischen Gedanken für mich und fragte nur: »Krieg zwischen Israel und Syrien? Wer sagt das?«
»Alle.«
»Und warum?«
»Glaubst du, Israel läßt zu, daß Syrien im Libanon bleibt?« Sie erwartete keine Antwort auf ihre Frage. Es ist wie mit dem Golfkriegswind: Wer solche Gerüchte verbreitet, braucht keine Beweise für seine Behauptungen. Wozu auch? In dieser Region geschehen so viele unbegreifliche Dinge.

Halas Mutter ist verstimmt. Warum wir ihr nicht gesagt haben, daß wir in den Suq gehen, sie hätte Safran gebraucht!
»Den bekommst du doch auch hier in der Gegend, Mama!«
»Aber nicht den gleichen wie im Suq!«
Hala wirft mir einen entnervten Blick zu. Ihre Mutter geht selten aus dem Haus, solche Einkäufe muß Hala für sie erledigen. Mit etwas Glück spart sie auf diese Weise fünfzehn Pfund – sechzig Pfennig –, die fünfundzwanzig Pfund – eine Mark –, die Hala für das Taxi bezahlt, rechnet sie natürlich nicht mit. Einmal in der Woche muß Hala bei einem besonderen Metzger am anderen Ende der Stadt Fleisch für sie kaufen. Hammelfleisch, bloß kein Lamm, das ist zu zäh. Ihre Mutter glaubt, Hala fährt mit dem Bus. Mit dem Bus! Als ob sie die Zeit dazu hätte.

Ich muß über das Gekabbel der beiden lachen. Für Bomma, meine Großmutter, habe ich früher auch immer alle Geschäfte abklappern müssen: Kekse bei Nera, Käse und Fleisch bei Theunis, Lakritze bei Mia Wuytjens – ich hätte nie gewagt, mit etwas anderem nach Hause zu kommen. Das ging so, bis ich achtzehn war, dann kehrte ich dem Dorf und seinen Läden den Rücken.

Hala war aber nach Ahmeds Verhaftung wieder ganz auf ihre Familie angewiesen. Sie hatte ein »gebranntes Gesicht«: Jeder der mit ihr in Kontakt kam, wurde sofort vom *mukhabarat* verhört – weshalb er sie besucht habe, in welcher Beziehung er zu Ahmed gestanden habe. Nur ihrer Familie konnte niemand Fragen stellen. Nach einiger Zeit zog sie wieder zu ihren Eltern. In der Gegend, in der sie wohnte, war es ihr unmöglich, zu arbeiten und sich gleichzeitig um Asma zu kümmern. Erst als Asma größer wurde, kehrte sie in ihre eigene Wohnung zurück.

Draußen ist hellichter Tag, doch Halas Mutter sitzt im Halbdunkel und sieht sich einen amerikanischen Naturfilm mit arabischen Untertiteln an, im Schneidersitz, eine Zigarette im Mund, neben sich eine Tasse arabischen Kaffee. Sie hat das dicke Buch mit den Koransuren, das sie auf dem Schoß hatte, beiseite gelegt und blickt mich durch ihre Brillengläser an. »Da siehst du, was für eine Tochter ich habe. Und so sind sie alle. Kein Herz für ihre arme Mutter.« Vor langer Zeit hat sie Französisch gelernt; sie gräbt die Worte aus, um ihrer Klage Nachdruck zu verleihen. »Ein Glück, daß ich meine Wohnung in Wadi al-Nakhla habe. Wenn die fertig ist, sieht mich hier niemand mehr.«

»*Ya rabb!* Ach Gott!« stöhnt sie, streckt die strammen Beine und geht in die Küche, um das Mittagessen zu kochen. Sie ist so klein wie Hala und doppelt so dick.

Hala meint, ich sei auch bei meinem ersten Besuch in Damaskus hier gewesen, aber ich kann mich nicht daran erinnern, ebensowenig wie daran, daß ihre Familie in ihrem Leben überhaupt eine Rolle gespielt hat. Sie und Ahmed wirkten wir Leute ohne Anhang.

Alle Zimmer in diesem Haus münden ins Wohnzimmer mit seinen langen Sofas und den Beistelltischen, die ebenso wie Halas Klapptisch ständig auf Wanderschaft sind. Im

Garten gibt es einen Brunnen und einen Zitronenbaum mit tief herabhängenden Früchten. Asma hat *tété*, wie sie ihre Großmutter nennt, umarmt und ist dann gleich hinausgelaufen. Jetzt radelt sie ums Haus.

Als Shirin und Zahra schnaufend vor Hitze von der Arbeit kommen, streckt Tété den Kopf aus der Küchentür. »Hast du die Sachen mitgebracht, Shirin?« Hala zwinkert mir zu. »Da siehst du, wie sie ihre Töchter tyrannisiert.« Ihre Mutter trägt alle Ausgaben in ein schwarzes Buch ein, das fast so dick ist wie das Buch mit den Koransuren. Kein Pfund bleibt ungezählt.

In einem der Nebenzimmer brennt Neonlicht. Inmitten von Schränken voller Marmeladengläser und eingemachtem Gemüse steht ein Tisch, auf den Tété eine dampfende Schüssel mit Reis und Fleisch stellt. Alle nehmen hastig Platz und beginnen ebenso hastig zu essen. Shirin und Zahra sind schon im Nachthemd, Hala ißt im Stehen, sie findet keinen Stuhl. Tété behauptet, keinen Hunger zu haben, nimmt nach einigem Drängen aber doch einen kleinen Teller und vertilgt schließlich mehr als alle anderen.

Als das Telefon klingelt, geht Hala ins Wohnzimmer, spricht eine Weile und ruft dann Tété herbei, worauf auch Shirin mit vollem Mund zum Telefon eilt. Nach zehn Minuten bin ich von einem solchen Chaos umgeben, daß ich keinen Bissen mehr hinunterbringe. Ich fühle mich in mein Elternhaus zurückversetzt, wo wir sonntags zu elft beim Mittagessen saßen, was manchmal derart ausuferte, daß ich mich mit meinem Teller zu Bomma über die Straße flüchtete. Hala nickt mir aufmunternd zu: »Nimm doch noch, du hast ja kaum was gegessen!«

In dem riesigen Spiegel an der Wand sehe ich mich selbst und die wohlgenährten Gestalten um mich herum, die gedankenlos, ja fast gelangweilt, Teller um Teller leeren. Plötzlich und ohne daß ich darum gebeten habe, tut Shirin mir einen vollen Löffel auf, und dann noch einen. »Ich will nichts mehr!« Es ist mir so herausgerutscht, und Shirin macht ein ganz erschrockenes Gesicht. »Du mußt nicht aufessen, wenn du nicht willst«, beschwichtigt Hala.

»Aber zunehmen mußt du«, erklärt Shirin streng, »zehn Kilo mindestens. Du bist viel zu dünn.«

»Das mußt du mir schon selbst überlassen!« Mein Gesicht im Spiegel ist vor Aufregung rot angelaufen.

»Shirin hat doch nur Spaß gemacht«, sagt Hala. Jetzt lachen alle, aber ich merke, daß ich Shirin mit meinem Ausbruch doch vor den Kopf gestoßen habe. Als der Tisch abgeräumt ist und alle im großen Zimmer sitzen, erzählen sie von einer Tante, die so dick ist, daß man sie aus dem Sessel hieven muß, und von einer anderen, die nur seitlich durch die Tür kommt. Sie watscheln durchs Zimmer, als seien sie ebenso dick, und wirken dabei so überzeugend, daß ich mir bald wie eine dürre Bohnenstange neben lauter schlanken Tannen vorkomme. Vor Lachen laufen mir die Tränen herunter, ich lege Shirin den Arm um die Schultern und entschuldige mich. Sie gibt mir ein gelbes Nachthemd, und kurz darauf liegen Hala und ich in dem Doppelbett in Tétés Zimmer, wo ein rosa Plastikventilator uns Kühlung zufächelt. Nach all dem Gelächter hat sich die Stille der Siesta über das Haus gelegt – sogar Asma ist auf dem Wohnzimmersofa eingeschlafen.

Im Zimmer duftet es nach Jasminblüten, die Tété zwischen das Bettzeug gesteckt hat. Hala liegt auf dem Rücken, die Arme unter dem Kopf verschränkt. In diesem kindlichen Dekor aus hellblauen Schränken und Tagesdecken wirkt sie plötzlich jünger. »Das mit Shirin vorhin tut mir leid«, sage ich. »Ich bin die arabische Gastfreundschaft einfach nicht mehr gewöhnt.« Doch Hala weiß nicht einmal mehr, wovon ich rede. »Irgendwas ist hier immer. Mach dir nichts draus.«

Dann stelle ich ihr eine Frage, die mir schon eine Weile auf der Zunge liegt: »Wie hast du es in diesem Haus nur die ganzen Jahre ausgehalten?«

Hala lächelt. »Damals hat ja mein Vater noch gelebt.« Sein Foto hängt im Wohnzimmer, neben dem Barometer. Ein gutaussehender Mann mit sanften Zügen. »Er hat Asma geliebt, er war wie ein Vater zu ihr.« Seit seinem Tod sei das Haus ein Schlachtschiff, das steuerlos auf dem Meer treibt, seufzt sie. Ihr einziger Bruder arbeitet am Golf, die ganze Verantwortung für die Familie lastet jetzt auf ihren Schultern. »Hast du meine Mutter vorhin von Wadi al-Nakhla reden hören? In letzter Zeit spricht sie von nichts anderem mehr.« Das Haus liegt ungefähr fünfzig Kilometer außerhalb von Damaskus und ist nach fünf Jahren noch immer nicht fertig. Jede Fahrt dorthin ist eine Expedition, zu der die ganze Familie zusammengetrommelt wird. »Ich möchte *einmal* erleben, daß meine Mutter hinfährt, ohne uns alle mitzunehmen!« Inzwischen ist Wadi al-Nakhla zum Zauberwort geworden. Neulich hatten Hala und Asma Streit. Es war halb elf Uhr abends, und Asma stürmte heulend ins Zimmer ihrer Großmutter: »Tété, gib mir die Schlüssel! Ich fahr nach Wadi al-Nakhla!«

Mitten im Gespräch müssen wir eingeschlafen sein, denn als ich aufwache, ist das Haus wieder voller Geräusche und ich höre jemanden im Zimmer umhertappen. Es ist Tété. Ich setze mich auf, aber sie scheint mich nicht zu sehen. Sie rollt eine Matte auf dem Boden aus, legt sich ein weißes Tuch um Kopf und Schultern und kniet mit dem Gesicht nach Mekka nieder, beugt sich vornüber und beginnt zu beten.

Unser Taxifahrer fährt beinahe eine Frau über den Haufen. Ich erschrecke, aber Hala muß lachen. »Wart's ab, das war noch gar nichts!« Im Stadtzentrum hängen große Schilder mit Erbauungssprüchen. *Wenn du jemanden bei einem Verstoß gegen die Verkehrsregeln ertappst, dann schau ihn böse an. So spricht unser Führer Hafez al-Assad.* Dabei verursachen seine eigenen Soldaten die meisten Unfälle, sagt Hala. Viele von ihnen kommen wie er selbst aus den Bergen im Norden des Landes und sind nicht an das Leben in der Stadt gewöhnt.

Kürzlich überfuhr einer von ihnen einen zweijährigen Jungen. Alles redete davon, aber niemand wagte darüber zu schreiben.

Mein Staunen über alles, was ich hier sehe, belustigt Hala. Erst jetzt wird ihr klar, an was für Seltsamkeiten sie sich mittlerweile gewöhnt hat. »Du mußt unbedingt Ahmeds Familie kennenlernen«, sagt sie. »Dagegen ist meine noch gar nichts! Bevor ich ihn kannte, wußte ich überhaupt nicht, daß es in Damaskus noch solche Haushalte gibt.«

»Warum, was ist mit ihnen?«

»Ich kann's dir nicht erklären. Das glaubt man erst, wenn man's gesehen hat.«

Eines Nachmittags, als wir durch die Altstadt gehen, bleibt Hala an einer Tür stehen und betätigt den kupfernen Türklopfer, der wie eine kleine Hand geformt ist. Wir hören aufgeregtes Rumoren und dann eine Stimme: »Wer ist da?«

Ahmeds Mutter macht auf. Die Frauen, die wie aufgescheuchte Hühner in alle Richtungen geflüchtet sind, kommen lachend wieder zum Vorschein. Es sind Ahmeds Schwestern und seine Schwägerinnen mit ihren Kindern. Während wir in dem weißgetünchten Innenhof sitzen, erscheinen in zahllosen Türen an der Galerie im ersten Stock immer neue Gesichter, und irgendwann komme ich mit dem Zählen nicht mehr nach.

»Wie viele Leute wohnen hier eigentlich?« flüstere ich Hala zu.

»Ich weiß auch nicht, ich erlebe selbst immer wieder Überraschungen.« Eine Schwester von Ahmed ist aus Amman gekommen; sie hat ihre Schwiegermutter mitgebracht und ein Kind, das Hala noch nie gesehen hat.

Die Männer sind nicht da, sie arbeiten tagsüber im Sägewerk von Ahmeds Vater, oder sie schlafen, denn einige von ihnen arbeiten nachts. Die Frauen mustern mich neugierig. Eine gibt ihrem Baby die Brust und fragt mich kichernd, ob die Frauen in meinem Land das auch tun.

Ob ich einen Mann habe? Und Kinder? Fragen, denen ich

gern aus dem Weg gehen würde, weil die Antworten so enttäuschend sind. Wenn ich sage, daß ich verheiratet bin, werden sie sich fragen, warum mein Mann mich allein reisen läßt; und daß es Frauen gibt, die keine Kinder wollen, können sie erst recht nicht verstehen. Doch Ahmeds Mutter sieht mich so erwartungsvoll an, daß ich zu Hala sage: »Sag ihr, mein Mann und ich können keine Kinder kriegen.«

»Liegt es an ihr oder an ihrem Mann?« fragt sie teilnahmsvoll, und schon bereue ich meine Lüge.

Wieso Hala mich in den Suq mitgenommen habe, grollen Ahmeds Schwestern, sie solle mir doch die modernen Geschäftsstraßen von Damaskus zeigen! Doch Hala meint, sie selbst würden sich dort verlaufen, denn in diesem Haus machen die Männer die Einkäufe. Wenn die Frauen ausgehen, dann nur in Begleitung von Ahmeds Mutter.

Wir trinken Kaffee, und Asma verschwindet mit ihren Kusinen im Haus. Alles ist fortwährend in Bewegung, Kinder werden aus dem Bett geholt, andere ins Bett gesteckt, und im Nu sind Hala und ich Teil einer sich ständig verändernden Szenerie. Niemand scheint sich daran zu stören, daß wir eine andere Sprache sprechen.

Zeit existiert in dieser Familie nicht, sagt Hala. Man schaut nicht auf die Uhr, man lebt in einem Rhythmus, der durch die Außenwelt kaum beeinflußt wird. Wie oft war sie hier schon zum Mittagessen eingeladen, das dann um sechs auf den Tisch kam! Die Mädchen in diesem Haus wachsen ganz anders auf als Asma. Sie gehen nur bis zum zwölften Lebensjahr zur Schule und können kaum lesen und schreiben, kennen aber viel mehr Frauengeheimnisse als Asma, weil nichts vor ihnen verborgen wird.

Manchmal verläßt ein Teil der Frauen das Haus und macht einen Familienbesuch. Das ist dann eine wahre Völkerwanderung. Geht eine Schwägerin von Ahmed zu ihren Verwandten, nimmt sie nicht nur ihre Kinder, sondern auch ihre Schwiegermutter und einige von Ahmeds Schwestern mit. Wenn spät gegessen wird, können sie nicht mehr nach

Hause – im Dunkeln gehen sie nicht auf die Straße – und bleiben über Nacht.

Als Hala Ahmed an der Universität kennenlernte, glaubte sie, er lebe allein in Damaskus. Da er mit jordanischem Akzent sprach und seine Verwandtschaft nie erwähnte, nahm sie an, seine Familie lebe in Amman. Er redete auch sonst nicht von sich selbst. Sein Thema war die Politik, und als sie einmal auf Halas Vorschlag ein Wochenende mit Freunden verbrachten, verbreitete er sich unentwegt weiter über Politik und machte keinerlei Anstalten, Hala anzurühren.

An einem anderen Wochenende lotste sie ihn in den Wald. Er war unbeholfen, und sie spürte, daß er noch nie mit einer Frau allein gewesen war. Am Abend fing er wieder an zu diskutieren, wischte sich mit einem Taschentuch den Schweiß von der Stirn und warf ihr verwirrte Blicke zu.

Ihr Vater war enttäuscht, als sie ihm sagte, daß sie Ahmed heiraten wolle. Eine Familie von Holzarbeitern – was sollte er mit denen reden! Sie sei doch noch so jung, meinte er, sie habe Zeit genug, warum die Eile?

»Ja, warum eigentlich?«

»Weil ich respektiert werden wollte«, erwiderte sie. »Ich konnte nicht ewig frei wie ein Vogel leben, ich war um meinen Ruf besorgt. Die Leute hier machen keinen Unterschied zwischen Freiheit und Prostitution.«

»Warst du in Ahmed verliebt?«

»Nein, nicht richtig.« Sie lacht. »Es war nicht besonders romantisch. Ich dachte, ich könnte mit ihm leben, das war alles.«

Als es von neuem an der Tür klopft, stieben die Frauen im Innenhof wieder auseinander, doch als sie die Stimme von Ahmeds jüngerem Bruder Raschid hören, atmen sie erleichtert auf. Ein schlanker junger Mann mit straff zurückgekämmtem Haar, der Ahmed ähnlich sieht. Eigentlich wollten wir gerade gehen, aber das kommt nun nicht mehr in Frage. Raschid bittet uns wieder herein und schickt einen seiner Neffen arabisches Pistazieneis holen.

Im Empfangszimmer sitzt sonst nie jemand, sagt Hala,

aber Raschid will es mir unbedingt zeigen. Schwere Damaszener Möbel, mit Perlmutt eingelegte Schränke, hochlehnige Stühle – Dinge, die Raum brauchen, hier aber dicht an dicht stehen. An der Wand tickt eine Uhr mit einer Abbildung der Kaaba in Mekka.

Über dem Fernseher im Wohnzimmer hängt ein Farbfoto von Ahmed in einem goldenen Rahmen. In Halas Haus steht ein kleiner Schwarzweiß-Abzug derselben Aufnahme, auf der ich ihn sofort wiedererkannt habe. Bei meinem ersten Besuch damals hatte er angeboten, für die Zeit meines Aufenthalts zu einem Freund zu ziehen. Das hatte mich für ihn eingenommen: Er empfand es nicht als Bedrohung, daß Hala in Bagdad mit einer Ausländerin Freundschaft geschlossen hatte.

In dieser Umgebung aber sehe ich ihn plötzlich mit anderen Augen. Er ist kein übermäßig gutaussehender Mann, doch seine Augen strahlen männlichen Stolz und Selbstbewußtsein aus. Raschid hat genau den gleichen Blick, der daher rührt, daß er gegenüber den Frauen in diesem Haus eine natürliche Autorität besitzt und für sie die Außenwelt verkörpert. Es ist verwirrend, Ahmeds Stolz mit diesen Dingen in Zusammenhang zu bringen, es paßt nicht in das Bild, das ich bisher von ihm hatte.

Hala hat mir erzählt, daß Raschid Tauben hält. »Stundenlang sitzt er mit seinen Freunden auf dem Dach – keine Ahnung, was sie da treiben.« »Tauben füttern natürlich«, vermutete ich, aber sie meinte, da stecke mehr dahinter, und tat so geheimnisvoll, daß ich neugierig wurde. Raschid lacht verlegen, als ich ihn frage, ob ich seine Tauben sehen darf. Das Dach ist Männerdomäne, die Frauen kommen dort nicht hinauf, sie dürfen in den oberen Etagen nicht einmal die Wäsche aufhängen, wenn keiner der Männer im Haus ist. Einer Ausländerin aber kann man so eine Bitte nicht abschlagen.

Mit einer Kinderschar im Kielwasser steigen wir hinauf. Kaum sind wir auf den schmalen Holzstufen zur Dachterrasse angelangt, fliegen uns durch die Öffnung schon Federn entgegen. In dem gleißenden Licht draußen müssen wir erst einmal blinzeln. Ein Meer aus Dächern, Kuppeln und Minaretten erstreckt sich vor uns. Raschid verschwindet in einem der Taubenschläge. Erst kürzlich hat er einige neue Taubenweibchen gekauft, die er mir stolz vorführt. »Die sind ziemlich teuer«, sagt Hala, »man erschrickt richtig, wenn man hört, wieviel er für so einen Vogel ausgibt.«

Raschid hat um die dreißig Taubenmännchen auffliegen lassen. In geschlossener Formation beschreiben sie über unseren Köpfen immer größere Kreise. »Die Nachbarn halten auch Tauben«, sagt Hala. »Wenn die gleichzeitig losgelassen werden, kommen sie sich manchmal ins Gehege.« Sich gegenseitig Tauben abzujagen, scheint ein beliebtes Spiel zu sein.

Hala hatte recht: Mit der Taubenzucht meiner Kindheit, den alten Männern, die sich in der Kneipe trafen, wo es nach Rauch und abgestandenem Bier roch, hat das hier nichts zu tun. Es ist ein Sport, der zur Abgeschlossenheit der alten arabischen Stadt paßt. *Kashash al-hamam* – Taubenzüchter – genießen im allgemeinen keinen guten Ruf. Sie seien Muttersöhnchen, heißt es von ihnen, die sich auf der Straße nicht behaupten können, auf dem Dach aber die Helden spielen. Ihr Wort gilt nichts, und man sagt ihnen nach, daß sie Drogen nehmen.

»Und was machen sie mit den Nachbarstauben?«

»Das kommt darauf an. Neulich hat Raschid einem Prachtexemplar den Hals umgedreht und es dem Nachbarn vor die Tür gelegt. Jetzt herrscht Krieg. Manchmal wird richtig gekämpft. Ab und zu hört man, daß in der Innenstadt jemand wegen einer Taube niedergestochen worden ist.«

Die Tauben kreisen noch immer über uns, doch bei den Nachbarn bleibt es ruhig. Ich denke an Ahmed. Wie hat er seine revolutionären Ideen mit diesen Familiengepflogenheiten unter einen Hut gebracht? Hala lehnt an der Brüstung und winkt mich heran. Wir können direkt in die Wohnung gegenüber sehen. Tief unter uns ist die Straße, die Türen mit den handförmigen Klopfern.

»Ich würde es hier nicht lange aushalten«, sage ich.

»Raschid und seine Freunde schon«, flüstert Hala. »Vielleicht hat jemand ein Fernrohr dabei, und sie schauen den Nachbarn in die Fenster. Vielleicht wirft eine Frau ihnen heimliche Blicke zu, oder sie beobachten sie beim Ausziehen.« Sie lacht über mein Staunen. »Eine geschlossene Gesellschaft sucht sich Fenster nach draußen. Deshalb halten die Männer hier im Haus die Frauen auch so kurz – weil sie wissen, welche Gefahren überall lauern. Raschids Freunde dürfen nicht einmal den Namen seiner Frau wissen. Wenn er auf dem Dach Kaffee oder etwas zu essen haben will, pfeift er, und sie stellt ein Tablett auf die Treppe. Und wenn einer seiner Freunde gehen will, beugt er sich über die Brüstung und ruft ›Yallah!‹ hinunter, und sofort verschwinden alle Frauen im Haus.«

Einmal kamen Freunde von Raschid, als Hala zu Besuch war. »Wir Frauen mußten ins Haus, aber ich hab zum Küchenfenster rausgeschaut. Acht Männer gingen die Treppe rauf, alle mit einem schwarzweiß-karierten Tuch um den Kopf. Einer ist mir besonders aufgefallen: Er ging anders als die anderen, und sein Gesicht war von dem Tuch ganz verhüllt.« Sie sieht mich vielsagend an. »Es war eine Frau, stell dir das vor!« Später sah sie, daß die Männer nicht aufs Dach gegangen waren, sondern an der Balustrade im zweiten Stock lehnten. Einer nach dem anderen verschwand in dem Zimmer, in dem die Frau sein mußte.

»Wissen die Frauen hier im Haus davon?«

»Ich glaube schon. Raschids Frau beklagt sich manchmal darüber. Ab und zu schickt er sie für ein paar Tage zu ihrer Familie, und wenn sie zurückkommt, merkt sie, daß jemand in ihrem Bett gelegen und sogar ihre Kleider angehabt hat.«

»Daß sie sich das gefallen läßt!«

»Sie kennt nichts anderes, und gegen früher hat sie schon Fortschritte gemacht. Ihr Vater hat sie nicht mal fernsehen lassen! Wenn sie hier ist, sitzt sie wie ein Mäuschen in der Ecke. Ahmeds Mutter hat sie für Raschid ausgesucht, weil sie so streng erzogen ist.«

Ich muß an Abdelgawad denken, den Familienpatriarchen, den der ägyptische Schriftsteller Nagib Machfus in seiner *Kairoer Trilogie* beschreibt: Abend für Abend sitzt er im Bordell, aber wenn seine Frau es wagt, allein in die Moschee zu gehen, bekommt sie eine Tracht Prügel.

»Und wenn seine Frau fremdgehen würde, was würde Raschid dann tun?«

»Sie umbringen«, sagt Hala bestimmt, »unter Garantie.« Vor kurzem hatte eine Schwester von Ahmed, die in einem anderen Stadtteil wohnt, einen so heftigen Streit mit ihrem Mann, daß er sie tagelang im ehelichen Haus allein ließ. Ahmeds Vater machte sich Sorgen. Was würde passieren, wenn sie die Wäsche aufhängte und ein Mann nach ihr pfiff? Und wenn das jemand mitbekam und herumerzählte? Um seine Ehre zu retten, würde er ihr die Kehle durchschneiden müssen, jammerte er.

Raschid hat eines der neuen Taubenweibchen in die Luft geworfen und gibt gurrende Laute von sich, um die Männchen in den Schlag zurückzuholen. Sie reagieren augenblicklich. In einer einzigen fließenden Bewegung landen sie auf dem Dach und lassen sich brav einschließen. Raschid lacht. »Hast du das gesehen?« Er läßt uns vor sich die schmale Treppe nach unten gehen, wo das Eis auf uns wartet.

»Einen Mann wie Raschid müßtest du heiraten und einen Stall voll Kinder kriegen«, sagt Hala später auf dem Nachhauseweg, »dann könntest du nach zehn Jahren ein Buch über Syrien schreiben.«

Was für eine Idee! »Du glaubst doch nicht, ich hätte nach zehn Jahren noch den Nerv, auch nur einen Buchstaben zu Papier zu bringen!«

»Warum denn nicht?«

Ich kann mir nicht vorstellen, daß sie das ernst meint. Sie

selbst hat in den letzten Tagen mehr als einmal angefangen, Untersuchungsdaten für die Universität auszuwerten. Sehr weit ist sie damit nicht gekommen. Asma, Tété, Shirin – alle warten nur darauf, sie von ihrem Arbeitstisch wegzuholen. Die langen Papierbögen, auf die sie schreibt, geraten immer wieder mit Asmas Zeichnungen und Fußballtotozetteln durcheinander. Mich findet sie ungeheuer diszipliniert, obwohl ich nur regelmäßig meine Tagebuchnotizen mache. »Sag mal ehrlich, das glaubst du doch selbst nicht!«

Hala lacht hintergründig. »Ich habe die Probleme dieses Landes erst kennengelernt, als ich verheiratet war. Du könntest es doch probieren!«

Wir sind alle drei froh, als wir wieder zu Hause sind, Asma gerade rechtzeitig, um *Captain Majed* zu sehen, ihren Lieblingstrickfilm um einen Fußballer, der jetzt schon den dritten Tag vergeblich versucht, ein Tor zu schießen. Alle Kinder im Viertel sehen die Serie, und ihre anfeuernden Rufe schallen durch die ganze Straße. Asma hängt wimmernd in ihrem Sessel und ist nach der Sendung so aufgedreht, daß sie gegen imaginäre Gegenstände boxend durchs Zimmer tobt. Dann muß sie zu den anderen Kindern hinaus. Mit schrillen Fernsehstimmen schreien sie »*Majeeed! Captain Majeeed!*« und donnern ihren Fußball an die Hauswände. Als Asma wiederkommt, bringt sie ein Poster der niederländischen Nationalelf und ein Foto von Marco van Basten mit, die sie zusammen mit einem scheußlichen Captain-Majed-Sticker an den Schlafzimmerschrank klebt.

Hala macht sauber. Ich darf nicht helfen, sie beeilt sich, im Handumdrehen ist sie fertig, wie sie mir versichert. Gebückt fährt sie mit einem nassen Lappen über den Boden. Ich kann es kaum mit ansehen. »Warum nimmst du denn keinen Schrubber?«

Sie wischt sich den Schweiß von der Stirn. »Laß nur, ich bin's so gewöhnt.«

Mit einem Gartenschlauch spritzt sie den Hof und fegt

dann mit einem Besen ohne Stiel Blätter und aufgeplatzte Feigen zusammen. »Gegen das Haus von meinen Eltern ist das hier gar nichts«, sagt sie. »Wie oft ich das geputzt habe!« Wenn sie abends beruflich noch einmal wegmußte, rief ihre Mutter: »Wie kannst du nur deine Tochter allein lassen! Hast du vergessen, daß du eine verheiratete Frau bist?« »Wieso verheiratet?« gab Hala schroff zurück. »Wo ist er denn, mein Mann?« Aber sie hätte nie gewagt zu gehen, bevor das ganze Haus geputzt war.

Liebevoll betrachtet sie die Waschmaschine, in der unsere Kleider kreisen. Als sie noch von Hand wusch, stand manchmal das ganze Haus unter Wasser. »Ich hab richtig Respekt vor der Maschine«, sagt sie. »Sie ist tapfer, sie arbeitet für mich, ohne zu murren. Ich hab sie lieber als meine Mutter, glaubst du mir das? Wenn die etwas für andere tut, dann fordert sie es hundertfach zurück.«

Über die Außentreppe steigt sie auf das Flachdach hinauf und breitet dort ein Laken aus. Ihre Mutter hat sie gebeten, *mulukhia*, eine Art Spinat, für sie zu trocknen. Auf Knien breitet sie vorsichtig die frischen Blätter aus, die sie in den nächsten Tagen immer wieder wenden wird, bis sie strohtrocken sind. »Ich stell mir so gern vor, wie meine Mutter im Winter davon ißt«, sagt sie. »Dann weiß ich, daß es wieder Winter wird.«

Als sie mit allem fertig ist und wir die Wodkaflasche aus dem Tiefkühlfach genommen haben, erzählt sie mir, daß Ahmeds Mutter ihren Besuch angekündigt hat. »Hoffentlich vergißt sie's wieder. Kannst du dir das vorstellen, die ganze Frauenmeute hier im Haus?« Sie kommen in mehreren Taxis. Kaum haben sie den Fuß über die Schwelle gesetzt, sind sie überall, im Wohnzimmer, im Schlafzimmer, in der Küche. Wo sie ihre Schuhe ausziehen, entsteht ein Schuhbasar. Es sind nie genug Tassen für alle da, und während Hala mit Kaffee, Essen und Süßigkeiten hin und her läuft, steigen die Kinder in Schuhen auf ihr Bett, pinkeln in die Ecken und werfen alles um. Ihre Mütter zerren unterdessen Halas Kleider aus dem Schrank, machen sich vor dem Spiegel schön, begutachten jeden neuen Gegenstand und wollen wissen, wo Hala ihn gekauft hat. Sind sie dann endlich wieder abgezogen, klingelt es von neuem, und jemand ist in Halas Pantoffeln losgegangen, oder sie haben ein Kind vergessen.

Am schlimmsten aber ist es, wenn sie ihren Besuch angekündigt haben und unterwegs bei einer Familie hängengeblieben sind, in der es eine heiratsfähige Tochter für einen ihrer Söhne gibt. Dann sitzt Hala da, mit all den Töpfen, die sie sich von Freunden eigens ausgeliehen hat, und all dem Essen, das sie und Asma auch nicht in einer Woche schaffen werden. Manchmal rufen sie später an und sagen, daß sie am Tag danach gekommen und sehr enttäuscht gewesen seien, weil Hala nicht zu Hause war.

Hala steht an diesem Morgen früher auf als sonst, tappt im Halbdunkel durchs Zimmer, kramt im Schrank und packt die Kleider, die sie am Abend zuvor gebügelt hat, in eine große Tasche.

»Tut mir leid, ich wollte dich nicht wecken«, flüstert sie. Aber ich bin schon im Morgenrock.

»Kann ich dir helfen?«

»Nein, nein.« In der Küche füllt sie Zucker in eine Plastiktüte. »Er braucht zwei Kilo im Monat. Sie teilen ihn unter sich auf. Manche kriegen nie Besuch.«

»Kochen sie selbst?«

»Ja, aber frag mich nicht, wie. Weißt du, was sie essen? Eier mit Joghurt!« Sie schaudert bei der Vorstellung.

Im Wohnzimmer liegen die Bücher, um die Ahmed sie gebeten hat. Hala rüttelt Asma wach. »Aufstehen, wir gehen zu Papa.« Asma trödelt gern. Sie reiht die kleinen Kissen, mit denen sie nachts schläft, nebeneinander auf – alle haben Namen, von Suleiman bis Simsim – und steht endlos vor dem Schrank, weil sie nicht weiß, was sie anziehen soll. »Sie hat kein Verhältnis zur Uhr«, seufzt Hala, »genau wie Ahmeds Familie.«

Asma fürchtet diese Besuche. Eine Stunde im Bus, dann vor dem großen eisernen Tor warten, bis ihr Name aufgerufen wird. Im Sommer können sie sich nirgends vor der glühenden Sonne schützen, im Winter weht ihnen der Schnee ins Gesicht.

»Soll ich mitkommen?«

Hala lacht. »Wenn du dir fleischfarbene Strümpfe anziehst und dich in eine *abaya* hüllst, halten sie dich für eine von Ahmeds Schwestern.« Es ist ein absurder, ein verlockender Gedanke. Aber was ist, wenn mich jemand anspricht?

Mit Sack und Pack gehen sie zur Tür hinaus, vorbei am Hühnerverkäufer, dessen Laden so klein ist, daß er stets in der Tür steht, vorbei an dem kleinen alten Mann, der einen Karren mit Süßwaren vor sich herschiebt, am Gemüsehändler, der um diese Zeit seine Kisten hinausstellt. In Gedanken folge ich ihnen. Es ist das erste Mal, daß ich nicht mitdarf.

Am Nachmittag hängen fremde Kleider an der Wäscheleine. Schlafanzüge, Jogginghosen, Unterhosen, karierte Hemden. »Das ist der einzige körperliche Kontakt, den ich als verheiratete Frau mit meinem Mann habe: Ich wasche seine Sachen«, sagt Hala.

Sie hat ihm von meinem Besuch erzählt. »Das scheint dir gutzutun«, hat er gesagt, »du siehst besser aus als sonst.« Vor ein paar Wochen ist ein neuer Häftling in seine Abteilung gekommen, ein jordanischer Spion, der viel von der Welt gesehen hat. Stundenlang unterhalten sich die beiden miteinander – das tue ihm auch gut, sagt Ahmed.

»Er meint, du solltest über den Freiheitskampf in Syrien schreiben.« Der Freiheitskampf – Ahmed scheint immer noch die gleichen abstrakten Vorstellungen davon zu haben, wie die Probleme dieser Welt zu lösen sind.

Asma spielt selbstvergessen mit den kleinen Bällen, die sie von ihrem Vater bekommen hat. Sie dreht sie hin und her und probiert aus, wie gut sie aufspringen. Es sind Teigkugeln, die Ahmed gelb und rot angemalt hat. Am Abend kommen sie in die Vitrine mit den Perlenväschen, Anhängern und Palmharzkästchen, die Ahmed im Laufe der Jahre für Asma gebastelt hat. Am rührendsten finde ich das Miniaturhäuschen aus lackierten Zündhölzern. Es hat ein Dach aus Olivenkernen und einen Rasen aus grün gefärbtem Reis.

Vier Stunden ist Hala weg gewesen. Ich hatte gedacht, sie würde eine Menge zu erzählen haben, aber sie ist schweigsam und geistesabwesend. Der eng beschriebene Brief, den Ahmed ihr durch die Trennwand aus Drahtgeflecht heimlich zugesteckt hat, bleibt ungelesen in ihrer Tasche.

»Ist was passiert?«

»Nein, ich bin nur müde.« Ihre Stimme klingt matt. »Das ist immer so, wenn ich im Gefängnis war. Es dauert mindestens einen Tag, bis ich wieder zu den normalen Sterblichen gehöre.« Sie lacht. »Am Anfang war's noch schlimmer, da hat's eine Woche gedauert!«

In den ersten Monaten nach seiner Verhaftung hatte sie Ahmed kaum sehen dürfen; später wurde dann eine Besuchsregelung eingeführt. Damaskus war für Hala zu einer Stadt der *mukhabarat*-Gebäude geworden: hier das Krankenhaus, in dem Ahmed nach den Folterungen auf der Intensivstation gelegen hat, da das Büro, in dem sie die Besuchserlaubnis beantragen mußte, dort der Turm, in dem er eingesperrt war. In den ersten Tagen seiner Haft hatte man ihm so starke Elektroschocks versetzt, daß er ein halbes Jahr lang kaum hatte laufen können.

Als er festgenommen wurde, hatten sie gerade Streit gehabt. Sie versuchten, ihr Eheleben in geregelte Bahnen zu lenken, er aber benahm sich weiter unverantwortlich wie ein Student. Vor der Hochzeit hatte er gesagt, er wolle kochen lernen, später war davon keine Rede mehr. Sein Unterrichtsstil an der Universität war schwerfälliger als ihrer, aber er wollte ihr vorschreiben, wie sie mit den Studenten umzugehen habe.

Sie hatte mehr Erfahrung mit Männern als er mit Frauen, und er überspielte seine Unsicherheit damit, daß er geheimnisvoll tat, nächtelang wegblieb und ihr nie sagte, wann er nach Hause kommen würde. Eines Abends, als sie einander gegenübersaßen und lasen, legte er sein Buch weg, sah sie an und sagte: »Du bist schön dumm, du denkst, die Männer geben sich mit dir ab, weil sie dich nett finden, dabei wollen sie nur mit dir ins Bett.« Ein Jahr nach der Hochzeit fing er eines Tages plötzlich an zu weinen, weil sie nicht mehr Jungfrau gewesen war.

Sie hatte geglaubt, mit ihm allein verheiratet zu sein, aber schon bald sah sie sich mit seiner ganzen Familie konfrontiert. Je mehr er sich durch sie bedroht fühlte, desto mehr brachte er seine Leute gegen sie auf. Er scheute nicht einmal davor zurück, Tété einzuschalten. »Wissen Sie eigentlich, daß Ihre Tochter trinkt?« fragte er sie. Tété tat erschrocken, aber natürlich wußte sie, daß Hala trank.

Während ihrer Schwangerschaft lebten sie sich immer mehr auseinander. Manchmal packte er seine Sachen und verschwand für ein paar Tage zu seinen Eltern. Hala vermutete, daß er eine Freundin hatte, und erfuhr, daß er Raschid um zehntausend Pfund gebeten hatte, die Summe, die er ihr bei einer Scheidung schuldete.

Doch als man ihn einsperrte, vergaß sie all die Reibereien. Jetzt war der *mukhabarat* ihr gemeinsamer Feind. Damals glaubte sie noch, seine Gefangenschaft werde höchstens zwei Jahre dauern, und pries sich glücklich, daß sie ihn besuchen konnte und daß er nicht in das berüchtigte Gefängnis von Tadmur in der Wüste verlegt worden war, wo die Häftlinge keinen Besuch bekommen durften und kaum etwas anzuziehen und zu essen hatten.

Er bat sie, ihm einen Pullover zu stricken; wenn er ihn trage, wisse er, daß sie an ihn gedacht habe. Einen Pullover stricken – sie hatte keine Ahnung, wie man so etwas machte, aber sie besorgte sich ein Strickmuster und war abendelang mit Wolle und Nadeln zugange. Jeden Monat, wenn sie ihn besuchte, nahm sie Fotos mit, von Asma und von ihrem Haus, das sie nach und nach einrichtete; bei seiner Verhaftung hatten sie noch kaum Möbel besessen.

Die ersten Jahre seiner Haft war sie wie betäubt. Es verlangte sie nach nichts, alles in ihr war abgestorben. Manchmal beneidete sie ihn: Hatte er es im Gefängnis nicht leichter als sie? Er wurde versorgt, sie aber mußte ständig ums Überleben kämpfen.

An der Universität war alles anders geworden. Hochschwanger war sie damals zu einem Kongreß nach Marokko gefahren, jetzt reisten andere Kollegen. Wollte sie überhaupt noch weg? War es nicht schon schlimm genug, daß Asma ohne Vater aufwuchs? Doch ihre Frustration suchte sich ein Ventil. Wenn Asma weinte, schlug sie sie, wie die Mütter im Suq, die ihre Kinder an der Hand mit sich fortzerrten und immer wieder »*Bess! Bess!*« riefen – »Jetzt reicht's aber!«

Eines Tages, als sie Asma in blinder Wut eine Tracht Prügel verabreichte, sagte ihr Vater: »Du mußt aufhören, das Kind zu schlagen.« Zutiefst erschrocken kam sie zu sich. »Laß sie in Frieden, ich hab dir auch deinen Willen gelassen.« Sie wußte, daß er recht hatte. Seit damals hat sie Asma nie wieder geschlagen.

Anfangs saß Ahmed in einem Gefängnisturm im Zentrum von Damaskus. Manchmal nahm Hala ihre Tochter mit, wenn sie ihn besuchte. Sie mußten eine Treppe hinauf, von der aus man in den Hof hinabsah. Eines Tages wurde dort ein Mann so brutal geprügelt, daß er wie am Spieß schrie. Seine Schreie hallten im Treppenhaus wider und folgten ihnen nach oben. Asma war gerade drei Jahre alt geworden, sie ging auf ihren kurzen Beinchen vor Hala her und schaute über das Geländer in den Hof, sagte aber nichts, auch später nicht, als sie wieder zu Hause waren.

Einmal glaubte Hala, man würde Ahmed freilassen. Die Stadt summte von Gerüchten. Hala kaufte neue Kleider, putzte das Haus, lieh sich große Töpfe aus und wartete. Aber er kam nicht. Sie brauchte ein ganzes Jahr, um sich von der

Enttäuschung zu erholen. Die Kleider, die sie gekauft hatte, verstaute sie im Schrank. »Die sind inzwischen viel zu klein geworden«, lacht sie matt.

Die Jahre glitten ihr wie Sand durch die Finger. Wenn es draußen kälter wurde, holte sie Ahmeds warme Kleider aus dem Koffer auf dem Schrank, brachte sie ins Gefängnis und nahm seine Sommersachen mit zurück. Als er sie um einen neuen Pullover bat, ließ sie ihn heimlich von jemand anderem stricken. Den dritten Pullover würde sie im Geschäft kaufen.

»Am liebsten wär's ihm, ich würde jeden Abend bei meiner Mutter sitzen und auf ihn warten«, sagt sie, »aber das schaff ich nicht mehr.« Heute morgen hat er sie gebeten, ihm eine Torte zu backen. »Ich kann ja eine kaufen«, schlug sie vor. »Nein«, beharrte er, »ich will, daß du an mich denkst, während du in der Küche stehst.« Hala sieht mich müde an. »Seine Brüder sind genauso. Hart, aber auch sentimental. Wie oft die weinen, wenn sie ihn besuchen!«

Am Abend ruft ihre Mutter an und fragt, warum sie nicht vorbeigekommen sei. Tété will nach Wadi al-Nakhla; die Küche ist fertig, sie ist gespannt, wie alles aussieht. Aus Katar ruft Bruder Salim an und kündigt seinen Besuch an. Seufzend legt Hala auf. »Stell dir vor, auf einmal will der Herr heiraten, und ich soll mich schon mal nach einem Mädchen umsehen. Als ob ich sonst nichts zu tun hätte!«

Dann bereut sie plötzlich ihre Herzlosigkeit gegenüber Ahmed. »Alle wollen etwas von mir, und was mache ich? Ich suche mir den aus, der sich am wenigsten wehren kann, und zahle es ihm heim.« Aber die Torte wird sie nicht bakken, soviel ist mir inzwischen klar. Und auf Ahmeds Brief bin ich neugieriger als sie – als wir zu Bett gehen, hat sie ihn immer noch nicht gelesen.

Nachdem der Verkäufer einen Liter Joghurt und eine Packung Brot auf den Ladentisch gelegt hat, kann er seine Neugier nicht länger bezähmen. »*Bulghari?*« erkundigt er sich, und als ich den Kopf schüttle: »*Ruski?*« Hala läßt sich beim Einkaufen auf kleine Plaudereien ein, das sei das beste für eine alleinstehende Frau, meint sie. Ich hatte mir vorgenommen, es ebenso zu halten, aber auf dem ersten Streifzug durch das Viertel, den ich allein unternehme, fällt mir das schwer. An osteuropäische Frauen, die mit Syrern verheiratet sind, ist man hier gewöhnt, aber eine »*Beljikiyye*«, eine Belgierin, das ist etwas Neues.

Der Drogist hat in Deutschland studiert und warnt mich vor der syrischen Zahnpasta, die er verkauft – die würde mir gar nicht zusagen! Als ich mich beim Lebensmittelhändler nach der Qualität der einheimischen Marmelade erkundige, öffnet er ein Glas und läßt mich probieren – mit dem Finger, aber sicher, warum nicht. Von Papiertaschentüchern rät er ab, eine Schachtel Kleenex sei wesentlich günstiger. Zu Hause lacht Hala darüber. »Solche Ratschläge bekomme ich nie!«

Die Zigarettenverkäufer, die abends flüsternd ihre Ware anpreisen, stehen jetzt breitbeinig an der Straßenecke und schweigen. Der junge Mann in der Mitte, der mit dem hübschen Gesicht und der Lederjacke, scheint ihr Anführer zu sein. Seine Freunde schauen nervös weg, als ich vorbeigehe, er aber gibt meinen verstohlenen Blick frech zurück.

Und dann ist da noch Asma. Zu Hause ist sie mir gegenüber reserviert, jetzt aber läßt sie ihre Freunde stehen, hüpft vergnügt neben mir her, zeigt mir, in welchen Läden Hala einkauft und geht mit mir auf die Suche nach *labneh*, Sahnejoghurt.

»Es wird Zeit, daß wir einen Schlüssel für dich nachmachen lassen«, beschließt Hala am Nachmittag. Der Schuster hat seine Werkstatt in einer rußigen Höhle. Schweigend nimmt er unsere Bestellung entgegen. Seine Brille hat dicke Gläser, sein offenstehender Kittel ist schwarz verschmiert.

»Früher hat sein Sohn ihm geholfen«, sagt Hala im Weitergehen, »aber dann ist etwas Schreckliches passiert.« Vor einigen Jahren verfolgten *mukhabarat*-Leute in dieser Gegend ein Auto mit zwei Moslembrüdern. An der Ampel sprangen die beiden aus dem Wagen und wurden auf der Flucht erschossen. Der *mukhabarat* vermutete in der Straße ein Versteck der Moslembrüder, und der Verdacht fiel auf das Haus, das Händler aus Homs als Depot für Singvögel benutzten, die sie auf dem Markt verkauften.

Eines Abends wollten *mukhabarat*-Leute das Haus durchsuchen, kamen aber nicht hinein. »Wo gibt es hier einen Schuhmacher?« fragten sie die Nachbarn. Man zeigte ihnen die Werkstatt des alten Mannes, die schon geschlossen hatte. »Wo wohnt er?« Seine Wohnung lag der Werkstatt gegenüber. Der alte Schuster machte auf; er kam gerade aus dem Bad und hatte schon seine *gallabia* an. »Ich komme rasch mit«, erbot sich sein Sohn.

Mit einem Dietrich öffnete er die Tür. Das Erdgeschoß stand voll leerer Vogelkäfige. Sie gingen nach oben und stießen auf eine verschlossene Tür. Wieder steckte der Junge den Dietrich ins Schloß. Kaum hatte er die Tür aufgeschoben, brach er in einem Kugelhagel zusammen. Die *mukhabarat*-Leute schleiften seine Leiche ins Freie, und ein paar Minuten später flog das Haus in die Luft.

Hala sieht sich vorsichtig um. »Wenn du willst, zeig ich dir, wo das war, aber wir dürfen nicht stehenbleiben.«

In der Häuserreihe klafft eine Lücke. Zwischen den fensterlosen weißen Mauern hat man einen kleinen Platz angelegt, mit Plattenboden und Pflanztrögen, in denen rote Blumen blühen. Normalerweise wäre ich achtlos daran vorbeigegangen, doch jetzt sehe ich, daß alles neuer und schöner ist als der Rest der Straße. Hier hat man einiges getan, um die Geschichte auszulöschen. »Der Keller soll voller Waffen gewesen sein«, sagt Hala.

Asma hat haltgemacht, um sich Kaugummi zu kaufen, und so stehen wir etwas länger bei dem Platz, den weißen

Mauern und den roten Blumen. Irgendwo geht eine Tür auf, ein Mann tritt heraus und starrt uns an. »Nichts wie weg«, warnt Hala.

Mit schweren Beinen gehe ich weiter. Die Menschen, die uns mit ihren Einkäufen im Gewühl entgegenkommen, der Schuster, der Mann in der Tür – welches Geheimnis teilen sie miteinander!

»Was weiß Asma von alldem?«

»Ich weiß nicht«, antwortet Hala nachdenklich. »Jedenfalls so viel, daß es normale Leute gibt und *mukhabarat*-Leute.«

Asma zieht sie ungeduldig am Arm und flüstert ihr etwas ins Ohr. Hala redet beschwichtigend auf sie ein, doch Asma fährt fort, unwillig an ihr zu zerren.

»Was hat sie denn?«

»Sie sagt, wir sollen auf der Straße nicht über solche Sachen reden, sogar sie versteht, worum es geht, obwohl sie kein Französisch kann, und die anderen Leute natürlich erst recht!«

Schweigend gehen wir weiter. Nach einer Weile sagt Hala leise: »Der Schuhmacher ist ein gebrochener Mann. Es war sein ältester Sohn. Sie haben ihm Schmerzensgeld gegeben, glaube ich, fünfzigtausend Pfund, und eine Medaille, weil sein Sohn im Krieg gegen die Moslembrüder gefallen ist.«

»Weiß er, daß dein Mann im Gefängnis sitzt?«

»Nein. Er hat schon genug Kummer. Hier gibt es in jeder Familie jemanden, der gefallen ist oder im Gefängnis sitzt. Seit 1963 die Baath-Partei an die Macht gekommen ist, herrscht hier Belagerungszustand – ein Militärgericht kann jemanden innerhalb von vierundzwanzig Stunden zum Tode verurteilen. Ich hab dir doch neulich von dem Freund erzählt, der nach Ahmeds Verhaftung eines Nachts betrunken vor unserer Tür randaliert und geschrien hat, er würde für den *mukhabarat* arbeiten. Weißt du, wie lange der gesessen hat? Anderthalb Jahre! Sie wollen einen spüren lassen, daß man nicht sein eigener Herr ist, daß sie alles bestimmen.«

Ich stelle mir die Moslembrüder in dem Haus mit den Vögeln vor. Als sie hörten, wie die Eindringlinge die Treppe heraufkamen, wie der Dietrich in der Tür ihres Verstecks gedreht wurde, wußten sie, was sie zu tun hatten. Eigentlich wundert es mich, daß sie noch aktiv sind. 1982 wurde ein Aufstand der Moslembrüder in Hama von Spezialeinheiten der syrischen Armee grausam niedergeschlagen – Schätzungen zufolge zehntausend Tote und eine zerstörte Stadt. Ich hätte nicht geglaubt, daß sie diesen Schlag überlebt haben.

Aber Hala sagt, es gibt sie noch. Kürzlich wurde ein Agent, der in Hama zahlreiche Menschen getötet hatte, von zwei Männern, die in sein Haus eingestiegen waren, im Bett ermordet. »Meistens sind es junge Männer, die solche Aktionen durchführen. Siebzehn-, Achtzehnjährige. Die haben keine Angst vor dem Tod.«

Wie sie von diesen Jungen redet – ich kann mir zwar kaum vorstellen, daß sie Sympathien für ihre Ideologie hegt, aber in ihrer Stimme schwingt dennoch Anteilnahme mit. Einige von ihnen sitzen mit Ahmed im Gefängnis, und hin und wieder übermittelt sie ihnen Botschaften. 1980 haben Soldaten von Assads Bruder Rifat im Gefängnis von Tadmur mehr als tausend Moslembrüder erschossen. Seitdem dürfen die meisten der Häftlinge keinen Besuch mehr empfangen; die Behörden befürchten, sie könnten die Namen der Opfer preisgeben. Ein Moslembruder in Ahmeds Umgebung hat zwar Kontakt zu seiner Familie, wagt ihr aber nicht zu sagen, daß sein Bruder in Tadmur ermordet worden ist.

»Wer sich den Moslembrüdern anschließt, demonstriert damit, daß er gegen die Regierung ist«, sagt Hala langsam. »Assad ist Alawit und damit für die Moslembrüder ein Ungläubiger.«

Auch sie selbst hält von den Glaubensinhalten der Alawiten nicht allzuviel. Sie ist wie siebzig Prozent aller Syrer Sunnitin. Die Alawiten gehören einer Sekte an, die sich vom schiitischen Islam abgespalten hat. Um der Verfolgung zu entgehen, zogen sie sich in die Berge um die Küstenstadt Latakia zurück, wo sie über Jahrhunderte isoliert lebten.

»Mondanbeter« werden die Alawiten auch genannt. Als Armstrong auf dem Mond landete, sollen sie außer sich gewesen sein: Er habe Gott vertrieben, erklärten sie. In der ersten Hälfte des zwanzigsten Jahrhunderts hatten sie noch einen Propheten, Suleiman al-Murshid, der 1946 gehängt wurde. Manche sehen in Assad seinen Nachfolger.

»Es wäre besser, das Land würde von einem Sunniten regiert«, erklärt Hala.

Das überrascht mich. »Dir kann es doch egal sein, welcher Religion der Präsident angehört.«

»Mir vielleicht, aber den anderen nicht. Wir brauchen einen charismatischen Führer, der von der Mehrheit der Syrer unterstützt wird.« Sie seufzt. »Das ist eine komplizierte Geschichte, ich weiß nicht, wie ich dir das erklären soll.«

Mit etwa vierzehn war sie tief religiös gewesen. Sie betete regelmäßig und hielt den Ramadan ein. Ihre Mathematiklehrerin sprach mit großer Begeisterung vom Islam, und die Klasse geriet so in ihren Bann, daß bald alle ein Kopftuch trugen. Eines Morgens aber betrachtete Hala sich im Spiegel und stellte fest, daß ihr der Anblick nicht behagte. Wenig später fing sie an, Sartre und Camus zu lesen, und mit achtzehn sagte sie sich: Religion bringt nichts. Auf der Universität machte sie mit Pascal und Descartes Bekanntschaft. Wie erregend war diese Lektüre! Weit weg, in einer Welt, die völlig anders aussah als ihre, hatten sie Dinge geschrieben, die ihr so vertraut erschienen, daß sie sie ohne weiteres auf ihre eigene Umgebung übertragen konnte. Einer ihrer Dozenten hatte in Paris studiert. Er gab seinen Studenten Epikur zu lesen und forderte sie auf, sich über alles ein eigenes Urteil zu bilden.

Es waren bewegte Jahre. Während des Studiums nahm Hala ihre erste Studie in Angriff, bei der es um die Erfahrungen von Ärzten in ländlichen Gebieten ging. Einer der Ärzte meinte spöttisch, in dieser Gesellschaft sei das Jungfernhäutchen wichtiger als das Trommelfell. Er erzählte ihr von

Marx, und als sie nach Hause kam, klangen ihr die Ohren. So beeindruckt war sie von dem, was sie gehört hatte, daß sie sich auf der Stelle Marx' Schriften besorgte.

Mit dreiundzwanzig reiste sie mit einer Kusine nach Paris. »Wir haben unsere Koffer im Hotel abgestellt, und weißt du, wohin wir als erstes gegangen sind? Zur Place Pigalle!« Doch als sie dort umherschlenderten und verstohlen in die rot erleuchteten Fenster spähten, erlebten sie eine Überraschung: Vor sich hörten sie den Akzent von Hama, hinter ihnen ging eine Gruppe von Männern aus Aleppo. Sie kam sich vor wie in Syrien! Und überall sah sie Buden mit *falafel* und anderen arabischen Gerichten.

In den folgenden Tagen streifte sie durch Paris. Wann immer sie stehenblieb, um den Stadtplan zu studieren, wurde sie angesprochen – »Kann ich dir helfen?« –, und immer waren es Araber, auch wenn sich manche als Portugiesen ausgaben. Einer verfolgte sie so hartnäckig, daß sie in eine Telefonzelle flüchtete. Er machte die Tür auf und flüsterte: »Willst du's mal portugiesisch probieren?« »Nein danke, das hab ich heute schon zweimal getan«, erwiderte Hala, und im Nu war er verschwunden.

Sie hatte an der Sorbonne weiterstudieren wollen, doch nach einigen Wochen in Paris begann sie an ihrem Vorhaben zu zweifeln. Würde sie ihre Zeit in Syrien nicht sinnvoller nutzen können? Wie wenig wußte sie über das Leben außerhalb von Damaskus, wieviel hatte sie noch zu lernen! Nach zwei Monaten verließ sie Paris, und seitdem ist sie nie wieder dort gewesen.

Wieder in Syrien, setzte sie ihre Studien auf dem Land fort. Von Marx hatte sie gelernt, wie stark die ökonomischen Bedingungen das Leben der Menschen beeinflussen. Als wir zusammen in Bagdad waren, sprach sie oft von der Armut der syrischen Bauern; damals glaubte sie noch, die Verhältnisse ändern zu können, indem sie darüber schrieb.

Die französischen Bücher, die sie zu dieser Zeit gelesen hat, stehen säuberlich aufgereiht im Schlafzimmer. Sartre,

Camus, Pascal, Descartes – sie redet von ihnen, als sei seither nichts Neues mehr geschrieben worden, als habe die Außenwelt aufgehört, Signale auszusenden. Die Bücher gehören zu einer Phase ihres Lebens, die ein abruptes Ende fand, als die *mukhabarat*-Leute in ihr Haus eindrangen.

In ihrer Studienzeit hatte die Religion keine Rolle gespielt, nie hätte sie sich dafür interessiert, ob ihre Kommilitonen Moslems oder Christen waren; sie fühlte sich mit ihnen durch internationale Ideen verbunden. Inzwischen aber hat sich jeder auf sich selbst zurückgezogen und beäugt die anderen mit Argwohn.

»Die Leute gehen in die Moschee, weil sie sich sonst nirgends zu äußern wagen«, sagt sie. »Das ist die einzige Versammlung, die nicht verboten ist. Wenn sonst irgendwo zehn Menschen zusammenkommen, werden sie sofort verdächtigt, eine politische Vereinigung zu bilden.«

Halas Mutter will mit dem Bus nach Wadi al-Nakhla, aber Hala besteht auf einem Taxi, wenn ich mir auch kaum vorstellen kann, daß der ramponierte Ford Galaxy, in dem wir schließlich landen, mehr Komfort bietet als ein Bus. Anfangs sitzen vorn drei Männer, doch im letzten Moment steigt links vom Fahrer noch ein Bekannter ein. Sie reden und lachen, und als der Fahrer sich eine Zigarette anzündet, hält sein Freund so lange das Lenkrad, so daß man nicht weiß, wer das klapprige Gefährt eigentlich steuert.

An der Ampel ruft der Fahrer einem Bekannten »*Ahlein!* – Hallo!« zu und prallt in der Aufregung um ein Haar auf einen weißen Peugeot. Wir brausen davon, doch gleich darauf taucht der Peugeot dicht neben uns auf. Die beiden Männer, die darin sitzen, bedeuten uns anzuhalten, steigen aus und kommen drohend auf uns zu. Es sind Muskelpakete, viel stärker als unser Fahrer, der unter ihrem Blick zusammenschrumpft und sich plötzlich gar nicht mehr wohl zu fühlen scheint. Die Männer schreien ihn an und rütteln an der Tür, doch er weigert sich auszusteigen. Tété versucht zu vermitteln, aber Hala schiebt sie beiseite, streckt den Kopf aus dem Fenster und ruft: »Schämt ihr euch nicht – wir haben eine Ausländerin im Auto!«

Einer der Männer sieht uns an – drei verängstigte Frauen in einem altersschwachen Automobil –, zischt seinem Freund etwas zu und zieht ihn mit sich fort. Langsam gehen sie zu dem Peugeot zurück.

»*Mukhabarat*«, flüstert Hala im Weiterfahren. »Das waren *mukhabarat*-Leute.«

»Woher weißt du das?«

»Das sieht man an ihrem Auto. Schwarze Gardinen an der Rückscheibe – offiziell ist das verboten. Und hast du gehört, wie die losgelegt haben? Die haben vor nichts Angst. Sie wissen, daß sie immer recht bekommen.«

Jetzt, da die Gefahr gebannt ist, steigt die Stimmung im Wagen wieder. Der Fahrer ist wieder obenauf und schiebt eine Kassette in den Recorder, worauf ein Höllenlärm losbricht. Ich schaue erschrocken zu Tété, aber sie sitzt mit ihrer Tasche auf dem Schoß da und verzieht keine Miene. Bald kommt Salim aus Katar, da hat sie an so vieles zu denken. Wo findet sie ein geeignetes Mädchen für ihn, wo bekommt sie die Zutaten für die Gerichte, die sie kochen will? Drei Jahre war er nicht mehr in Wadi al-Nakhla, er wird staunen, wie schön alles geworden ist. Sie werden ein Auto mieten, dann kann sie hinfahren, sooft sie will. Hala zwinkert mir zu – Wadi al-Nakhla ist das letzte, was Salim interessiert, meint sie, er braucht das Auto vor allem, um seiner Mutter zu entfliehen.

Seit Damaskus hinter uns liegt, weht ein sengend heißer Wind durch die offenen Fenster herein. Die Hügel ringsrum sind kaum bewachsen, aber ich erwarte, daß jeden Moment eine idyllische Oase vor uns auftaucht, denn durch Wadi al-Nakhla fließt ein kleiner Fluß. Dort in der Ferne scheint die Landschaft etwas abwechslungsreicher zu werden. Ein paar Gartencafés, Bäume, ein Karussell, Spielzeugbuden. Der

Taxifahrer hält auf einem Parkplatz mitten im Jahrmarktstrubel, und Tété macht Anstalten auszusteigen. »Wir sind da«, sagt Hala. »Der Traum meiner Mutter, der Alptraum ihrer Kinder.«

Normalerweise kann Tété mit ihren geschwollenen Beinen nur mühsam gehen, doch jetzt eilt sie uns voran, über eine Brücke zwischen zwei Gartencafés, auf ein noch unfertiges Etagenhaus am Fuß eines Berges zu. Resolut beginnt sie die Treppen hinaufzusteigen. Zögernd folge ich ihr, vorbei an Sandhaufen, Betonmischern und Schrott.

Fünf Stockwerke müssen wir hinauf. Tété hält sich am Geländer fest und muß auf jedem Treppenabsatz einen Moment verschnaufen. Im Treppenhaus riecht es nach Fäulnis und nach den Feuerchen, die Eindringlinge in den leerstehenden Wohnungen machen, doch Tété läßt sich nicht beirren. Vor der Naturholztür im obersten Stock bleibt sie stehen und holt einen Schlüssel aus der Tasche.

Bis auf ein Bett und ein paar Stühle sind die Räume leer. Tété steuert sofort auf die Küche zu, deren blaue Kacheln schief über die Wände tanzen. Sie mustert alles hochzufrieden, öffnet Ober- und Unterschränke, dreht den Wasserhahn auf und setzt Kaffeewasser auf.

Hala führt mich herum. Die Zimmer sind groß, doch als ich aus den Fenstern sehe, bekomme ich Beklemmungen: Die Wohnung liegt an der Rückseite des Gebäudes, sie ist zwischen zwei genau gleich aussehende Etagenhäuser eingezwängt, und durch das Schlafzimmerfenster schauen zerklüftete Felsen herein.

Zu zweit schieben wir die widerspenstigen Balkontüren auf. Jetzt ist der Berg so nahe, daß ich ihn mit der Hand berühren kann. Ich bräuchte nur über das Geländer zu steigen, um weiter hochzuklettern. Der Balkon war Tétés Idee. Er schwebt teils in der Luft, teils ruht er auf einem Felsvorsprung. In dem Spalt zwischen Berg und Haus häufen sich Abfälle: vertrocknetes arabisches Brot, leere Öldosen, Pappkartons.

»Wadi al-Nakhla«, sage ich, »das heißt doch Tal der Palmen, oder? Wo sind denn die Palmen? Ich sehe nur Steine!« Hala sitzt mit baumelnden Beinen auf der Brüstung und grinst. »Palmen? Ja, jetzt, wo du's sagst – die gibt's hier nicht.«

Tété kommt mit dem Kaffee. Sie sinkt auf einen Hocker und sagt besorgt: »Mit dem Kühlschrank stimmt etwas nicht, der läuft nicht auf vollen Touren.«

»O Gott«, stöhnt Hala. »Das kriegen wir jetzt noch die ganze Woche zu hören.« Auf dem Land ist der Strom schwach, besonders im Sommer, wenn Seen und Flüsse wenig Wasser haben, doch Tété ist nicht davon abzubringen, daß es am Kühlschrank liegt.

»Lieve ist enttäuscht, sie hat sich Wadi al-Nakhla ganz anders vorgestellt«, sagt Hala spitzbübisch. »Sie würde es in Wadi al-Sahra umtaufen, das steinerne Tal.«

Tété versteht den Spaß nicht. Ob ich nicht merke, wie ruhig es hier ist? Ob ich auch nur das leiseste Geräusch höre? Deshalb kommt sie hierher, um dem Lärm von Damaskus zu entfliehen. Wenn das Haus fertig ist, wird sie ein Schaf schlachten lassen, sinniert sie.

Hala wird allmählich ungeduldig, aber Tété scheint an ihrem Hocker festgeklebt zu sein. »Wollen wir über Nacht hierbleiben?« Hoffnungsvoll sieht sie uns an.

Hala seufzt. »Und was ist mit Asma?«

»Die ist bei Shirin und Zahra doch gut aufgehoben.« Es ist Abend geworden, die warme rote Glut, in die der Berg eben noch getaucht war, verblaßt. Ich bin froh, daß Hala sich durchsetzt, denn auch mir scheint eine Nacht in dieser leeren Wohnung wenig verlockend. Durchs dunkle Treppenhaus tasten wir uns nach unten.

Die Cafés sind festlich erleuchtet. Aus kleinen Springbrunnen sprudelt grünes und rotes Wasser, und durch das Laub sehe ich Familien und verliebte Pärchen an den Tischen sitzen. Plötzlich bin ich bedrückt, fühle mich ausgeschlossen von der Vertrautheit und Sorglosigkeit dieser Menschen.

Wie lange ist es her, daß ich unbekümmert gelacht habe? Es ist, als hätte ich einen Teil der Bürde, die Hala zu tragen hat, auf meine eigenen Schultern geladen. »Wollen wir was trinken?« schlage ich zaghaft vor. Aber Tété will nichts davon wissen, und auch Hala möchte nach Hause.

Auf der Rückfahrt tauchen da und dort kleine Lichter in der dunklen Hügellandschaft auf. Die Augen von Schakalen, weiß Hala. Wir sitzen dicht nebeneinander und unterhalten uns. Wenn ich sie so betrachte, sehe ich sie wieder vor mir, wie sie Jahre zuvor im Bus von Bagdad nach der heiligen Stadt Karbala saß, gestikulierend, so gebannt von ihrem Thema, daß sie alles um sich herum vergaß. Und während sie redete, tauchte aus der flimmernden Wüstenhitze die Moschee von Karbala auf, in der Sonne funkelnd wie ein Juwel. Das Fieber von damals, denke ich wehmütig, das kommt nie wieder.

»Warum fahren wir nicht zusammen nach Beirut?« flüstere ich ihr zu. Wir haben schon öfter die wildesten Pläne geschmiedet. »Alles ist möglich«, sagt Hala, »aber wir müssen warten, bis Salim da ist.«

»Worüber redet ihr?« Tétés Stimme klingt verärgert. »Mit mir redest du nie so viel!«

Hala lacht. »Mama, du bist ja schon wie Asma! Die wird auch immer eifersüchtig, wenn ich mich mit Lieve unterhalte.«

In der Nacht träumt Hala, ihre Mutter sei gestorben. Shirin geht in einem langen weißen Gewand wie ein Gespenst durchs Haus, und Hala selbst weint ununterbrochen und denkt daran, was sie ihrer Mutter im Laufe der Jahre alles verweigert hat und was nun nie wieder gutzumachen ist. Auch ich habe einen seltsamen Traum. Ich trage ein Kind mit mir herum, das in durchsichtiges Plastik gewickelt ist. Es ist ein Baby, gerade erst geboren, aber es kann schon sprechen und sieht mich aus weisen Augen an. Was gibt man so einem Kind zu essen, frage ich mich, bekommt es noch Babynahrung, wenn es schon sprechen kann?

»Ach, Mama, hast du vielleicht einen Teller für das Brot?« Salim sieht mich entschuldigend an. »Das habe ich aus Katar«, sagt er, »da wird das Brot nicht einfach auf den Tisch gelegt.« Der Tisch biegt sich unter den Speisen. *Ful,* fritierter Blumenkohl, Nieren. Hala hat Hammelfleisch gekauft, mit den Hoden, damit ihre Mutter nicht sagen kann, es sei kein Schafbock gewesen. Vor mir steht eine Schale mit ziehharmonikaförmigen Innereien. Kann man die essen? Hala sagt, es sei eine Delikatesse.

Zahra und Shirin haben das Haus auf Hochglanz gebracht, und Tété hat tagelang in der Küche gestanden: Zucchini aushöhlen, Därme säubern – und immer eine brennende Zigarette im Aschenbecher. »Was kocht man bei euch an Festtagen?« hatte sie mich gefragt, und ich wußte zu meiner Schande nicht, was ich antworten sollte. Festtage – was für Festtage? Tomatencremesuppe, Prinzeßbohnen und Roastbeef – weiter kam ich nicht, und das sind Gerichte aus der Küche meiner Mutter, die ich selbst nicht so ohne weiteres kochen würde.

Bei Tisch herrscht das übliche Chaos: Asma will nicht essen. Shirin hat sich ein Handtuch um das nasse Haar gebunden. Hala ist wieder einmal schlecht gelaunt, und Tété sitzt mit verschränkten Armen da und wacht darüber, daß Salim auch genug ißt. Sie läuft jetzt nicht mehr im Nachthemd im Haus herum, sondern im Kleid. Im Spiegel sehe ich, daß ihr Reißverschluß nicht ganz geschlossen ist.

Seit Salim weiß, daß ich einmal in Dauha war, der Hauptstadt von Katar, redet er von nichts anderem mehr. Ob ich mich an den Dauha-Club erinnere, ob ich das Café des Sheraton-Hotels kenne? Unser englisches Tischgespräch ist mir peinlich – sollte er sich nicht mit seiner Mutter und seinen Schwestern unterhalten? Doch Salim klammert sich fast verzweifelt an mich. Eine Europäerin und ein Syrer, der in Dauha wohnt, sind für ihn die idealen Gesprächspartner. Seine Mutter betrachtet uns mit Tränen in den Augen und seufzt gerührt, weil ihr Junge fließend Englisch zu sprechen scheint. Er hat sich so verändert, plötzlich ist er ein richtiger Herr. Hala wirft mir einen ihrer Blicke zu – sie findet, daß Salim nur kahler geworden ist.

»Aber wenn man vor dem Eingang zum Suq steht, dann hat man doch das Fort von Dauha hinter sich?« Salim ist Wasserbauingenieur, und man merkt, daß er sein Englisch nur in technischen Gesprächen anwendet. Er hat eine diffuse, weitschweifige Art zu reden, und ich frage mich, wie er in so kurzer Zeit eine Frau finden will. Vier Wochen bleibt er – bis zu seiner Abreise, sagt Hala, muß die Sache unter Dach und Fach sein.

Am Morgen hat seine Mutter ihn auf die Bank geschickt, wo eine frühere Schulfreundin von Shirin arbeitet. Eine ihrer Kolleginnen ist unverheiratet – das könnte etwas für Salim sein. Ich weiß angeblich von nichts, und als Tété auf seinen Gang zur Bank anspielt, erklärt Salim mir, er habe Geld wechseln müssen. Das Geld hier sei so schmuddelig, findet er, er würde sich am liebsten jedesmal die Hände waschen, wenn er es angefaßt hat.

Ich versuche mir sein Leben in Dauha vorzustellen. Er wohnt mit einem Kollegen zusammen. Vielleicht sitzen sie abends vor dem Fernseher oder machen einen Strandspaziergang. Viel mehr gibt es in Dauha nicht zu erleben, schon gar nicht, wenn man wie Salim sparen will. In Syrien hat er früher dreitausend Pfund – hundertzwanzig Mark – im Monat verdient. In Katar bekommt er das Zwanzigfache; inzwischen hat er ein hübsches kleines Vermögen angehäuft. Deshalb will er jetzt heiraten.

Vor drei Jahren hat er Damaskus verlassen, aber er staunt über seine Umgebung wie jemand, der weit länger fort gewesen ist. »Heute morgen bin ich mit dem Taxi gefahren, und da ist einfach noch jemand zugestiegen!« Auch die Art, wie man ihn auf dem Amt, wo er sein Ausreisevisum beantragen wollte, angeschnauzt hat, findet er empörend. Und wie schmutzig es hier sei! Ich kann ihm sein Unbehagen nachfühlen – in Katar wird ständig alles von asiatischen Arbeitskräften blankpoliert.

»Damaskus wird von Hinterwäldlern überschwemmt«, sagt er mißmutig. »Du weißt schon, Bauern, die bis vor kurzem in den Bergen an der Küste gelebt haben.« Er meint die Alawiten, von denen seit Assads Machtantritt 1970 immer mehr in die Hauptstadt übergesiedelt sind. »Die meisten haben keinerlei Ausbildung, sie kommen vielleicht im Straßenbau unter oder bei der Müllabfuhr, aber dann geben sie wieder auf, weil sie die Art von Arbeit nicht gewöhnt sind. Ein kleiner Posten beim *mukhabarat* ist oft das einzige, wofür sie nicht zu dumm sind.«

Nach dem Essen zieht Salim sich in das Zimmer zurück, das Tété für ihn hergerichtet hat. Zärtlich betrachtet sie ihn durch die offene Tür. »Er schläft«, flüstert sie.

»Siehst du, was für ein Theater sie um ihren Liebling macht?« spottet Shirin.

»Zwei Jahre ist er gestillt worden«, ruft Hala, »und wir höchstens zwei Monate!«

Tété lacht nachsichtig. Seit Salim da ist, kann ihr kaum noch etwas die Laune verderben. Hala prophezeit allerdings, daß die goldenen Zeiten nicht lange andauern werden: Im Moment läßt Salim sich all die Aufmerksamkeit noch gefallen, aber bald wird er sich eingeengt fühlen, und dann gibt es Streit.

Die nächsten Tage ist Salim tatsächlich häufiger unterwegs. Manchmal erscheint er nicht einmal zum Mittagessen, das Tété mit so viel Mühe zubereitet hat. Wenn er dann nach Hause kommt, ist er oft müde und verschwitzt. Nichts klappt, alle Mietwagen in Damaskus sind an Touristen aus den Golfstaaten vergeben, und auf sein Ausreisevisum muß er wahrscheinlich sehr viel länger warten, als er gedacht hat. Das Selbstbewußtsein, das er aus Dauha mitgebracht hat, beginnt bereits zu schwinden.

Tété mästet ihn – er beklagt sich, daß ihm seine Sachen zu eng werden – und berät sich flüsternd mit ihm über die Suche nach einer passenden Ehefrau. Gestern haben sie eine Kusine von Tété besucht, die zwei Töchter hat. Salim hat ein

Auge auf die jüngere geworfen. Hala berichtet mir halb belustigt, halb angewidert davon. Eine arrangierte Heirat in ihrer Familie, und das in der heutigen Zeit! »Aber ich wüßte nicht, wie er sonst zu einer Frau kommen soll«, seufzt sie, »für so profane Dinge hat er sich noch nie interessiert.«

Salims Besuch bringt das ganze Haus in Aufruhr. Verwandte, die sonst nur selten kommen, stehen plötzlich vor der Tür und lassen sich von der Mitteilung, daß Salim nicht da sei, keineswegs entmutigen. Zu jeder Tageszeit treffen wir jetzt jemanden im Wohnzimmer an. Tété thront mit untergeschlagenen Beinen und einer Zigarette im Mundwinkel feierlich auf dem Samtsofa. Ihre Töchter servieren den Kaffee, sie unterhält die Gäste. In der Küche stöhnt Hala über die Geschichten aus ihrer Zeit als Bankangestellte – sie kennt sie alle auswendig. »Und bald werden die anderen sie auch auswendig kennen, denn kaum ist sie fertig, fängt sie wieder von vorn an!«

Eines Nachmittags, als ich im Garten sitze und lese, treten Hala und Shirin auf leisen Sohlen zu mir. »Komm mal mit und sieh dir den komischen Vogel an, den wir zu Besuch haben«, flüstert Hala.

»Sei nicht so streng«, zischt Shirin ihr zu.

»Ja, ja, er kommt deinetwegen, das wissen wir!«

Der Besucher ist ein Onkel, der sich für Shirin interessiert. Er ist fünfzig und lebt seit dem Tod seiner Frau mit seinen beiden Söhnen allein. »Stundenlang sitzt er schweigend auf dem Sofa, man bekommt kein Wort aus ihm heraus. ›Wie geht's, Onkel Jassim?‹ – ›Danke, gut.‹« Hala verzieht den Mund zu einem zuckersüßen Lächeln. »Sonst nichts, keine Silbe. Ein sonderbarer Heiliger! Und seine Kinder machen es ihm nach, die sind genauso komisch.«

»Und du, wie findest du ihn?«

Shirins Miene verdüstert sich. »Onkel Jassim? O Gott, ich darf gar nicht dran denken!« Shirin hat kein Glück in der Liebe. Jahrelang hatte sie eine heimliche Liebschaft, die eines

Tages plötzlich zu Ende war. Sie ist bereits über dreißig, und die einzigen Männer, die sich noch für sie interessieren, sind alternde Onkel. Vor kurzem aber hat sie jemanden kennengelernt, um den sie ein großes Geheimnis macht.

Es wird Abend und die Mücken treiben uns ins Haus, wo Onkel Jassim, von seinen Söhnen flankiert, noch immer auf dem Sofa sitzt. Mit ausdruckslosen Mienen sehen sie fern.

»Wie geht's, Onkel Jassim?« fragt Hala mit einem Augenzwinkern in meine Richtung. »Danke, gut«, antwortet er und imitiert so perfekt das einfältige Lachen, das Hala vorhin im Garten vorgeführt hat, daß ich in die Küche flüchten muß, um nicht loszuplatzen.

Onkel Jassim gegenüber sitzt eine dralle, reizlose Frau in Kopftuch und Mantel. »Das ist meine Schulfreundin Noura«, stellt Hala vor, »sie arbeitet zur Zeit bei der Post. Wir sind in allem verschiedener Meinung, aber wir sind immer Freundinnen geblieben.«

Ob sich bei Noura noch der Einfluß der Mathematiklehrerin bemerkbar macht? Doch ihre Bekehrung ist jüngeren Datums: Sie hat sich in einen iranischen Geistlichen verliebt, der in einer schiitischen Moschee außerhalb von Damaskus gepredigt hat und kürzlich zu ihrem großen Kummer nach Algerien versetzt worden ist. »Der Mann ist weg«, sagt Hala, »aber das Kopftuch ist geblieben.«

Noura hätte gegen einen Heiratsantrag von Onkel Jassim nichts einzuwenden, und von Zeit zu Zeit geben Hala und Tété ihm einen Wink mit dem Zaunpfahl, aber er stellt sich dumm. »Für den zählt nur das Geld«, sagt Hala. »Er hat es auf die Groschen abgesehen, die Shirin bekommt, wenn meine Mutter das Haus verkauft.«

Wir verbringen jetzt viel mehr Zeit bei Tété als früher und allmählich bekomme ich eine Vorstellung davon, wie es gewesen sein muß, als Hala noch hier gewohnt hat. Nach der Siesta sitzt die ganze Familie im großen Zimmer und kabbelt sich, die Stunden verrinnen und draußen wird es dunkel. Manchmal ärgere ich mich – über Hala, über Asma, die vor dem plärrenden Fernseher hängt und wahllos Smarties, Chips und *bizr* in sich hineinstopft, aber auch über mich selbst, weil ich hier herumsitze, während vor der Haustür eine Stadt liegt, die ich noch kaum kenne.

Manchmal geht Hala zur Universität. Der Sommer ist zwar eine ruhige Zeit, aber hin und wieder muß sie sich doch sehen lassen. Wenn sie nicht da ist, versuche ich zu lesen, doch unter Tétés mißbilligenden Blicken vergeht mir die Lust dazu. Weinblätter füllen, das ist ihre Vorstellung von einer nützlichen Beschäftigung.

Ich spüre, wie ich in eine alte, fast vergessene Lethargie zurückfalle. Warum tue ich mir das an, was habe ich hier verloren? Eines Nachts träume ich von den Niederlanden. Eine Erzählung, die ich geschrieben habe, wird von meinem Lektor hoffnungslos verstümmelt. Ich versuche sie zu retten und mache damit alles nur noch schlimmer. Beim Aufwachen fühle ich mich elend. Ich kenne die Atmosphäre dieses Traums, es ist die der Unsicherheit meiner ersten Jahre in den Niederlanden, der Schwierigkeit, in der neuen Umgebung Anschluß zu finden, der Einsamkeit, der Mißerfolge. Durch Hala kommen diese Ängste wieder hoch.

Was für mich der Beginn einer Zeit voller Entdeckungen war, war für sie eine Phase, in der sich die Probleme häuften. Gewaltsam wurde sie in dieses Haus zurückgeholt, wo jeder Wunsch nach Unabhängigkeit bestraft wurde. Aber wollte sie überhaupt für ein anderes Leben kämpfen? Warum ist sie damals nicht in Frankreich geblieben? Hatte sie Angst vor der Einsamkeit, unter der ihre Landsleute litten, Angst, aus dem Nest zu fallen? Ist sie deshalb zurückgekehrt? Wir reden nicht über diese Dinge – ich wüßte auch gar nicht, wie ich davon anfangen sollte, denn da kündigt sich schon der nächste häusliche Zwischenfall an.

»Zahra, wo ist die Schere, hast du sie versteckt?«

»Nein!«

»Doch! Sag schon, wo hast du sie hingelegt?«

Zahra trägt zu Hause stets eine schwarze *abaya* über ihrem Nachthemd. Bei meinen ersten Besuchen hat sie sich in tiefes Schweigen gehüllt, so daß ich sie kaum wahrgenommen habe. Doch jetzt, seit ich öfter hier bin, merke ich, daß sie ununterbrochen für Konfliktstoff sorgt: Sie hat die Angewohnheit, alles, was im Zimmer herumliegt, zu verstecken. Die unsinnigsten Dinge entwendet sie: Asmas Schulbücher, Halas Kugelschreiber, Tétés Medikamente. Unter ihrer Matratze liegen Zigaretten, die noch von ihrem Vater stammen, leere Schreibhefte, die sie irgendwann einmal billig erstanden hat, alte *Reader's Digest*-Ausgaben.

Zahra arbeitet in einem staatseigenen Geschäft, einem Relikt aus der Zeit, in der man in Syrien so gut wie nichts kaufen konnte. Es brach mir fast das Herz, als ich sie dort eines Tages hinter dem Ladentisch stehen sah. *Unsere* Zahra, klein, ängstlich, in einem engen selbstgestrickten Pullover, der ihre schweren Brüste plattdrückte, von so viel sozialistischem Grau umgeben, daß sie ungeheuer verletzlich wirkte. Der Laden war leer, und nichts deutete darauf hin, daß dieser Zustand sich hin und wieder änderte. Aus purem Mitleid kaufte ich eine Dose Handcreme und mußte erst zweimal mit Zetteln zwischen Zahra und der Kassiererin hin und her laufen, bevor ich sie mitnehmen konnte.

Zahra ist ein bißchen zurückgeblieben, sagt Hala. In der Grundschule hat sie fünfmal dieselbe Klasse wiederholt, sie kam einfach nicht weiter. Für Männer hat sie sich nie interessiert. In der Schule schwärmte sie für die italienische Nonne, die vor der Klasse stand, später verehrte sie die Jungfrau Maria und danach die Sängerin Fayruz. Sie hängte Poster von ihr auf und redete von nichts anderem mehr. Das erinnert mich an meine mongoloide Schwester Hildeke, die sich in Fernseh-Quizmaster und in die Männer aus *Dallas* und *Denver Clan* verliebt. Das geht so weit, daß sie die Serien im belgischen, niederländischen und deutschen Fernsehen gleichzeitig verfolgt.

Zahra spült das Geschirr mit Walkmanstöpseln in den Ohren, um Tétés Geschimpfe nicht zu hören. Zahra schrubbt auf Knien den Boden, Zahra läuft im Badetuch durchs Wohnzimmer, Zahra stibitzt Zigaretten aus Tétés Packung. Niemand beachtet sie, außer natürlich, wenn sie etwas versteckt hat.

»Zahra, gib die Schere zurück!« Hala ist ungeduldig und verärgert.

»Ich hab sie nicht!«

»Wenn du sie findest, kriegst du eine Schachtel Zigaretten.«

Plötzlich ist die Schere wieder da. Zahra wartet, bis Tété einen Moment nicht herschaut und steckt sich die Zigaretten in den BH. Ich werfe ihr einen verschwörerischen Blick zu, aber sie sieht mich nur verdrießlich an – auch das erinnert mich an Hildeke.

Am Freitag nach dem Mittagessen verschwinden Zahra und Shirin im Schlafzimmer und ziehen sich um, Asma tauscht ihre Schlappen gegen Straßenschuhe. »Wir gehen ins Kino«, verkündet Hala.

So ruhig ist es an diesem freien Tag, daß wir zu fünft mitten auf der Straße gehen können. Das widerlich süße Parfüm namens Amour, mit dem Zahra uns eingesprüht hat, wandert in einer Wolke mit uns mit. Die Sonne scheint, und ich fühle mich wie früher, wenn ich mit meinen Schwestern in den Tijlsaal ging. Unterwegs kamen wir immer am Süßwarengeschäft von Mia Wuytjens vorbei, das sonntags geöffnet hatte. Draußen stand ein Reklameschild mit einem Jungen, der ein Frisco aß, eine Eiswaffel mit Schokoladenüberzug zu zwei Franc. Außer uns war weit und breit niemand zu sehen, nur hier und da ein einsamer Radfahrer. Ein ganzes Dorf, das mißgelaunt vor sich hin brütete.

»Hala sagt, du warst in Afrika«, unterbricht Shirin meine Gedanken. Sie kichert. »Da fressen sie doch Weiße. Hattest du keine Angst, daß sie dich verspeisen?«

»Das sind doch Schauermärchen«, gebe ich barsch zurück. »Weißt du übrigens, daß die Afrikaner sich vor den Arabern genauso fürchten wie ihr vor ihnen?«

»Wieso?« fragt sie verwundert. Sie hatte gar nicht die Absicht, ein Gespräch mit mir anzufangen, sie wollte auf diesem Gang zum Kino nur die Stille unterbrechen.

»Hast du noch nie etwas von den arabischen Sklavenhändlern in Afrika gehört? Die Afrikaner haben sie nicht vergessen. Wenn afrikanische Mütter ihren Kindern angst machen wollen, sagen sie: ›Wenn du nicht brav bist, holen dich die Araber!‹« Als ich nach jahrelangen Streifzügen durch die arabische Welt nach Afrika gekommen war, hatte ich gleich zu Anfang erfahren, wie die Araber sich dort aufgeführt hatten. Meine arabischen Freunde erwähnten diese Dinge nie, ich hatte immer nur zu hören bekommen, welches Unrecht ihnen selbst im Laufe der Jahrhunderte angetan worden war.

Ich wollte Shirin einen Schock versetzen, zur Strafe dafür, daß sie nichts von diesem dunklen Kapitel der arabischen Geschichte weiß, doch gleich darauf tut es mir wieder leid. Was weiß sie schon von meinen stillen Vorwürfen an meine arabischen Freunde, was hat sie damit zu tun? Sie nickt nur, sie hat keine Ahnung, wovon ich rede. Hala hat meinen Ausbruch zum Glück nicht mitbekommen, sie ist mit Asma beschäftigt. Mißmutig gehe ich weiter. Warum bin ich so herzlos und ungerecht?

»Hala, wie heißt der Film eigentlich, in den wir gehen?«

»*Cinema Paradiso.*« Ein italienischer Film, sie hat ihn schon gesehen.

»Und der Regisseur?«

Hala geht jetzt neben mir. »Hab ich vergessen.« Sie seufzt. »Das liegt an den Menschen in diesem Haus. Mein kulturelles Leben ist völlig eingeschlafen.« Sie fühlt sich genau wie ich, sie ist voller Auflehnung.

Der Regisseur heißt Giuseppe Tornatore, wie ich auf einem Plakat lese. Das Kino ist fast leer, es riecht nach Staub und Sägemehl. Hala will nach oben, denn unten sitzen ein paar Jungen, die ziemlich unangenehm werden können, wenn sie sehen, daß in einer Reihe fünf Frauen sitzen.

Dann finden wir uns im Kino eines sizilianischen Dorfes wieder – eine ebenso staubige Höhle wie diese –, in dem sich ein neugieriger kleiner Junge aus dem grauen Alltag, der ihn umgibt, fortträumt. Totos Vater ist im Krieg gefallen, seine Mutter ist arm. Sein großer Freund ist der alte Alfredo, der Filmvorführer im Cinema Paradiso, der ihn vor den Schlägen seiner Mutter beschützt. Als das Kino eines Tages in Flammen steht, schleift Toto den bewußtlosen Alfredo ganz allein die Treppe hinunter.

Auf Alfredos Rat geht er nach Rom, wo er ein bekannter Filmregisseur wird. Der alte Mann hat ihn beschworen, dem Dorf für immer den Rücken zu kehren, doch als Alfredo stirbt, beschließt Toto, zu seiner Beerdigung zu fahren. Während seines Besuchs erwachen die Geister der Vergangenheit wieder zum Leben. Das Cinema Paradiso wird abgerissen, und die Trauer um eine verlorene Jugendliebe kehrt in aller Heftigkeit zurück.

»Was hast du denn, Mama?« Asma tastet besorgt nach Halas Augen. »Warum weinst du?« Sie beruhigt sich erst wieder, als Hala ein Taschentuch hervorholt, sich die Nase putzt und durch ihre Tränen hindurch lacht.

»Ich versteh gar nicht, daß *Der letzte Kaiser* so viel mehr Preise bekommen hat«, sagt Hala auf dem Nachhauseweg. »*Cinema Paradiso* ist doch viel intimer und weckt viel mehr Gefühle.«

»Das sind zwei ganz verschiedene Filme«, sage ich zweifelnd, »man kann sie eigentlich gar nicht miteinander vergleichen.« Aber woher soll sie das wissen? Es sind die einzigen wichtigen Filme, die in den letzten Monaten in Damaskus gelaufen sind. Hala geht erst seit kurzem wieder ins Kino. Der Mann, der früher für den Einkauf der Filme zuständig war, sei ein Volltrottel gewesen. »Er war mal Metzger, da kannst du dir vorstellen, was der gekauft hat: lauter Kung-Fu-Filme!«

Tété ist nicht da, als wir nach Hause kommen. »Sie ist mit Salim zu seiner Verlobten«, vermutet Hala. Wir stürzen uns auf die Reste des Mittagessens im Eßzimmer. Mein Blick fällt auf ein Foto, das schon die ganze Zeit an der Wand gehangen haben muß. »Bist du das?« Hala nickt. Ein fünfjähriges Mädchen, strahlende Augen in einem anrührend hübschen Gesicht. Der Mann, dessen Hand beschützend auf ihrer Schulter ruht, ist ihr Vater. Es liegt eine große Vertrautheit in dieser Berührung, und sie selbst strahlt so viel Ruhe aus – ein Kind, das sich geliebt weiß.

Es tut fast weh, das Foto anzuschauen. Diese strahlenen Augen – manchmal sehe ich sie noch, aber meistens ist Halas Blick matt und stumpf. Unentwegt kümmert sie sich um andere, schleppt Plastiktaschen von Haus zu Haus, brät für Asma ein Huhn, geht mit Zahra zum Zahnarzt und versucht auch mich in ihren Drang zur Selbstaufopferung einzubeziehen. »Was möchtest du morgen essen?« Mir egal! »Willst du nicht irgendwas Besonderes? Ich koch's dir!« Sogar im Schlaf umsorgt sie mich noch. Gestern habe ich geträumt, ich sei krank, und sie müßte ihre Verwandtschaft von mir fernhalten. Manchmal rutscht ihr mitten in der Arbeit ein abgrundtiefes »Uff!« heraus – wie ein Kessel, der Dampf abläßt.

»Hast du noch mehr Fotos von früher?«

»Ja – wenn ich sie finde.«

Wir plündern Tétés Schlafzimmerschrank und blättern stundenlang in Fotoalben. Da ist Hala auf dem Arm ihres Großvaters, eines Mannes mit Brille und einem roten Fez. Er hat in einem Altstadthaus gewohnt. Alles war dort im Gleichgewicht, keine Lampe hing falsch, kein Gegenstand befand sich zufällig an seinem Platz. Über die Decke zogen sich goldene Arabesken, und das Licht, das durch die kleinen Buntglasfenster fiel, warf eine sanfte rote Glut auf die Möbel. In dem Haus wurde viel gelacht. Wenn ein Fest gefeiert wurde, spielte Halas Großvater Sitar, seine Söhne spielten Laute und Trommel, und Halas Großmutter tanzte mit aller Anmut, die ihr schwerer Leib zuließ, durchs Zimmer.

Die fünfziger Jahre sind eine Zeit, an die viele Damaszener mit Wehmut zurückdenken. 1946 waren die Franzosen abgezogen, die Euphorie der Unabhängigkeit lag noch in der Luft. Die Staatsstreiche folgten einander so schnell, daß die Händler im Suq, die bei jedem Machtwechsel ein Bild des neuen Präsidenten aufhängten, kaum nachkamen.

»Was ist aus dem Haus von deinem Großvater geworden?«

»Total verfallen«, erwidert Hala traurig. Als ihr Großvater starb, wurde es mitsamt dem Inventar verkauft. Das einzige, was ihr davon geblieben ist, ist eine Lampe aus getriebenem Kupfer, die auf einem Schränkchen in ihrem Wohnzimmer steht und bei deren Schein sie manchmal liest. Die Lampe verbreitet ein diffuses Licht, das zum Lesen eigentlich zu schwach ist, aber Hala liebt die Stimmung, die es wachruft. Es ist wie mit Bommas hohem Bett, in dem ich in Amsterdam schlafe – unbequem und schmal ist es, aber es verkörpert so viel Verlorenes, daß ich es nie weggeben würde.

Auf einem der Fotos fährt Hala auf den Steinplatten hinter ihrem Elternhaus Dreirad. Ich erkenne den Brunnen wieder, den Zitronenbaum. Schon bald wird sie Salim, Shirin und Zahra versorgen müssen, weil ihre Mutter tagsüber auf der Bank arbeitet.

Einmal lief sie in eine Glastür und zog sich eine Schnittwunde am Arm zu. Ihr Vater brachte sie zum Arzt, und als sie in der Abenddämmerung nach Hause gingen, sahen sie, daß sich vor dem Palast, in dem wichtige Staatsgäste zu logieren pflegten, eine Menschenmenge versammelt hatte. Hala vergaß den verbundenen Arm und wollte wissen, was dort los war. Ihr Vater hob sie auf seine Schultern. Auf dem

Balkon des Palastes stand mit ausgestreckten Armen ein imposanter Mann und hielt eine Ansprache. Das sei der Staatspräsident von Ägypten, erklärte Halas Vater, der den Zusammenschluß Syriens mit Ägypten verkünde. Ihre Mutter war verstimmt, als sie hörte, warum die beiden so lange weggeblieben waren. Dieser Nasser mit seinen sozialistischen Ideen gefalle ihr gar nicht, das Ganze werde böse enden.

Halas Vater war Offizier und nahm seine Tochter gern auf Dienstreisen mit. Sie war ein aufgewecktes Mädchen, und er war stolz auf sie. Ein Bild zeigt die beiden in Hama. Hala trägt einen Wintermantel und eine dazu passende Pluderhose, und auch hier hat ihr Vater ihr den Arm um die Schultern gelegt. Im Hintergrund drehen sich die großen Wasserschöpfräder aus der Zeit Alexanders des Großen.

Auf dieser Reise ließ ihr Vater sie einmal in der Obhut eines ägyptischen Kollegen in dessen Büro zurück. Es war zur Zeit der Vereinigung mit Ägypten, als die Voraussetzungen für das ausgedehnte Netz der Geheimdienste geschaffen wurden. Hala saß auf dem Tisch und sah sich neugierig um. »Und?« fragte der Offizier und zeigte auf die Fotos von Nasser und dessen rechter Hand, Marschall Amir. »Wen von den beiden magst du lieber?« Die siebenjährige Hala sah sich erst Nasser und dann Amir an und sagte: »Keinen.«

»Warum nicht?« fragte der Mann verwundert.

»Meine Mutter hat gesagt, die sind beide nichts.«

Der Mann hob warnend den Finger. »Vorsicht, hier haben die Wände Ohren!« Später flüsterte er ihrem Vater zu, er müsse aufpassen: Wenn der *mukhabarat* erfahre, was Hala über ihre Mutter sage, könne seine Frau Schwierigkeiten bekommen. Von da an wußte Hala, daß sie Dinge, die sie zu Hause hörte, nicht weitersagen durfte.

Als Asma sprechen lernte, mußte Hala wieder an diesen Vorfall denken. Wie oft brachte ihre Tochter sie mit ihren freimütigen Fragen in Verlegenheit! »Mama, warum heißt die Brücke Assad-Brücke? Gehört sie ihm?« Sie saßen in einem Taxi, und Hala merkte, wie ihre Mitfahrer erstarrten. In Behördenräumen, deren Wände mit Assad-Bildern gepflastert waren, fragte Asma: »Mama, gehört das Haus auch Assad?« Doch mit der Zeit lernte auch Asma, was sie in der Öffentlichkeit sagen durfte und was nicht, und jetzt ist sie es, die Hala die Hand auf den Mund legt, wenn sie im Taxi unbedacht die Worte *mukhabarat* oder Alawit fallenläßt.

Halas Vater hatte nicht studiert, aber er las viel und interessierte sich für alles. Mit siebzehn, als Syrien noch unter französischer Herrschaft stand, war er Soldat geworden. Er war ein Offizier der alten Garde. In den fünfziger Jahren spielte sich der politische Machtkampf in Syrien zwischen verschiedenen Gruppierungen der sunnitischen Elite in den Städten ab, doch mit jedem Staatsstreich gewann die Armee an Einfluß und die Elite wurde weiter zurückgedrängt. Der Putsch der sozialistischen Baath-Partei im Jahr 1963 versetzte den Sunniten einen schweren Schlag, doch erst als Assad dem politischen Gerangel 1970 ein Ende machte, merkten die Damaszener, was sie in ihrem Freiheitsrausch verloren hatten. Die privilegierten Staatsintellektuellen wurden samt und sonders durch Leute vom Land ersetzt, die mit der Waffe in der Hand regierten.

Halas Vater hatte nicht dem Damaszener Großbürgertum angehört. Er war Soldat geworden, weil sein Vater Alkoholiker war und er Geld verdienen mußte, um die Familie zu ernähren. Die Frau, die er liebte, wollte ihn nicht, weil er zu arm war, und zur allgemeinen Verwunderung hatte er Tété geheiratet, eine alles andere als hübsche Kusine. Unter dem neuen Regime wurde jeder, der aus Damaskus stammte, automatisch der verhaßten Bourgeoisie zugerechnet, und wenige Jahre nach Assads Machtantritt wurde Halas Vater aufs Abstellgleis geschoben. Die letzten fünf Jahre seines Lebens saß er zu Hause. Die Bücher, die er las, stehen in dem Zimmer, in dem Salim schläft: viele populärwissenschaftliche Werke, wie man sie in Ländern findet, die weitab von den Zentren wissenschaftlicher Forschung liegen. Zahra hat einige davon unter ihrer Matratze versteckt.

»Mein Vater hat sein eigenes Leben geführt«, sagt Hala leise, »er war frei. Er war wie Meursault, die Hauptfigur in Camus' *Der Fremde:* ein geborener Zweifler. Er ging nie in die Moschee, nicht einmal wenn jemand gestorben war.« Die kurze religiöse Phase, die Hala mit vierzehn durchmachte, hatte ihn überrascht und ging ihm gegen den Strich, aber er hätte sich nie eingemischt. Er war der Meinung, Hala müsse ihren eigenen Weg finden.

Als sie in ihrer Studienzeit anfing, Reisen zu machen, war ihre Mutter entsetzt: eine Frau allein auf Reisen, das sei gleichbedeutend mit Prostitution! Ihr Vater aber stimmte stillschweigend zu, und als seine Freunde ihm Vorhaltungen machten, weil er seine Tochter den Haien zum Fraß vorwerfe, ergriff er für sie Partei. »Bei uns ist es viel wichtiger, daß dein Vater dich unterstützt als deine Mutter«, sagt Hala, »denn seine Ehre ist an die seiner Töchter gebunden. Wenn er bereit ist, dich gegen seine Umgebung zu verteidigen, dann kannst du alles machen.«

Asma ist ins Zimmer gekommen; die ägyptische Fernsehserie, die sie sich angesehen hat, ist zu Ende. Sie sei morgen zum Geburtstag eines Freundes eingeladen, wendet sie sich an Hala. Wie sie hinkommen solle? Was sie mitbringen könne?

»Sie fängt auch allmählich an, ihr eigenes Leben zu führen«, sagt Hala, als Asma wieder ins Wohnzimmer gegangen ist. »Sie ist wie ich, sie ist offen, sie redet mit jedem und spielt lieber mit Jungen als mit Mädchen. Ich möchte ihr ihre Freiheit lassen, aber ich mache mir auch Sorgen, weil ich nicht weiß, wie ich sie beschützen soll. Wer wird für sie eintreten, wenn sie Entscheidungen trifft, die von der Gesellschaft nicht akzeptiert werden? Es ist ja kein Mann da, der sie verteidigen könnte, so wie mein Vater mich damals verteidigt hat.«

Im Wohnzimmer hört man es rumoren. Tété und Salim sind zurück. In fliegender Hast packen wir die Fotoalben wieder in den Schrank. Tété ist bester Stimmung. Salim sieht fern – sein Gesicht zeigt wie üblich keine Regung.

»Es ist soweit«, schmunzelt Hala im Taxi nach Hause. Demnächst werden Salim und Tété um die Hand des Mädchens anhalten. Hala wird mitkommen.

»Warum du?«

»Kannst du dir vorstellen, daß die beiden mit so einem Heiratsantrag allein klarkommen? Salim ist imstande und redet so wirres Zeug, daß man glauben könnte, er will gar nicht! Und meine Mutter – was da passieren kann, weißt du ja.«

»Was denn?«

»Daß sie den ganzen Abend von Wadi al-Nakhla redet!«

Tagelang habe ich mich darauf vorbereitet. Immer größere Kreise habe ich um Hala gezogen und nach Orientierungspunkten gesucht. Heute morgen habe ich die Schnur, die mich seit meiner Ankunft mit ihr verbunden hat, durchgeschnitten. Ich fühle mich unbehaglich. Plötzlich haben die Straßen von Damaskus ihre Vertrautheit verloren. Ich bin wieder in einer fremden Stadt und weiß nicht recht, wie ich Hala einen Platz in dieser Szenerie einräumen soll.

An der Straßenecke wartete ich auf ein Taxi. Ich spürte die prüfenden Blicke der Zigarettenverkäufer. So eilig hatte ich es, ihnen zu entkommen, daß ich völlig kopflos in ein weißes Auto stieg und erst dann merkte, daß es gar kein Taxi war. Taxis sind gelb, das hätte ich doch wissen müssen! Halas Berichte über die Kriminalität in Damaskus kamen mir in den Sinn – ein Taxifahrer von zwei Dorfbewohnern wegen zweihundert Pfund ermordet –, aber die Jungen in dem weißen Auto waren nett. Sie schienen nur so spazierenzufahren und setzten mich brav am Eingang des Suqs ab.

Entschlossen gehe ich unter Assads monumentalem Porträt hindurch in Richtung Gewürzbasar, wo ich für Tété Safran kaufen will. *»Welcome, madam, welcome!«* Ich mache eine abwehrende Geste, doch dann sehe ich das Beduinengewand über dem Kopf des Händlers baumeln, der in der Tür seines Ladens steht, und augenblicklich purzle ich durch eine kleine Luke in die Zeit meiner allerersten Reise nach Damaskus zurück. Genau so ein Gewand hatte Kamal mir damals gekauft. Wir waren mit dem Taxi aus Beirut gekommen, eine zweieinhalbstündige Fahrt. Es war 1974, noch vor Ausbruch des Bürgerkrieges im Libanon. Nach Beirut mit seinen französischen Cafés und Restaurants am Meer war Damaskus für uns eine geschlossene Stadt voll orientalischer Geheimnisse. Im Grand Hotel mußten wir auf verschiedenen Etagen schlafen. Flure wie in einem Kloster und davor ein Wächter, der aufpaßte, daß keiner ins Zimmer des anderen ging. So viel Puritanismus im Hotel – und auf der Straße kniffen mich die Männer in den Po.

Das Grand Hotel! Noch Jahre später mußten Kamal und ich darüber lachen: In Beirut wohnten wir zusammen, und hier behandelte man uns wie ungezogene Kinder. Das Hotel muß ganz in der Nähe sein. Da ist der Marjeh-Platz. Ist es das da an der Ecke? Es heißt jetzt »New Omayyad Hotel« und ist im orientalischen Stil renoviert, mit kleinen Holzbalkonen und einem pompösen Eingang.

An allen Hotelfassaden rings um den Platz hängen Bilder von Khomeini. Seit Syrien und der Irak ihre Beziehungen abgebrochen haben, ist die Liebe zum Erzfeind des Irak, dem Iran, erblüht. In der Stadt wimmelt es von iranischen Touristen, Frauen im schwarzen Tschador, frommen Männern in makellosen Gewändern. Sie sind in Gruppen unterwegs, machen im Suq Einkäufe und besichtigen die schiitischen Moscheen und Denkmäler in und um Damaskus.

Doch außer den iranischen Pilgern sehe ich auf dem Platz auch viele Golf-Araber, jene Männer, die schuld daran sind, daß Salim immer noch keinen Mietwagen hat. Manche sind mit einem syrischen Fremdenführer unterwegs, der neben ihnen besonders klein und devot wirkt. Alle wissen, wozu so ein kleiner Syrer gut ist: Er bringt sie in die Bars, die versteckten kleinen Zimmer und die Bordelle von Damaskus.

Den Golf-Arabern, die ihre Familien mitgebracht haben, begegne ich später im Azem-Palast, der als Museum eingerichtet ist. Sie bewegen sich, als wären sie dort zu Hause, und scheinen sich in ihren Gewändern, durch die Bermuda-Shorts hindurchschimmern, und mit einer Schar von Kindern und verschleierten Frauen in ihrem Kielwasser pudelwohl zu fühlen. Vor den Spiegeln des Paschas rücken sie sich die Kopftücher zurecht, während ihre Frauen sich in den Brautgemächern drängen. Der vertraute Geruch von Sandelholz steigt mir in die Nase.

In einer Buchhandlung der Neustadt kaufe ich mir *Le Monde*. Der Verkäufer sitzt hinter der Kasse und liest in einem Buch von Jorge Amado. Hala hat mir geraten, mit Fremden vorsichtig zu sein, aber im Handumdrehen sind wir mitten in einer lebhaften Unterhaltung. Ein Bekannter des Verkäufers kommt herein, mischt sich ins Gespräch, und als ich wieder auf der Straße stehe, bin ich zum wöchentlichen Treffen einer Gruppe von Schriftstellern und Dichtern im Café Havana eingeladen.

Aufgeräumt mache ich mich auf den Weg zu Tété. In Kairo habe ich manchmal den literarischen Salon von Nagib Machfus besucht. Hier gibt es solche Kreise also auch! Warum hat Hala mir nichts davon gesagt? »Da kommen doch bestimmt nur Männer hin«, meinte ich unschlüssig, als der Freund des Verkäufers mich einlud. Doch er versicherte mir, daß auch Frauen willkommen seien. Vielleicht kann ich Hala mitnehmen?

Tété ist angenehm überrascht, als ich den Safran hervorhole, den ich im Suq gekauft habe. Sie drückt das spitze braune Tütchen an die Brust. Daß ich an sie gedacht habe!

Hala ist schon nach Hause gegangen. Insgeheim bin ich ihr dankbar dafür: Ich muß lernen, einem Taxifahrer zu erklären, wo ich wohne. Es wird schon dunkel, als ich aus dem Taxi steige. Die Zigarettenverkäufer stehen wie eine Straßensperre am Eingang unserer Straße. Der hübsche Junge mit der Lederjacke ist auch dabei. Seine Freunde stoßen ihn an, als sie mich näherkommen sehen. Verlegen haste ich an ihnen vorbei. Er ruft mir etwas zu, nicht auf arabisch, sondern auf französisch. Bestimmt hat die ganze Straße es gehört. Zitternd stecke ich den Schlüssel ins Schloß.

Im Flur riecht es nach Seife. Die Badezimmertür steht offen. Asma liegt in der Plastikwanne und plaudert mit einer ganzen Flaschenfamilie. Das ist eines ihrer Lieblingsspiele: Alle Flaschen haben Namen, so wie ihre Kissen. Hala sitzt im Nachthemd auf dem Sofa. Ich lege die Trophäen des Tages auf den Tisch. Als ich von der Einladung ins Café Havana erzähle, runzelt sie die Stirn. Das Havana sei früher Treffpunkt der Ideologen der Baath-Partei gewesen. »Ich würde lieber nicht hingehen. Da wimmelt es von *mukhabarat*-Leuten, jeder wird sich fragen, wer du bist und was du hier machst.«

»Meinst du?«

»Ja, natürlich.« Und Hamid, der Buchhändler – kann ich ihm auch nicht trauen? »Man weiß nie. Leute mit solchen Jobs arbeiten oft für den *mukhabarat*.«

Ein Schatten legt sich über die vergangenen Stunden. Bin ich zu unvorsichtig gewesen? Habe ich Hamid womöglich Dinge erzählt, die ich besser für mich behalten hätte?

»Dann kann man hier ja überhaupt niemandem trauen!« begehre ich auf. »Wie soll man da Freunde gewinnen, wie soll man neue Leute kennenlernen?«

»Ich traue nur meiner Familie und den Freunden, die ich aus meiner Studienzeit kenne«, sagt Hala. »Und da ist kaum jemand neu dazugekommen.«

Ich muß ihr wohl glauben, aber ein Zweifel bleibt. Sieht sie die Dinge nicht zu schwarz? Das festliche Gefühl, mit dem ich nach Hause gekommen bin, ist verflogen. Ich hole *Le Monde* aus meiner Tasche und blättere gleich zu Seite sechs, die laut Inhaltsübersicht einen Ausblick auf die arabisch-israelischen Friedensgespräche in Madrid bietet. Aber die Seite ist weg, herausgerissen, entlang einer unregelmäßig gezackten Linie. Ich wußte, daß die Zeitungen hier zensiert werden, und trotzdem ist es ein Schock. Was erlauben die sich, ich will mein Geld zurück! »Sieh dir das an!« Doch Hala lacht nur. »Der Präsident denkt für uns«, sagt sie resigniert, »das sind wir gewöhnt.«

II

»WIE wär's mit einer Kreuzfahrt nach Ägypten?« Ich bin sofort Feuer und Flamme, als Hala mit dieser Idee nach Hause kommt, und auch Asma ist völlig aus dem Häuschen. Über die Türkei und Zypern nach Ägypten – Asma holt sofort den Atlas. »Wie lange dauert die Reise, Mama?«

»Zehn Tage ungefähr.«

»Kommen wir da auch nach Kairo?«

»Nein, das Schiff fährt nur bis Alexandria.«

»Aber ich will nach Kairo!« Kairo – da laufen die Schauspieler, die Asma jeden Abend im Fernsehen sieht, einfach so auf der Straße herum.

»Warum nicht, dann gehen wir eben von Bord und fahren mit dem Bus nach Kairo.« Mit Hala nach Kairo, zusammen in die Hussein-Moschee, am Nil entlangspazieren, ins Café Fishawi...

»Warst du eigentlich schon mal in Kairo?«

»Nein, aber da wollte ich schon immer mal hin.«

»Gibt's auf dem Schiff einen Swimmingpool, Mama?« Einen Swimmingpool – das hat Asma in *Love Boat* gesehen.

»Morgen geh ich ins Reisebüro und erkundige mich genauer, okay?«

Am nächsten Tag erklärt Asma mir alles haarklein: Wir fahren mit einem Transtour-Bus nach Latakia und gehen dort an Bord. Transtour-Busse sind die besten, sagt sie, plötzlich die Liebenswürdigkeit in Person, da bekommt man ein Lunchpaket, und es gibt sogar Fernsehen. Doch als Hala nach Hause kommt, erwähnt sie unsere Kreuzfahrt mit keinem Wort mehr. Sie hat Salim und Tété begleitet, die um die

Hand der entfernten Kusine angehalten haben. Einen richtigen Vortrag hat sie über Salim gehalten: daß er ein ernsthafter junger Mann sei, der sich stets nur um seine Arbeit und nicht um Emotionen gekümmert habe, wahrscheinlich eine Reaktion auf das Verhalten seines Vaters, den er für einen Luftikus gehalten habe. Das Mädchen und ihre Mutter haben um Bedenkzeit gebeten.

»Was kostet denn die Kreuzfahrt?« fühle ich vor. »Ist sie nicht zu teuer?«

Hala sieht mich an und lächelt. »Ach, das war doch nur eines von meinen Projekten. Vielleicht machen wir's ja irgendwann, aber nicht jetzt gleich.«

»Und wir haben Asma schon so den Mund wäßrig gemacht!«

Jetzt muß Hala richtig lachen. »Das ist sie gewöhnt. Wir schmieden dauernd Pläne. Nächste Woche sage ich, wir fahren nach Beirut, dann kann sie davon träumen.«

Ich hätte es wissen müssen: Mit solchen Träumereien kommt man zu nichts. Hala hat Urlaub genommen. »Vielleicht schreibe ich einen Roman«, sagt sie. Einen Roman? Nur zu! Und die dicke Mappe mit den unvollendeten Erzählungen, die sie mir neulich gezeigt hat? Seufzend hat sie darin geblättert: lange Papierbögen, an einsamen Vormittagen und Abenden fieberhaft vollgeschrieben, aber nie ausgearbeitet.

Als wir an diesem Nachmittag auf dem Bett liegen und uns unterhalten, kommt mir der Gedanke, daß vielleicht alle unsere Reisen nur in diesem Zimmer stattfinden werden, inmitten all der Gegenstände, die ich mittlerweile im Schlaf aufzählen kann: das kleine Regal mit den französischen Büchern, der große Kleiderschrank mit den Hochzeitsgeschenken und Ahmeds Wintersachen. Sogar die Geschichte des Plastikblumenarrangements auf dem Schrank kenne ich: Hala hat es von einem Moslembruder bekommen, einem Mitgefangenen von Ahmed, der vor vier Jahren freigelassen wurde. Sie mag Plastikblumen nicht, deshalb hat sie sie gar nicht erst aus der durchsichtigen Folie ausgepackt, aber sie wagt sie auch nicht wegzuwerfen. Vier Jahre! »Ich werde sie Ahmeds Mutter schenken, der gefallen sie bestimmt.« Aber ich bezweifle, daß sie es jemals tun wird.

Am nächsten Tag verkündet Hala, daß wir in den Küstenort Banias fahren werden, und diesmal scheint es ihr ernst zu sein. Sahar, eine Freundin, deren Mann ebenfalls im Gefängnis sitzt, ist mit ihrer Tochter schon vorausgefahren und will ein Ferienhaus für uns alle mieten.

Wer uns an diesem Morgen sieht, muß glauben, wir gehen auf große Fahrt. Hala und ich sind schwer mit Koffern und Taschen bepackt; wir haben Handtücher und Bettwäsche mitgenommen, denn Hala meint, die Sachen, die man in so einem Ferienhaus bekommt, seien nicht sauber. Asma zieht einen kleinen blauen Koffer auf Rollen hinter sich her und hat sich ihren Fußball in einem Netz über die Schulter gehängt.

Fahrkarten für die Luxusbusse von Transtour waren nicht mehr zu bekommen, im Sommer sind sie schon Tage vorher ausverkauft. Am Terminal der staatlichen Verkehrsbetriebe herrscht ein fürchterliches Gedränge. Lange Schlangen stehen vor den schmuddeligen Schaltern. Hala, klein und wendig, wie sie ist, drängt sich vor und kommt mit Tickets für die erste Reihe im *hob-hob* nach Banias triumphierend zurück.

Als alles Gepäck auf dem Dach des farbenfroh bemalten Busses verstaut ist, zieht der Fahrer mit einem Ruck an einer Quastenschnur – es ist genau so eine wie früher am Jahrmarktskarussell – und eine Dampfpfeife ertönt. *Pffffüüüt, pfffüüüt!*

Der Fahrer hat sich ein Handtuch in den Nacken gelegt und scheucht mit einem Vierklanghorn die Autos aus dem Weg. Sein Getröte wird wütend beantwortet, und durch einen Tunnel voll widerhallender Hupenklänge brausen wir auf die Schnellstraße. Früher nahm die Lärmbelästigung an den Straßen so überhand, erzählt Hala, daß ein Hupverbot ab vier Uhr nachmittags eingeführt wurde. »Da hättest du die Autofahrer sehen müssen! Mit Trillerpfeifen haben sie gepfiffen, mit den Scheinwerfern geblinkt, mit Stöcken an die Tür geschlagen.«

Alle Fenster sind geöffnet, und der Wind weht herein. Die Asche der Raucher im Mittelgang fliegt uns um die Ohren. »Jedesmal nehme ich mir vor, nicht mit dem *hob-hob* zu fahren«, sagt Hala, »und dann sitze ich doch wieder drin.« Ein ägyptischer Schlager dröhnt durch den Bus. Asma, die am Fenster sitzt und in einer arabischen Popzeitschrift liest, singt geistesabwesend mit: »*Azz, azz, caboria, azz, azz, caboria.*« Hala ist außerstande, mir zu erklären, wovon das Lied handelt. *Caboria* sei eine Art Krabbe, sagt sie schaudernd. »Wenn sie wenigstens von etwas Schönem singen würden, aber eine Krabbe – igitt!«

Wir haben beide *Die sieben Säulen der Weisheit* von T. E. Lawrence mitgenommen, Hala auf arabisch, ich auf englisch, aber bald merke ich, daß aus der Lektüre in diesem Bus nicht viel werden wird. Hier wird geredet, gelacht und geschlafen.

»Schau mal nach rechts«, flüstert Hala. Ein verwahrlostes Dorf mit armseligen Hütten und zerlumpten Kindern, die im Sand spielen. »Nein, dahinter.« Hohe Mauern, Scheinwerfer wie in einem Fußballstadion. »Da drin sitzt Ahmed.« Wie bei dem in die Luft geflogenen Vogelhaus auf unserem Spaziergang in Damaskus wage ich nicht allzu auffällig hinzuschauen. Unsere Mitfahrer haben gehört, daß wir Französisch sprechen, keine unserer Bewegungen entgeht ihnen. Ich werfe einen verstohlenen Blick zu Asma hinüber. Sie ist in einen Artikel über Madonna vertieft, und dann liegt das Gefängnis auch schon hinter uns, ohne daß sie überhaupt aufgeschaut hat.

Hier beginnt die endlose Wüste, die Hala als Soziologin wie ihre Westentasche kennengelernt hat. »Die Leute hier sind noch die reinsten Steinzeitmenschen. Sie haben nichts zu sagen, sie sitzen regungslos am Straßenrand und starren vor sich hin. Zwölf Kilometer muß eine Beduinenfrau mit ihrem Krug auf dem Kopf bis zum nächsten Brunnen laufen.

Wenn sie ein Kind zur Welt bringt, kauert sie sich über eine Mulde, die sie in den Sand gegraben hat. Mit einem Stein durchtrennt sie die Nabelschnur, nimmt das Kind auf den Rücken und wandert weiter. Ich hab mal eine Frau gefragt, wann sie zuletzt gebadet hat. Sie wußte gar nicht, was ich meine, sie kannte das Wort *baden* nicht! Als ich weitergefragt habe, hat sie mir gesagt, daß sie sich seit der Geburt ihres jüngsten Sohnes nicht mehr gewaschen hat. Und der war dreizehn!«

Ich versuche mir vorzustellen, wie Hala dort zurechtgekommen ist, ein Stadtmädchen voller Stadtängste – allein schon, daß sie abends kein Bad nehmen konnte! –, aber mit Augen, die alles registrierten. »Der Wind weht über die Wüste«, sagt sie nachdenklich, »alles ist leer, soweit das Auge reicht. Außer dem Assad-Bild natürlich.«

»Meinst du, wir können irgendwann mal zusammen in die Wüste fahren?«

»Warum nicht? Aber jetzt ist es noch zu früh, es gibt noch Sandstürme, da sieht man kaum die Hand vor Augen. Wir bräuchten eben ein Auto und einen Mann, der mitfährt. Wenn du lange genug bleibst, machen wir's auf jeden Fall.« Aber was ist lange? Die Erfahrungen der vergangenen Wochen haben mir gezeigt, daß Hala einen ganz anderen Zeitbegriff hat als ich.

Wir sitzen dicht hinter dem Fahrer, laut Hala der Ehrenplatz, der ihr auch früher immer angeboten wurde, wenn sie im Landesinneren unterwegs war. Neben dem Fahrer sitzen mit dem Rücken zur Windschutzscheibe der Schaffner und, an ihn gelehnt, ein alter Mann, den Kopf in einen dicken Wollschal gewickelt, das lange, schäbige Gewand voll Zigarettenasche. Über den beiden baumelt der unwahrscheinlichste Schnickschnack: Glöckchen, Plastiktrauben und -kirschen, rosarote Teekännchen, Täfelchen mit Koransuren, Assad-Bilder, aber auch Fotos des Fahrers und seiner Freunde.

Es ist das erste Mal, daß Hala und ich uns außerhalb der

Familie bewegen, und kaum sind wir am Busbahnhof angelangt, geht eine Veränderung mit Hala vor. Das Geschick, mit dem sie unsere Tickets ergattert, die Leichtigkeit, mit der sie im Rückspiegel mit dem Busfahrer schwatzt und lacht – man merkt, daß sie ans Reisen gewöhnt ist. Wie bei Tété fühlt sie sich auch hier für alles verantwortlich. Sie kritisiert den Fahrer, als er sich weigert, zwei junge Anhalter mitzunehmen, sie eilt einem Kind zu Hilfe, das sich an seinem Brot verschluckt hat, sie putzt den jungen Mann herunter, der einer alten Frau seinen Platz nicht überlassen will. Einen Mann vom Marjeh-Platz nennt sie ihn, einen Kerl ohne jedes Ehrgefühl, der es nicht wert sei, eine Waffe zu tragen und für sein Land zu kämpfen. Ich wundere mich über diese Worte aus ihrem Mund, doch sie versichert mir, daß sie den Jungen tief getroffen haben, und er steht auch tatsächlich auf.

Sie scheint alles Leid der Welt auf sich nehmen zu wollen. Wird man so, wenn man zu Hause die Älteste ist und schon mit fünf die kleineren Geschwister versorgen mußte? Ich war die Mittlere, ich entzog mich solchen Verantwortlichkeiten. Wenn es Konflikte gab, suchte ich Schutz bei Bomma, und ich weiß, daß mich das gerettet hat. So konnte ich mich später leichter lösen.

Halas Gespräch mit dem Fahrer ist eingeschlafen, und jetzt streicht er sich nachdenklich über den Schnurrbart und schaut prüfend in den Rückspiegel. Im selben Spiegel beobachten uns schon seit Damaskus zwei andere Passagiere. Diese männliche Koketterie – ich kenne sie aus ägyptischen Fernsehserien, aber hier im Bus finde ich sie fast erheiternd. Der Fahrer sieht mit seinem Handtuch im Nacken aus wie ein Boxer vor der nächsten Runde, und die beiden Typen in ihren staubigen Gewändern hinter uns sind auch nicht sehr attraktiv.

Hala knufft mich verstohlen in die Seite. »Du kannst dir vorstellen, wie das war, wenn ich allein gereist bin!« Wenn sie in einer abgelegenen Gegend mit ihrem Koffer aus dem Bus stieg, trauten die Leute ihren Augen nicht: Eine Frau allein, das mußte eine Prostituierte sein. Einmal fuhr sie spät abends mit dem *hob-hob* nach Damaskus zurück. Zwischen den bimmelnden Glocken brannten kleine Lämpchen, die das Innere des Busses in ein samtiges rotes Licht tauchten. Der Fahrer hatte den ganzen Tag am Steuer gesessen, und Hala unterhielt sich mit ihm, weil sie fürchtete, er würde sonst einnicken. Die Umsitzenden aber faßten ihre Bemühungen falsch auf. Die Männer begannen anzügliche Bemerkungen zu machen, der Fahrer warf ihr im Rückspiegel werbende Blicke zu, und bald entstand um sie herum eine frivole Atmosphäre. Der Schaffner setzte Tee für sie auf und brachte aus dem Kästchen über der Windschutzscheibe ein Katzenjunges zum Vorschein. Stundenlang war es dort eingesperrt gewesen! Er wollte es ihr geben, aber sie lehnte entsetzt ab. Da nahm er es selbst auf den Schoß, und während er das Tier langsam streichelte, ließ er Hala keine Sekunde aus den Augen.

»Ich war froh, wenn mein Kollege Zuhair mitkam, dann fuhren wir mit dem Auto, und ich hatte nicht diesen Ärger.« Doch mit ihm gab es wieder andere Probleme. Jedem Fabrikdirektor oder Regierungsvertreter, mit dem sie zusammentrafen, versuchte er etwas abzuschwatzen, ein paar Meter Stoff, einen Kubikmeter Holz. Ganz schlimm wurde es, wenn Fathi, der Fotograf der Universitätszeitschrift, sie begleitete. Fotografieren konnte er nicht, er hatte seinen Job durch Beziehungen bekommen. Bei Aufnahmen von Personen gab er mit hochgerecktem Zeigefinger die Richtung an, in die sie schauen sollten – ein skurriler Anblick, und bessere Bilder kamen dabei auch nicht heraus. Einmal vergaß er seine Kamera, merkte es aber erst nach zweihundert Kilometern.

Eines Tages mußten sie zu dritt zur Einweihung des Assad-Damms, in eine Gegend, in der Hala und Zuhair einmal eine Studie durchgeführt hatten. »Das ist die Chance für dich, ein schönes Foto von Assad zu machen«, sagte Hala zu Fathi. Sie dachte an ein Bild des Präsidenten mit dem Staudamm im Hintergrund, aber als Assad eintraf, war Fathi spurlos verschwunden. Auch später, als sie die Maschinenräume besichtigten, konnte sie ihn nirgends entdecken. Plötzlich aber sprang er hinter einer der Maschinen hervor – ein lebensgefährliches Unterfangen, denn auf dem ganzen Gelände wimmelte es von *mukhabarat*-Leuten –, streckte den Finger in die Luft und machte eine Nahaufnahme des Präsidenten. Hala lacht. »Du siehst, ich bin von Idioten umgeben!«

Bei dem anschließenden Empfang gelang es Zuhair, bis zum Präsidenten vorzudringen. Sofort packte ihn ein *mukhabarat*-Mann am Schlafittchen, doch Assad befahl, ihn loszulassen, und sagte: »Wer Abu Sufians Haus betritt, ist in Sicherheit.« Abu Sufian war ein berühmter Führer zur Zeit des Propheten.

»Was kann ich für dich tun, mein Sohn?« fragte Assad, als sie allein waren.

Zuhair klagte, daß er über einem Bordell wohne, dessen Kunden oft an seiner Tür klingelten, wenn seine Frau allein zu Hause sein. Noch am selben Abend erhielt er einen Scheck über die Anzahlungssumme für eine neue Wohnung.

Nachdem er umgezogen war, fuhr Zuhair in seine Heimatstadt Aleppo, bat um einen Termin beim Bürgermeister und setzte ihn über sein Vorhaben, Parlamentarier zu werden, ins Bild. »Erst einmal mußt du den Schlüssel finden«, sagte der Bürgermeister. Zuhair hatte keine Ahnung, wovon er redete. Was für einen Schlüssel? Ein Freund, der für den *mukhabarat* arbeitete, lachte ihn aus. »Er meint, du brauchst mindestens hundertfünfzigtausend Pfund für Schmiergelder, du Dummkopf.« Die hatte Zuhair nicht, aber er hatte die Geistesgegenwart, ein zweites Mal zum Bürgermeister zu gehen und ihm zu sagen, daß er in Damaskus über einem Bordell wohne und daß seine Frau... Wenig später besaß er auch in Aleppo eine Wohnung.

Einmal begleitete er Hala auf einer Reise zu den Ölfeldern in der Nordostecke Syriens, nahe der irakischen Grenze.

Sechstausend Männer arbeiteten dort, nicht eine einzige Frau. Die Universität wollte Hala nicht ziehen lassen, und ihre Mutter sagte, wenn sie fahre, brauche sie gar nicht erst wieder nach Hause kommen, doch Hala setzte ihren Willen durch. Dreiundzwanzig war sie damals, sie erinnert sich noch genau daran. Sie wurde in einer verlassenen Villa untergebracht, in der sonst russische Delegationen logierten, weit weg vom Lager der Arbeiter, dreihundert Meter von dem Haus entfernt, in dem Zuhair übernachtete.

Sie war es nicht gewöhnt, nachts allein zu sein – zu Hause schlief sie mit Shirin und Zahra in einem Zimmer –, und dieses Hitchcock-Spukhaus übertraf ihre schlimmsten Befürchtungen. Es lag mitten in einem Wald mit bizarr geformten Bäumen, in den Fluren hallte jedes Geräusch wider, und als sie am Abend in ihr Zimmer im ersten Stock hinaufging, sah sie die Mattglasscheibe des Badezimmerfensters, die am Nachmittag noch heil gewesen war, in Scherben auf dem Boden liegen. Mit klopfendem Herzen setzte sie sich aufs Bett. Was sollte sie tun? Auf Zuhairs Hilfe konnte sie nicht zählen, der war von dem vielen *arrak*, den er getrunken hatte, völlig hinüber.

Es war im Mai, draußen stürmte es, Zweige peitschten ans Fenster. Ging da unten nicht eine Tür? Schritte im Flur, auf der Treppe. Ein Stuhl wurde ans Badezimmerfenster gerückt. Dann war es still, totenstill. Kurz darauf entfernten sich die Schritte wieder.

Sollte sie Abu Talib, den alten Hausmeister, verständigen? Aber der würde den Vorfall bestimmt der Universität melden, und dann würde man sie nie wieder in den Osten lassen. Kurz darauf hörte sie von neuem Schritte auf dem Flur. Wieder klang es, als würde jemand auf einen Stuhl steigen. Zitternd vor Angst saß Hala auf dem Bett. Als die Schritte verklungen waren, schlüpfte sie entschlossen in ihren roten Kapuzenmantel und machte sich auf den Weg zu Abu Talibs Haus.

Inzwischen war ein Gewitter losgebrochen. Der Regen

peitschte ihr ins Gesicht, tiefhängende Zweige schlugen ihr gegen die Wangen. Irgendwo in der Ferne sah sie ein schwaches Licht. Darauf mußte sie zuhalten. Plötzlich hörte sie hinter sich ein Rascheln. Ein Blitz beleuchtete die Umrisse eines Mannes, der sich hinter einen Baum drückte. »Abu Talib?« Der alte Hausmeister kam hervor, furchtsam, ertappt, ebenso durchweicht wie sie. Schweigend gingen sie nebeneinander auf sein Haus zu. Aber was sollte sie da noch? Sie konnte höchstens zum Direktor weitergehen. Und was würde dann mit Abu Talib geschehen? Am Nachmittag hatte sie gehört, daß er vor kurzem Witwer geworden war und seitdem allein für seine Kinder sorgte. Einem Impuls folgend, machte sie kehrt, murmelte: »Gute Nacht« und ging zur Villa zurück.

In dieser Nacht schlief sie in Kleidern, aber sie hörte keine Schritte mehr. Beim Frühstück sah sie Abu Talib wieder. Er tat ihr leid. Ein alter Mann, der seine Einsamkeit hatte lindern wollen, indem er eine nackte Frau im Bad beobachtete. Wenn sie den Vorfall meldete, würde er seinen Posten verlieren.

Ein Jahr später fuhr sie erneut zu den Ölfeldern. Abu Talib war noch da, und diesmal umsorgte er sie wie ein Vater. Jede seiner Bewegungen, jeder Blick sagte ihr, wie dankbar er ihr war, daß sie ihn damals nicht verraten hatte.

Hala hat eine ganze Weile erzählt. Jetzt sieht sie mich an. »Du hilfst meinem Gedächtnis auf die Sprünge«, sagt sie. »Ich hatte das alles völlig vergessen.« In der Ferne ist aus der eintönigen Landschaft ein monumentales Gebäude mit einer breiten Auffahrt aufgetaucht. Das Dorf dahinter strahlt ungewohnten Wohlstand aus. Auf der anderen Seite der Straße ragt auf einem kahlen Berg ein monumentales Assad-Standbild in die Höhe. Assad erhebt in päpstlicher Gebärde die Hand, als wolle er uns gute Reise wünschen.

»Was ist das?«

»Deir Atiyah, das Heimatdorf von Abu Salim, Assads Privatsekretär.« Er ist für die Wirtschaftsbeziehungen zu Amerika zuständig; hinter vorgehaltener Hand sagen manche ihm nach, er verkaufe Syrien an die Amerikaner. Der Boden hier ist unfruchtbar, und es gibt keine Industrie, doch dank der hohen Position Abu Salims ist das Dorf aufgeblüht. Alle jungen Männer des Orts haben im Ausland studiert, die staatlichen Subventionen fließen reichlich. Aus Dankbarkeit hat Abu Salim Assad ein Denkmal gesetzt. »Nachts wird es bewacht«, sagt Hala, »aus Angst vor Anschlägen.«

Es ist wie in Afrika, denke ich. Präsident Mobutu hat bei Gbadolite, dem Heimatdorf seiner Mutter, einen internationalen Flughafen anlegen lassen; Houphouët-Boigny, der Präsident der Elfenbeinküste, errichtete in seinem Heimatdorf Yamoussoukro eine Kopie der Peterskirche. Und auch in Afrika fühlen sich Geschäftsleute und Professoren, die in der Stadt leben, verpflichtet, ihren neuerworbenen Reichtum mit den daheimgebliebenen Stammesgenossen zu teilen. Die Idee der Nation steht in weiten Teilen Afrikas noch auf so schwachen Füßen, daß sich die Menschen sehr schnell wieder auf ihren Stamm zurückbesinnen.

Und ist es hier nicht genauso? In seinem Buch *Die Sieben Säulen der Weisheit*, in dem T. E. Lawrence davon berichtet, wie er im Ersten Weltkrieg an der Seite der Araber gegen die türkische Herrschaft kämpft, wimmelt es nur so von Stammesfehden. Kaum sehen die Engländer einmal nicht hin, vergessen die Araber den gemeinsamen Feind und geraten sich untereinander in die Haare. Ohne englische Hilfe wäre es ihnen nie gelungen, die Türken zu vertreiben. Aber davon habe ich keinen Araber je reden hören. Alles dreht sich nur um den späteren Verrat: das geheime Sykes-Picot-Abkommen, mit dem Briten und Franzosen den Nahen Osten unter sich aufteilten, anstatt den Arabern die versprochene Unabhängigkeit zu gewähren, die Balfour-Deklaration, die den Juden eine nationale Heimstätte im späteren Israel zusicherte.

Es ist schwierig, mit Hala über diese Dinge zu sprechen. Sie hat noch den Traum von der arabischen Einheit im Kopf, auch wenn er inzwischen Sprünge bekommen hat und sie sehr amüsant von den kindischen Verhaltensweisen arabischer Führer zu erzählen weiß: Saddam Hussein reist niemals ohne seinen Sessel, Assad schickt jedesmal seinen eigenen Wagen voraus. Endgültig entzweit haben sich die beiden laut Hala, nachdem Hussein auf dem Flughafen von Bagdad Assads Gepäck hatte durchsuchen lassen. Und der Emir al-Sabah von Kuwait geriet bei einem Diner der Arabischen Liga in Kairo so in Zorn, daß er mit Tellern um sich warf und eine Person schwer verletzte.

Auf unserem ersten Spaziergang durch Damaskus waren wir an dem dahinkümmernden Büro der Iraqi Airways vorbeigekommen. Die Rolläden hingen schief, das Leuchtschild mit dem grünen Namenszug hatte Schlagseite. Das Gebäude lag gleichsam im Sterben, und ich fühlte mich plötzlich an Afrika erinnert, an abgestürzte Flugzeuge im Busch, an Bäume, in die der Blitz eingeschlagen hatte. Hala war meinem Blick gefolgt. »Was wir bräuchten, wären Wirtschaftsbeziehungen, die das Gezänk unserer Führer überdauern«, seufzte sie.

Im Zweifelsfall aber sucht auch sie den Feind niemals im arabischen Lager. Amerika und Israel, das sind die Übeltäter, die der arabischen Welt den Garaus machen wollen. Doch die Geschichten, die sie erzählt, machen deutlich, daß der Feind sehr viel näher ist, daß die Probleme auch in der Gesellschaft selbst liegen. Präsident Assads großzügige Geste gegenüber Halas Kollegen Zuhair – dieser Feudalismus ist doch wohl nicht von Amerika diktiert? Und ist Hala nicht selbst von solchen Gunstbezeigungen abhängig? Auf einem Empfang sah sie einmal den Unterrichtsminister – den für die Wissenschaftler zuständigen Minister, *ihren* Minister! – in einer Menschentraube stehen. Fieberhaft überlegte sie: Worum konnte sie ihn bitten? Rasch kritzelte sie einen Antrag auf einen Telefonanschluß auf einen Zettel und bat ihn um seine Unterschrift.

»Es hat zwar noch sechs Jahre gedauert, bis ich das Telefon

bekam, aber nur, weil ich sonst einfach keine *wasta* hatte.«
Wasta – das sind die Beziehungen, ohne die sich in Syrien nichts bewegt. Hala hat sogar eine *wasta* gebraucht, um eine Gasflasche für Tétés Wohnung in Wadi al-Nakhla zu kaufen.

In Homs, dem wichtigsten Verkehrsknotenpunkt Syriens, an dem alle Busse halten, will ich ein Erfrischungsgetränk kaufen, milchweißes Zeug, das als Bitter lemon angepriesen wird. Hala hält mich erschrocken zurück. »Nicht! Davon kann man Typhus kriegen!« Sie macht sich auf die Suche nach Canada-Dry-Dosen, das sei sicherer.

»Wenn du wüßtest, wie oft ich krank aus dem Landesinneren zurückgekommen bin!« Einmal stand sie mit einem Bauern unter sengender Sonne auf einem Feld und sagte, sie habe Durst, worauf er ihr einen Becher Wasser aus dem Fluß schöpfte. »Was sollte ich machen? Ihm sagen, daß ich doch keinen Durst habe?« Oder sie wurde zum Essen eingeladen und sah, wie die Frau des Hauses Gurken und Tomaten in einem Bach wusch, in dem ein Schaf stand. Doch als dieselbe Frau eine Zwiebel schälen wollte, rief ihr Mann entsetzt: »Tu schnell die Zwiebeln weg! So etwas ißt man in Damaskus nicht!«

Asma und ich erliegen der Versuchung und kaufen uns ein Eis in rosa Glitzerpapier. Nach dem ersten Happen sehen wir uns angewidert an. Die Waffeln schmecken muffig, das Eis nach angebrannter Milch. Einträchtig steuern wir auf den Mülleimer zu.

Eine Stunde später sind wir am Mittelmeer. Ölbäume, Maisfelder, Gewächshäuser und dazwischen kleine Häuser mit weinlaubüberschatteten Dachterrassen. Ich kenne diese Landschaft aus dem Libanon, der wenige Kilometer weiter südlich anfängt. An der Straße stehen kleine Jungen und lassen ihre Arme kreisen: Sie haben Autoreifen aus dem Libanon zu verkaufen. In dieser Gegend gibt es viele

Schmuggler. Nachts traben Essel mit verbotener Last durch die Berge. Kämpfe rivalisierender Banden haben im Laufe der Jahre manches Menschenleben gefordert.

Doch seit dem libanesischen Bürgerkrieg 1975 wird hier erst richtig geschmuggelt. Wenn ein Vetter des Präsidenten mit einer Karawane von acht gepanzerten Mercedes-Limousinen von Beirut nach Latakia braust, möchte er an der Grenze nicht auf Widertand stoßen. Hohe Militärs »kaufen« den Grenzübergang manchmal für ein paar Stunden: Sie zahlen den Zollbeamten stattliche Summen, um den Armeelastwagen, die mit Schmuggelware vom Libanon nach Syrien unterwegs sind, freie Fahrt zu verschaffen.

Autos, ausländische Zigaretten, Alkohol, Auto-Ersatzteile und Elektrogeräte – im sozialistisch ausgerichteten Syrien waren sie bis vor kurzem kaum zu bekommen und finden daher reißenden Absatz. Das System ist schlüssig: Die Regierung erzeugt einen Mangel und sorgt dann dafür, daß loyale Anhänger die fehlenden Güter ins Land schmuggeln können. Allerdings hätte sich das Regime damit um ein Haar selbst zu Fall gebracht, denn die Waffen, die während des Aufstandes in Hama von den Moslembrüdern benutzt wurden, waren möglicherweise auf den gleichen Wegen ins Land gekommen.

Hala war ein einziges Mal mit einer Gruppe von Soziologen im Libanon. Ihre Kollegen kauften Fernsehapparate, Stereoanlagen, Videogeräte und Pornofilme, und alle wunderten sich, daß Hala nichts wollte. An der Grenze bekamen sie es mit der Angst zu tun, doch als der Zollbeamte das Schild *Universität Damaskus* sah, winkte er sie durch. »Als ich kurz darauf wieder einmal vom *mukhabarat* vorgeladen wurde, gerieten meine Kollegen in Panik«, erzählt Hala. »Sie hatten Angst, ich würde sie verraten!«

An der Hauptstraße von Banias erwartet uns Sahar mit ihrer zwölfjährigen Tochter Aisha. Sahar hat schlechte Nachrichten für uns: Es gibt hier keine Ferienhäuser. Aber ein kleines Stück außerhalb der Stadt hat sie einen Zeltplatz entdeckt. Sie hat ihn besichtigt, er sieht nicht schlecht aus. Ein Zeltplatz am Strand, in dieser glühenden Hitze – ich darf gar nicht daran denken. Niedergeschlagen lasse ich mich neben Asma auf unser Gepäck fallen. »*Bedu* – wie die Beduinen«, seufze ich.

»*Khaymah* – Zelt«, lacht Asma. Sie hat sichtlich mehr Lust darauf als ich.

Hala schwankt. »Was meinst du? Sollen wir's probieren?« Ich sehe sie mißmutig an. »Gibt es hier kein Hotel oder so?« Ich hatte mich auf einen kühlen Raum gefreut, in dem wir unsere Sachen in Sicherheit bringen könnten. Mit meinem Samsonite-Koffer auf dem staubigen Bürgersteig komme ich mir lächerlich vor. Muß ich mir das mit meinen achtunddreißig Jahren antun, daß ich wie eine x-beliebige Touristin auf einem syrischen Zeltplatz lande? Wir haben nicht einmal Campingsachen dabei!

Auf der Straße ist viel Betrieb, wir stehen den Fußgängern im Weg. »Wir können ja ein Taxi nehmen, und wenn es uns nicht gefällt, kommen wir wieder zurück«, schlägt Hala vor. Als sie meine verdrossene Miene sieht, lacht sie. »Na, komm schon, das ist ein Abenteuer!« Das überrascht mich. In den vergangenen Wochen war sie es oft, die mich entmutigt hat, wenn ich etwas unternehmen wollte. »Ein Glück, daß wir Handtücher und Bettwäsche mitgenommen haben«, sagt sie munter. Durch ihren Optimismus halbwegs besänftigt, trotte ich hinter ihr her. Wenn es dort keine Dusche gibt, wird sie auch nicht bleiben wollen.

Aber wir werden angenehm überrascht. Der Zeltplatz liegt an einem Hügel, aus dem fünf Terrassen herausgeschnitten sind. Unsere Zelte stehen auf der vierten, und wir haben einen herrlichen Blick auf den Swimmingpool und die Bucht mit den schaukelnden Fischerbooten. Von unten schallt Musik herauf. Auf den tiefer gelegenen Terrassen entfaltet sich auf etwa zwanzig Stellplätzen ein reges Familienleben. Überall sitzen herumkommandierende Tétés, überall sind Zahras mit dem Abwasch beschäftigt. Neben jedem Zelt steht ein Auto, und die Fernseher laufen.

Duschen, Toiletten – Hala inspiziert alles und beginnt dann zu organisieren. Sahar und Aisha im einen Zelt, wir drei im anderen. Zwischen den beiden Zelten ist eine Plane gespannt; »unsere Cafeteria«, nennt Hala den Raum. Sie wendet sich an den Chef der Anlage und führt ihre Position an der Universität ins Feld, um eine Bodenplane, Tische und Stühle zu bekommen. Als sie meinen Blick auffängt, lacht sie entschuldigend. »Das ist nun mal die einzige *wasta*, die ich habe!« Wenn sie früher in einer Stadt ankam und kein Hotelzimmer fand, rief sie beim Bürgermeister an und nannte ihn »Genosse«.

In dem Gartenlokal auf dem Hügel sind wir die einzigen Gäste. Wir essen gegrilltes Huhn mit *mezze*, kleinen Beilagen, Dips und Salaten. Wein gibt es hier nicht. Fünf Frauen an einem langen Tisch voller Essen – es ist nicht das erste Mal, daß ich männliche Gesellschaft vermisse. Asma, die in den letzten Tagen viel mit ihrem Onkel Salim unterwegs war, schließt sofort Freundschaft mit dem Wirt. Er nimmt sie mit in die Küche und zeigt ihr alles. Hala beobachtet sie aus den Augenwinkeln. »Ich habe Angst, Asma verliebt sich später mal in einen älteren Mann«, sagt sie.

Als Aisha aufgegessen hat, läuft auch sie in die Küche, und wir bleiben zu dritt zurück. Ich habe Sahar schon in Damaskus kennengelernt. Eine unauffällige Frau Anfang Vierzig, die an der Universität Französisch unterrichtet. Um den Hals trägt sie eine gelbe Perlenkette, die ihr Mann im Gefängnis für sie gemacht hat, und auch Aishas Häkeltäschchen sieht man die Herkunft aus dem Gefängnis an.

Hala hat früher viel mit Sahar unternommen, doch auf die Dauer wurde ihr das zu langweilig, wie sie mir gestanden hat. Sahar hat kaum drei Monate mit ihrem Mann zusammengelebt, verbringt aber ihre gesamte Freizeit mit anderen Häftlingsfrauen. Sie weiß, was ihr Mann am Neujahrsabend ißt, sie weiß, wann er ein Fest veranstaltet und ob der *arrak*, den er gebrannt hat, gut geworden ist. Als ich sie zum ersten Mal sah, buk sie gerade Plätzchen für ihn, mindestens zweihundert Stück, denn Aisha hatte eine Prüfung bestanden und das sollte im Gefängnis gefeiert werden. Ich mußte an die Torte denken, um die Ahmed Hala gebeten hat und die sie nicht backen will. Die gelben Perlen, die Sahar voll Stolz trägt, liegen bei Hala in einer Schachtel im Schrank, zusammen mit den Ohrringen, Armbändern und Ringen, die Ahmed ihr geschenkt hat. Nur Asma hat manchmal den Schlüsselanhänger aus Palmharz mit der eingelegten Laute aus Kupferdraht in der Tasche.

Als die Sonne untergeht und der erste kühle Hauch dieses Tages heranweht, erzählt Sahar von einem Ex-Häftling, der sie vor kurzem besucht hat. Zwölf Jahre hatte er gesessen. Sie erschrak, als sie ihn sah. Früher hatte er in seiner Partei eine Schlüsselposition bekleidet, jetzt waren seine Bewegungen so unsicher, daß er dreimal nach seinem Glas greifen mußte, bis er es fest in der Hand hatte. »Er konnte sich gar nicht sattsehen an den erleuchteten Straßen, den überquellenden Läden, er kam sich vor, als sei er in Honolulu gelandet!« Die meisten dächten nach ihrer Freilassung nur noch an sich selbst, sagt Sahar, sie seien der Meinung, sie hätten genug gelitten. Manche wollten so schnell wie möglich außer Landes. Frankreich, England, egal wohin.

Hala hört nur mit halbem Ohr zu. Sie schaut zu Asma und Aisha hinüber, die mit ihren hohen Stimmen mit dem Wirt plaudern. »Weißt du eigentlich, wie Ahmeds Gefängnis von innen aussieht?« frage ich sie.

»Mehr oder weniger. Ab und zu erzählt er davon.« Sie bricht ein Stück Brot durch, das auf dem Tisch liegt. »Sie schlafen in Etagenbetten. Manchmal hängt sich einer, der unten schläft, eine Decke vors Bett, dann ist es wie ein kleines Zimmer.« Sie lächelt leise. »Einer von Ahmeds Zellengenossen ist ein guter Koch. Im Ramadan lädt er jeden Abend jemanden zum Essen ein. Am letzten Tag ziehen sie ihre besten Kleider an. ›Ich lade dich ein, mich zu besuchen‹, heißt es dann, ›kannst du um eins kommen?‹ Dabei sind sie schon den ganzen Tag im selben Raum zusammen! Bei dem Besuch setzen sie sich dann aufs Bett und fangen eine Unterhaltung an.« Hala starrt abwesend vor sich hin. »Daran sieht man, daß Menschen Rituale brauchen. Es ist, als würden sie ein Theaterstück aufführen.«

Aber es gibt auch Konflikte. Vier Jahre hat Ahmed neben einem Mann geschlafen, mit dem er politisch nicht übereinstimmte. Sie haben kein Wort miteinander geredet. Während des Golfkriegs geriet er sich mit einem Freund in die Haare, und seitdem spricht er nicht mehr mit ihm.

»Was hat Ahmed zu dem Krieg gesagt? Auf welcher Seite hat er gestanden?«

»Auf seiner eigenen«, erwidert Hala schroff. »Saddam Hussein war sein erklärter Held. Ahmed hat geglaubt, er würde dafür sorgen, daß die Ölfelder wieder in arabische Hände kommen statt in amerikanische und daß er dann in Syrien einmarschieren und Assad stürzen würde.« Sie lacht müde. »Die sind selber alle kleine Assads. Wenn sie an die Macht gekommen wären, wer weiß, was dann passiert wäre – vielleicht etwas viel Schlimmeres als das, was wir jetzt haben.«

Einige waren ursprünglich Mitglieder der kommunistischen Partei von Khaled Bakdash, der später in die Regierung eintrat. Als er immer mehr Schlüsselpositionen mit seinen Verwandten besetzte, verlor er einen Teil seiner Anhängerschaft. Doch auch innerhalb der abgespaltenen Gruppe kam es bald zu Meinungsverschiedenheiten. Sahars Mann und Ahmed gehörten rivalisierenden Splitterparteien an. Offiziell drehten sich die Streitigkeiten nach Halas Worten um marxistisch-leninistische oder trotzkistische Fragen, dahinter aber verbargen sich oft persönliche Konflikte weit weniger erhabenen Inhalts. Ging eine Frau mit einem Verantwortlichen der anderen Partei ins Bett, hieß es hinterher, sie habe ihre Jungfräulichkeit bei der Konkurrenz verloren.

All diese politischen und persönlichen Intrigen unterscheiden sich nicht wesentlich von dem, was sich zur selben Zeit in linken Kreisen Westeuropas abgespielt hat, nur daß die Aufrührer von damals bei uns inzwischen verantwortliche Positionen in der Gesellschaft innehaben, während sie in Syrien samt und sonders verhaftet und ohne Prozeß eingesperrt wurden. Alle außer dem Kommunisten Bakdash, der bereit war, sich anzupassen, und noch heute seine uralten Knochen die Parlamentstreppen hinaufschleppt.

Die persönlichen Dramen hörten auch nach dem Eingreifen des *mukhabarat* nicht auf. Ein Freund von Sahar verliebte sich in seinem Versteck in eine andere Frau. Er verlangte die Scheidung, aber seine Frau lehnte ab. Einige Jahre später wurde er festgenommen, worauf sie sich als seine rechtmäßige Ehefrau beim *mukhabarat* meldete; seitdem besucht sie ihn regelmäßig.

Sahar berichtet, daß kürzlich zweihundert palästinensische Gefangene freigelassen wurden. Seit dem Golfkrieg kursieren Gerüchte über die Freilassung auch anderer politischer Häftlinge. Nachdem Syrien für die Amerikaner Partei ergriffen hat, hofft man, daß die Menschenrechtsorganisationen im Westen ihren Druck verstärken werden. »Wir alle warten«, sagt Sahar. In den nächsten Monaten will sie ihr Haus renovieren und neue Kleider für sich und Aisha nähen lassen.

»Ich mache gar nichts, bis ich ganz sicher weiß, daß Ahmed zurückkommt«, sagt Hala. Sie mag solche Gespräche nicht, das habe ich schon früher bemerkt. Sie wirft einen Blick auf die Essensreste auf dem Tisch und fragt dann: »Sind wir fertig? Soll ich Asma und Aisha rufen?«

Auf dem Zeltplatz läuft in allen Fernsehern die ägyptische Serie *Layal al-Halmiyye* – Die Nächte von Halmiyye –, Familiengeschichten in einem Kairoer Arbeiterviertel, die in Syrien seit Wochen die Gemüter bewegen. Die Serie spielt in diversen Wohnzimmern, in denen auf den ersten Blick kaum etwas anderes passiert als das, was ich um mich herum sehe: Besucher kommen und gehen, mit guten oder schlechten Neuigkeiten, über die endlos geredet, gestritten und telefoniert wird.

Als die Nachbarn sehen, daß wir keinen Fernseher haben, laden sie uns spontan ein, bei ihnen mitzuschauen. Heute abend trifft in dem ägyptischen Filmwohnzimmer die schlechte Nachricht ein, daß Nasser gestorben ist. Asma und Aisha verstummen vor dem Jammern und Wehklagen, das darauf folgt. »War Nasser wichtig, Mama?« flüstert Asma.

»Ja, sehr wichtig.«

Nach Ende der Folge setzt die Musik wieder ein. Die meisten der Familien sitzen in einem großen Kreis vor ihrem Zelt, und da und dort wird getanzt. Asma und Aisha lesen unter der Zeltplane arabische Popzeitschriften und unterhalten sich über ihren syrischen Lieblingssänger Georges Wassouf, über Madonnas Millionen und das Prince-Imperium.

»Wir wissen so viel über den Westen«, sagt Sahar. »Alles, was dort geschieht, wird hier aufmerksam verfolgt. Aber wie ist es umgekehrt? Wissen die Leute im Westen, was hier passiert?« Es klingt ein wenig vorwurfsvoll. Früher hätte ich die unterschwellige Anklage voller Schuldgefühle hingenommen, jetzt aber sage ich vorsichtig: »Ich frage mich, ob man hier wirklich so viel über den Westen weiß, und umgekehrt.« Mein Vater in Belgien und Tété in Damaskus – was wissen sie schon voneinander? Zwischen ihnen hängt ein Vorhang, und jeder schaut von seiner Seite aus darauf.

»Wir haben doch alle von Engelbert Humperdinck und Tom Jones geträumt, als wir jung waren«, sagt Sahar.

Adamo, Joe Dassin, Richard Anthony – so viele Jugendidole haben wir gemeinsam.

»Sylvie Vartan.«

»Michel Polnareff!« Wir stimmen *Poupée de cire, poupée de son* an und versuchen uns auch an anderen Schlagern. Düfte von früher kommen angeweht, nach Sonnenöl und Heu. Im Garten unseres Ferienhauses stand eine Jukebox, und im Sommer mischten sich die wehmütigen Klänge von *Suzanne* mit dem Rattern des nachbarlichen Rasenmähers.

»Leonard Cohen, kennt ihr den?« Sahar und Hala schütteln den Kopf. Nie gehört. Sahar lacht. »Bei dem Namen!« Es ist immer das gleiche, denke ich enttäuscht, irgendwo in der Mitte wird der Vorhang jedesmal wieder zugezogen.

Sahar erzählt, daß sie den *Larousse* bestellt hat. Der erste Teil wurde geliefert, der dritte auch, aber den zweiten hat sie nie bekommen, weil er den Buchstaben I wie Israel enthielt. »Sie sollten wirklich aufhören mit dem Unsinn«, sagt sie. »Wir befinden uns angeblich im Kriegszustand mit Israel, wir zahlen Kriegssteuer, und seit 1956 müssen die Schulkinder paramilitärische Uniformen tragen. Aber es gibt keinen Krieg!«

Ich bin überrascht. Hala geht jedesmal in Abwehrstellung, wenn das Thema Israel aufs Tapet kommt, und auch jetzt leuchten in ihren Augen Alarmsignale auf. »Das ist ein emotionales Problem«, sagt sie. »Es ist schwer zu akzeptieren, daß es Israel gibt, wir haben von klein auf gelernt, daß Palästina uns gehört.«

»Aber die Zeiten haben sich geändert«, beharrt Sahar. »1967 wollte ich noch wie die palästinensischen *fedayin* gegen Israel kämpfen; das würde ich jetzt nicht mehr tun. Die Palästinenser haben viel gelitten, aber die Juden auch. Schiffe mit Juden fuhren schon übers Meer, als Kolumbus Amerika entdeckt hat.«

Hala seufzt. »Manchmal denke ich auch, es muß Frieden werden, aber was für ein Frieden? Als Sadat das Camp-David-Abkommen mit Israel geschlossen hat, habe ich geweint. Es war, als ob er öffentlich mit einer Frau ins Bett gegangen wäre.«

Über dieses Thema haben wir uns bisher nur gestritten. Ganz erfüllt von den arabisch-israelischen Friedensverhandlungen war ich in Syrien angekommen. Begeistert hatte ich Hala von dem Roman *Arabesken* des Palästinensers Anton Schammas erzählt, den ich gerade gelesen hatte. Schammas ist in Israel aufgewachsen und hat sein Buch auf hebräisch geschrieben. Hala sah mich argwöhnisch an. Ein Palästinenser, der hebräisch schreibt? »So einen hab ich auch mal gekannt«, sagt sie. Sie hatte ihn auf einem Fest kennengelernt. Er wohnte in der Schweiz und war Übersetzer. Eine Zeitlang schrieben sie sich, dann rief er sie an. »Aber eines Tages hab ich den Kontakt abgebrochen.«

»Warum?«

»Ich weiß nicht, irgendwas hat nicht gestimmt mit ihm, ich hab ihm nicht getraut. Ich glaube, er war ein Spion.«

»Aber wieso denn?«

»Ich kann's nicht erklären. Es war einfach so ein Gefühl.«

Ich schweige irritiert. Immer enden unsere Diskussionen mit solchen vagen Äußerungen. Ich könne sie nicht verstehen, meint Hala, weil ich keine Araberin sei. Von israelischen Schriftstellern wie David Grossman, der nach Ägypten und in die benachbarten Gebiete gereist ist, um zu erfahren, was die Araber bewegt, hat sie nie gehört. Für sie haben die Israelis kein Gesicht, und das soll auch so bleiben.

»Du weißt nicht, was sich hier alles abgespielt hat«, sagt sie. »Die Syrer mußten wegen der Kriege mit Israel oft Hunger leiden.«

Drei Jahre war sie alt, als der Suez-Krieg ausbrach und ihre Mutter wegen der Luftangriffe alle Fenster mit blauem Papier zuklebte. Mütter ließen ihre Söhne fotografieren, in Uniform, in der Hand ein Gewehr mit kurzem Lauf, im Gürtel Handgranaten. Während des Sechstagekriegs 1967 mußte Hala Salim, Shirin und Zahra ganz allein versorgen, weil ihr Vater in der Kaserne war und ihre Mutter als Freiwillige Verwundete pflegte, die von der Front zurückkamen. Nach dem Krieg hielt Assad, damals noch Verteidigungsminister, eine

Fernsehansprache und erklärte, die Niederlage bedeute nicht, daß Syrien auch den nächsten Krieg verlieren werde.

In den darauffolgenden Jahren machte die Familie an den Freitagnachmittagen keine Ausflüge mehr: Halas Vater wollte in der Nähe des Telefons bleiben und übernachtete immer häufiger in der Kaserne. Während des Krieges von 1973 war Hala eines Tages gerade im Garten, als sie einen ohrenbetäubenden Knall hörte. Alle Fensterscheiben des Hauses zersprangen und sie hatte das Gefühl, als würde ihr ganzer Körper zusammengedrückt. Nicht weit entfernt hatte eine Bombe eingeschlagen, und auf der Straße lagen Tote. Die Katze war vor Schreck völlig erstarrt und schlich noch tagelang verängstigt umher.

Mit Halas Erinnerungen an die Kriege ist es wie mit Camus' Werken: So, wie sie darüber spricht, könnte man meinen, seit damals sei die Zeit stehengeblieben. Nicht einmal der Golfkrieg hat sie eines Besseren belehrt. Das Ausmaß ihres Mißtrauens und ihrer Unwissenheit erschreckt mich, obwohl ich halbwegs darauf gefaßt war.

Ich erzähle ihr von der syrischen Bodenhostess der KLM, die ich einmal in Damaskus kennengelernt habe. Auf einem Flug waren acht Koffer von Passagieren verlorengegangen. Eines Abends kam ein Telex: »*Guten Morgen, hier Tel Aviv…* « Die Koffer waren in Israel gelandet! In Panik rief die Bodenhostess im Verkehrsministerium an, wo man ihr riet, so zu tun, als wüßte sie von nichts. Ein Telex aus Israel folgte dem anderen, aber sie reagierte nicht. Sie erzählte mir die Geschichte triumphierend, so als hätte sie eine Heldentat vollbracht.

»Ich hätte auch nicht geantwortet«, sagt Hala. »Weißt du, daß es strafbar ist, mit Israelis in Kontakt zu treten? Wenn ich nach Paris fahre und dort einen Israeli kennenlerne, werde ich nach meiner Rückkehr garantiert vom *mukhabarat* verhört. Assad spricht von Frieden mit Israel, aber im Fernsehen ist immer noch vom ›zionistischen Feind‹ die Rede. Man müßte über diese Dinge diskutieren dürfen; wenn man die Leute reden ließe, könnten sie sehen, ob ihre Theorien stimmen. Aber bei uns kann man nur flüstern. Niemand fragt uns nach unserer Meinung, und so werden sie einen Frieden schließen, mit dem wir nichts zu tun haben.«

Sie seufzt müde und blickt in die Ferne, wo ein Fischerboot ein schwaches rotes Lichtsignal aussendet. »Sadat hat ein Loch in die Mauer zwischen Israel und der arabischen Welt geschlagen«, sinniert sie. »Jetzt können die Ägypter auf die andere Seite schauen, aber was sehen sie da schon? Ist davon irgend etwas besser geworden?«

Sahar gibt keine Antwort, und auch ich merke, daß ich besser den Mund halte. Ich kenne das bei Hala – jetzt ist sie durch nichts mehr von ihrer Meinung abzubringen. Hinter uns plaudern und lachen Asma und Aisha, auf dem Rücken liegend, die Beine in der Luft. Hala schaut auf die Uhr. »Es ist spät. Gehen wir schlafen?«

Doch als wir im Zelt liegen, finden wir keinen Schlaf. Ich ärgere mich über Hala, weil sie sich weigert, über die Veränderungen nachzudenken, die in dieser Region bevorstehen. All der falsche Heroismus, all die verlorenen Kriege – wie lange soll das noch so weitergehen? Gleichzeitig suche ich nach Rechtfertigungen für ihre starre Haltung. Sie ist gegen die Politik der Regierung, deshalb will sie von den Friedensverhandlungen nichts wissen. Und wie soll sich an ihrer Einstellung etwas ändern, wenn ständig überall vom zionistischen Feind die Rede ist?

Aus dem Tal plärrt immer noch ägyptische Popmusik herauf: *Matkhafish, ana mabahib tani* – Hab keine Angst, ich liebe keine andere. Wie können sich die Leute – von der Großmutter bis zum Kleinkind – nur diesen Unsinn anhören?

Doch auch als die Musik verstummt ist, wälzt Hala sich noch immer stöhnend von einer Seite auf die andere.

»Was hast du denn?«

Erst denke ich, sie hat mich nicht gehört, dann flüstert sie: »Ich habe Angst.«

»Wovor?«

»Vor Ahmeds Entlassung.« Und ich dachte, sie grübelt über Israel nach! Sie dreht sich auf den Rücken und verschränkt die Arme unter dem Kopf. Im Schein des Mondes versuche ich ihr Gesicht zu erkennen, die kleine Nase, die tiefliegenden Augen. Hinter ihr hat Asma sich wohlig zusammengerollt.

»Wenn nur mein Vater noch leben würde – der könnte mir helfen.«

»Aber was macht dir denn solche Angst?«

»Ich liebe ihn nicht mehr.« Die Worte bleiben in der Luft hängen, in der noch der Schlager nachhallt. *Matkhafish, ana mish nasiki* – Hab keine Angst, ich vergesse dich nicht.

»Das habe ich gewußt«, sage ich.

Sie wendet mir das Gesicht zu, und einen Moment lang funkeln ihre Augen überrascht.

»Ich hab's mir jedenfalls gedacht.« Die düstere Stimmung, in der sie von ihrem Besuch bei Ahmed zurückgekommen ist, sein Brief, der tagelang ungelesen blieb, ihre Reaktion, als Sahar vom Gefängnis zu reden anfing – immer wenn das Gespräch auf Ahmed kommt, zieht sie sich in ihr Schneckenhaus zurück. »Elf Jahre! Ich wundere mich, daß du das überhaupt so lange ausgehalten hast! Ich hätte schon viel früher Schluß gemacht.«

»So etwas geht hier nicht! Du siehst ja, wie Sahar ist, und so sind sie alle.« Sie sucht im Dunkeln meine Augen. Ich würde gern die Hand nach ihr ausstrecken, aber ich traue mich nicht. Sie ist körperlich so zurückhaltend – der einzige Mensch, den sie berührt, ist Asma.

»Weißt du, was mein Vater auf dem Sterbebett zu mir gesagt hat?« Ihre Stimme klingt traurig. »Daß er mich nicht großgezogen hat, damit ich zur Sklavin eines Gefangenen werde.« Erst als ihr Vater krank wurde, merkte sie, wieviel er ihr bedeutete. Die Monate vor seinem Tod waren düster, es gab nichts mehr, wonach sie sich noch sehnen konnte. Jahrelang hatte sie wie in einem Kokon gelebt, hatte sich gegen

Gefühle abgeschottet. Jetzt stürzte die Mauer ein, die sie um sich herum errichtet hatte. Sie weinte tagelang; sie hatte gar nicht gewußt, wieviel Kummer sich in ihr angestaut hatte. Und es war, als würde dieser Kummer sie aus ihrer Betäubung wecken. Sie wollte wieder berührt, getröstet, geliebt werden.

Auf einem Empfang legte ihr ein älterer Kollege, den sie kaum kannte, die Hand auf die Schulter. Er war kein attraktiver Mann, und seine Hand war groß und rauh, aber Hala begann von ihm zu träumen. Wenn sie in den folgenden Tagen durch die Straßen ging, kam sie sich vor wie ein Soldat, der ausgehungert nach den Frauen schaut.

Bei der Ausstellungseröffnung eines befreundeten Künstlers lernte sie Firas kennen, einen Maler. Sie unterhielten sich, gingen zusammen essen. Wochenlang kämpfte sie dagegen an, doch auf die Dauer konnte sie es sich nicht verhehlen: Sie war verliebt.

Firas – ich hätte es mir denken können. Er ruft manchmal an, und jedesmal sitzt Asma mit gespitzten Ohren ganz vorn auf der Stuhlkante. Es sind schwierige Gespräche, und oft höre ich Hala erregt »*Khalas* – aus!« rufen.

»Es ist eine Katastrophe«, sagt sie.

»Warum?«

»Gefühle sind in dieser Gesellschaft eine Schande. Liebe ist eine Schande. Du kannst dir vorstellen, wie die Leute über uns reden: ›Da seht ihr, was die Kommunistenfrauen treiben, während ihre Männer im Gefängnis sitzen!‹«

»Weiß Ahmed davon?«

»Ich hatte Angst, er erfährt es von jemand anderem, und hab's ihm selbst gesagt.« Sie schweigt einen Moment. »Und weißt du, was er gemacht hat? Er hat seinen Bruder Raschid auf Firas angesetzt. Der hat ihm gedroht, er würde ihm die Kehle durchschneiden, wenn er nicht sofort Schluß macht.«

Sie stöhnt. »Das große Monster, das uns regiert, hat lauter kleine Monster aus uns gemacht.« Doch dann besinnt sie sich. »Aber vielleicht sehe ich das falsch, vielleicht haben all die kleinen Monster das große Monster hervorgebracht.«

Asma dreht sich im Schlaf um, als spürte sie, wovon wir reden, und legt den Arm um ihre Mutter. »Ich darf gar nicht daran denken, daß Ahmed irgendwann hereinspaziert kommt und so tut, als wäre nie etwas gewesen«, flüstert Hala. »Meine Gefühle für ihn haben sich verändert, er ist ein Freund geworden, aber das kann er nicht akzeptieren.« Erst im Gefängnis habe er sich in sie verliebt, sagt sie, weil sie die einzige Frau sei, die er überhaupt zu Gesicht bekommt. Bei ihrem letzten Besuch hat er sie gefragt, ob sie sich nach seiner Rückkehr ein durchsichtiges rotes Kleid kaufen würde, für Abende, an denen sie allein seien. Das sind Dinge, für die Raschid etwas übrig hat, aber nicht Ahmed, wie ihn Hala kennt.

»Und Firas?«

»Neulich hat er mir *Die Liebe in den Zeiten der Cholera* von Gabriel García Márquez geschenkt. Er sagt, er wird mich so lange lieben wie der alte Mann in dem Buch. Aber es ist eine unmögliche Liebe. Es geht nicht, es darf nicht sein.«

»Warum nicht?«

»Ahmed würde mir Asma wegnehmen.«

Daran hatte ich nicht gedacht. Kinder über neun Jahren werden hier bei einer Scheidung automatisch dem Vater zugesprochen. »Aber der sitzt doch im Gefängnis, wo soll sie denn dann hin?«

»Zu seiner Familie. Du warst ja dort und kannst dir vorstellen, was dann passieren würde. Sie würden ihr zu essen und zu trinken geben wie einem Esel, mehr nicht. Alles, was ich erreicht habe, würden sie wieder kaputtmachen.«

»Haben sie denn gar keine ehrgeizigen Pläne mit ihren Kindern?«

Sie lacht verächtlich. »Zum Holzsägen muß man nicht studiert haben.«

Aber auch wenn ihre Beziehung zu Firas zu Ende geht, will sie nicht zu Ahmed zurück, wie sie trotzig erklärt. Sie will nicht länger die Frau eines Gefangenen sein. Immer hat sie gesagt, der *mukhabarat* werde ihr Leben nicht bestimmen, aber er hat es doch getan. »Elf Jahre allein – kannst du dir vorstellen, was das bedeutet?«

Asma ist aufgewacht. Sie zieht Hala zu sich heran. »Schlafen, Mama, komm schlafen.« Hala streicht ihr übers Haar, spricht leise zu ihr. Dann wird es still.

Ich merke, daß ich kein klares Bild mehr von Ahmed habe. An die Stelle des engagierten jungen Mannes, den ich damals kennengelernt habe, ist der Mann mit dem stolzen Blick auf der kolorierten Fotografie in seinem Elternhaus getreten, und jetzt sehe ich ihn vor mir, wie er im Jogginganzug hinter dem Drahtgeflecht im Besucherraum des Gefängnisses sitzt und die Frau ansieht, die ihm nicht mehr gehört. Ich kann mir seine Ohnmacht vorstellen, seine Verzweiflung, weil ihm das einzige, das ihm noch geblieben ist, zu entgleiten droht, seine Versuche, ihr Fesseln anzulegen. Und doch – wenn er an ihrer Stelle wäre, würde es ihm nicht genauso gehen? Und wer hätte ihm einen Vorwurf daraus machen können?

Am Morgen scheint die Sonne durch die Zeltplane. Vorsichtig krieche ich hinaus. Der Zeltplatz liegt noch in tiefer Ruhe. Ich fühle mich wie gerädert, so als hätte ich gestern den ganzen Tag an einer Sprossenwand gehangen. Ob das an dem Gerüttel im *hob-hob* liegt? War das erst gestern? Es kommt mir vor, als seien wir schon eine Ewigkeit hier.

Mit den *Sieben Säulen der Weisheit* unterm Arm gehe ich zum Strand hinunter. Mein Kopf ist voll Watte, obwohl ich gestern keinen Tropfen Alkohol getrunken habe. Auf der Treppe kommen mir immer wieder Traumfetzen der vergangenen Nacht in den Sinn. Das Kind, das ich in dem Traum von neulich bei mir hatte, war diesmal nicht mehr in Plastik gehüllt. Ich drückte es an mich und fühlte mich unendlich vertraut mit ihm – was mich da ansah, war ein Stück von mir selbst. Das kommt bestimmt durch Asma. Die Frage, wie mein Leben verlaufen wäre, wenn ich wie Hala Mutter geworden wäre, scheint mich doch zu beschäftigen, auch wenn mir das tagsüber kaum bewußt ist.

Ich denke an unser nächtliches Gespräch. Was ist, wenn Ahmed Hala tatsächlich das Kind wegnimmt? Wären die beiden überhaupt noch zusammen, wenn er damals nicht eingesperrt worden wäre, oder hätte er wie geplant die Scheidung eingereicht? Wollte er Firas wirklich umbringen lassen, oder war das nur eine Drohung? Und mir sagt er, ich solle über Freiheit schreiben! Über welche Freiheit? Für Hala hat es nie einen Unterschied zwischen politischer und persönlicher Freiheit gegeben. Deshalb fühle ich mich trotz aller Gegensätze auch nach so vielen Jahren noch mit ihr verbunden.

Am Strand, der gestern so leer war, daß Hala ihn unseren Privatstrand nannte, sitzt eine große Familie auf einem Teppich und frühstückt. Ich habe meinen Badeanzug unter den Kleidern an, doch plötzlich bin ich befangen – die Picknickleute sehen nicht wie Touristen aus, es scheinen Einheimische zu sein. Ich setze mich auf die Strandterrasse und warte auf die anderen. Aus den Lautsprechern plärrt Fayruz, viel zu laut für die frühe Stunde. Permanent muß hier alles überschrien werden, denke ich gereizt.

Über mein Buch hinweg sehe ich mir die Gesellschaft am Strand an. Eine dicke Matrone in einem gelbgeblümten Kleid setzt auf einem Kocher Tee auf, eine andere verteilt Brot. Zwei Frauen sind aufgestanden und gehen langsam ans Wasser. Sie tragen Kopftücher und mehrere verschieden lange Kleider übereinander. Ihre Füße und auch die Röcke werden naß, aber das scheint sie nicht zu stören. Sie waten tiefer ins Wasser und lassen sich erst auf die Fersen, dann auf die Knie nieder. Das Wasser steigt in ihren Kleidern hoch wie die Flüssigkeit in einem Thermometer. Kurz darauf liegen sie wie angeschwemmte Fische in der Brandung und lassen sich von den Wellen überspülen. Die anderen essen unbeirrt weiter, beißen in hartgekochte Eier, reißen Brotstücke ab und tauchen sie in den Tee.

Asma und Aisha kommen angelaufen, zwei verlegene kleine Nymphen, die in ihren Bikinis sehr nackt wirken. Sie zögern, als sie die ländliche Szene am Strand sehen, und trippeln bis ganz ans Ende der Bucht, dorthin, wo die Felsen beginnen. Die Kinder auf dem Teppich schauen ihnen neugierig nach.

In den *Sieben Säulen der Weisheit* ist Lawrence gerade in Syrien eingetroffen, das damals noch von Jerusalem bis Beirut reichte. Früher wäre es mir nicht in den Sinn gekommen, das Buch eines weißen Engländers – noch dazu eines Soldaten! – über diese Region zu lesen. Immerhin war der Autor Lawrence von Arabien, der romantische Held, der an der Seite der Araber gekämpft hat, und zudem war er in den späteren Verrat verwickelt, über den die Araber ständig klagen.

Jetzt lese ich das Buch mit Genuß, einzelne Passagen sprechen mir geradezu aus der Seele. Die Schilderungen der Syrer bereiten mir ein diebisches Vergnügen, und immer wieder denke ich: Wie wenig hat sich da geändert! Die Weigerung der Syrer, ihre unbedeutende Rolle in der Welt zu akzeptieren, ihre Unzufriedenheit mit jeglichem Regime und die Unfähigkeit, sich auf eine Alternative zu einigen.

Als Hala kommt, hat sie die arabische Übersetzung des Buches bei sich. Ich würde gern mehr von dem hören, was sie mir heute nacht erzählt hat, aber ihre Augen sind so dunkel, daß ich das Thema lieber nicht anschneide. »Bist du schon bei dem Kapitel über Syrien?« frage ich sie.

»Mal sehen, wo ist denn das?« Sie blättert in ihrem Buch. Die acht Seiten über Syrien sind bei ihr zu einer einzigen Seite zusammengeschrumpft. Ungläubig vergleichen wir den Umfang der anderen Kapitel und stellen fest, daß überall kräftig gekürzt worden ist. Mein Buch hat siebenhundert Seiten, ihres nur etwas mehr als zweihundert. Alle Bedenken, die Lawrence hinsichtlich seiner irreführenden Rolle als britischer Offizier äußert, alle Beschreibungen von Stammesfehden fehlen in der arabischen Ausgabe. »Jetzt verstehe ich, warum ich das Buch so langweilig finde«, sagt Hala. »Meins handelt nur von Schlachten!«

In einiger Entfernung plantscht Asma im Schwimmbecken, neben ihr schaukelt ihr Fußball auf dem Wasser. Hala klappt das Buch zu, geht zu ihr und läßt mich verdutzt zurück. Die Lust zum Lesen vergeht einem hier ganz von selbst!

Sahar kommt mit schelmisch blitzenden Augen auf mich zu. »Hast du gesehen, wie die Frauen hier baden?« Inzwischen ist auch die Matrone in dem gelbgeblümten Kleid ins Wasser gegangen. Sogar ihr Kopftuch ist naß geworden. »Brrr, die ganze klatschnasse Unterwäsche, ich darf gar nicht dran denken!« schaudert Sahar. Sie ist in Latakia aufgewachsen, der größten Stadt an der Küste. Ihre Großmutter hat in einem besonderen weißen Kleid im Meer gebadet, aber niemand durfte ihr dabei zuschauen. »Ich verstehe vor allem die alte Frau nicht«, sagt Sahar. »Wenn man so puritanisch ist, bleibt man doch besser gleich am Strand sitzen.«

Auf den Felsen sind drei Bauersfrauen aufgetaucht, die sich in ihren Plastikschlappen unsicher vorwärtsbewegen. Sie tragen lange Kleider und auch ihre Köpfe sind bedeckt. Jetzt bleiben sie stehen, schnuppern die salzige Seeluft und schauen neugierig zu den dicken Frauen in der Brandung hinunter, zu Asma und Aisha, die mit dem Fußball spielen. Die Matrone kommt aus dem Wasser. Unter ihren nassen Kleidern zeichnet sich ihr Körper so deutlich ab, daß sie fast nackt wirkt. Sahar schnaubt mißbilligend. »Siehst du, was ich meine?«

Der einzige Mann in der Gesellschaft, ein Greis in Hose und Jackett, steht am Wasser und schaut zu. Seine Hosenbeine sind bereits naß, und als er sich hinhockt, um sie aufzurollen, werden auch seine Rockschöße naß. Die beiden anderen Frauen erheben sich jetzt ebenfalls aus dem Wasser, und langsam macht sich die Gesellschaft zum Aufbruch bereit.

Nur der alte Mann bleibt zurück. Als alle Frauen verschwunden sind, zieht er sich vorsichtig Schuhe, Jacke, Hose und die lange Unterhose aus und watet in seinem langen Hemd ins Wasser. Mit wachsender Verwunderung schauen wir zu. Jetzt, da sein Anhang abgezogen ist, benimmt er sich, als wäre er allein, als würden Hala, Sahar und ich nicht hier auf der Terrasse sitzen, mit Blick auf seinen mageren, im Wasser treibenden Leib. Irgend etwas schaukelt neben ihm auf den Wellen, ein Plastikbeutel, der mit einem kleinen Schlauch an ihm befestigt zu sein scheint. Sahar kneift die Augen zusammen. »Wenn du mich fragst: Der hat Probleme mit der Prostata«, sagt sie.

Als der Mann genug gebadet hat, zieht er sich quälend langsam wieder an, schiebt den Plastikbeutel in die Unterhose, rollt den zurückgebliebenen Teppich auf, schultert ihn und geht davon, ohne uns eines Blickes zu würdigen – wie ein Schauspieler, der ein Stück aufgeführt hat und dann mit seinen Requisiten von der Bühne abgeht. Wir sehen uns an und fangen unbändig an zu lachen.

Inzwischen habe ich mich mit unserem Zeltplatz angefreundet. Wir lesen, essen, liegen am Strand, beobachten die Bewohner von Banias. An diesem Abend erklärt Asma, daß sie die Nase voll hat. Das überrascht mich: Sie wollte doch so gern im Zelt schlafen! Aber bei näherem Hinsehen gefällt es ihr nicht. Jedesmal, wenn sie schwimmen gehen will, muß sie fünf Treppen hinunter. »Hier gibt es nicht mal einen Lift zum Strand!« protestiert sie. Sahar möchte eine Freundin in Qadmus besuchen, einem Bergdorf nicht weit von Banias, und lädt uns ein mitzukommen.

Am nächsten Morgen stehen wir wieder im wimmelnden Zentrum von Banias. Bis dorthin, wo die Taxis nach Qadmus abfahren, müssen wir ein gutes Stück laufen – eine kleine Prozession von fünf mit Koffern und Taschen beladenen

Frauen unter sengender Sonne. »Ich werde wohl allein alt werden«, stöhnt Hala, »und immer noch von einem Mann träumen, der mir die Koffer trägt.«

»Das kommt schon noch«, tröste ich sie.

»Von wegen. Weißt du, wen eine Frau in meinem Alter hier noch heiraten kann? Einen Sechzig- oder Siebzigjährigen. Der humpelt dann neben mir her, und ich trage *ihm* die Koffer!« Ein Freund ihres Vaters hat vor Jahren kopfschüttelnd zu ihr gesagt: »Was soll nur aus dir werden?« Er war Witwer, und seine Frage war ein versteckter Heiratsantrag. Hala erwiderte, sie habe nicht vor, sich scheiden zu lassen, worauf er sein Interesse Shirin zuwandte. »Meine Mutter wäre froh gewesen, wenn er um ihre Hand angehalten hätte. Die Leute hätten gesagt: ›Ein Glück, Shirin hat doch noch jemanden gefunden.‹« Trotzig geht sie neben mir her. »Am liebsten würde ich die letzten elf Jahre vergessen. Ich kann mich einfach nicht damit abfinden, daß ich für den Rest meines Lebens allein bleiben soll, ich muß etwas dagegen tun!«

Der Fahrer des alten Chevrolet ist bereit, uns zu einem angemessenen Preis nach Qadmus zu bringen. Ein Ausflug ins Landesinnere, in die Berge, in eine fruchtbare Gegend mit Ölbäumen und Orangenhainen. Viele Menschen sind um die Jahrhundertwende von hier nach Südamerika ausgewandert, um dort Arbeit zu suchen, unter anderem die Familie von Carlos Menem, dem Präsidenten Argentiniens. Doch die meisten sind wieder zurückgekommen. Sie trinken Mate und sagen »*gracias*« statt des arabischen »*shukran*«.

Fenster auf, Haare in den Wind. Am Höllental, einer beängstigend tiefen Schlucht, halten wir und machen ein Foto. Alle lachen, einschließlich des schweigsamen Fahrers, und es kommt richtige Ferienstimmung auf.

Sahars Freundin wohnt in der Hauptstraße von Qadmus. Auch sie hat eine Tochter, so daß wir jetzt sieben Frauen sind. Sahar und Hala ziehen sich Nachthemden an, die Kinder stürzen sich auf den Fernseher – ich fühle mich wieder ganz zu Hause. Vom Balkon aus kann ich die Dorfmitte sehen. Die Bewohner sind Ismaeliten, Angehörige einer schiitischen Sekte, die sich vor mehreren hundert Jahren in die Berge zurückgezogen hat. In dem Dorf weiter oberhalb leben Alawiten; wir befinden uns ganz in der Nähe von Assads Heimat.

Drei Tage in der Woche ist hier das Wasser abgestellt, Strom gibt es nur ein paar Stunden täglich. Auch in Damaskus gibt es oft Engpässe, doch außerhalb der Stadt wird wesentlich strenger rationiert. Abgelegenere Dörfer haben gar kein Wasser und werden von Tankwagen versorgt.

Rana, ein Mädchen aus der Nachbarschaft, kommt vorbei, als sie hört, daß Besuch aus Damaskus da ist. Sie ist achtzehn, ihr kindliches Gesicht ist stark geschminkt, ihr pechschwarzes Haar hoch aufgesteckt, und in ihrem kanariengelben Kleid sieht sie aus wie ein Geschenkpaket – ein seltsamer Kontrast zu der Schlichtheit, die das Dorf ausstrahlt. Sie spricht ein paar Worte Englisch, sieht mich schwärmerisch an und sagt: »*You are beautiful.*«

Als sie wieder gegangen ist, verzieht Hala das Gesicht. Rana ist Mitglied der *futuwah*, der jungen Pioniere der Baath-Partei. »Auch so eine Idee, die Assad aus Nordkorea mitgebracht hat«, murrt sie. Die jüngsten Pioniere, die *talia*, sehen wir regelmäßig im Fernsehen. Die Mädchen tragen weiße Brautkleider, schwenken Fähnchen und singen mit hohen Stimmen und pathetischem Ausdruck, während der Präsident, herzförmig umrahmt, über den Bildschirm schwebt und ihnen wohlwollend zuwinkt. Rana hat mit den Gedichten und Erzählungen, die sie schreibt, schon zwei Preise gewonnen. Hala braucht sie gar nicht erst zu lesen, um zu wissen, wie zuckersüß sie sind. »Und jetzt will sie Schriftstellerin werden und bittet mich um meinen Rat. Was soll ich ihr sagen?«

»Daß sie viel lesen soll«, schlage ich vor.

Hala lacht. »Ja, aber was ist, wenn sie nur Assads Schriften liest?« Ranas Mutter, die in der Baath-Partei sehr aktiv ist, treibt ihre Tochter an. Sie hat ihr beigebracht, Fremden zu schmeicheln – auch Hala bekommt zu hören, wie schön sie sei –, und Hala kann sich gut vorstellen, daß Rana eines Tages bei einer Zeitschrift in Damaskus landet und dort innerhalb weniger Jahre in eine verantwortungsvolle Position aufsteigt. So ist es in diesem Land: Je mehr man sich für die Partei begeistert, desto größere Erfolgschancen hat man. Hala hat es oft miterlebt: junge Frauen, die ohne Fachkenntnisse in eine Firma eingetreten sind und dort jetzt das Sagen haben. Sie haben ein Verhältnis mit einem hohen Regierungsbeamten, werden in einem schwarzen Mercedes abgeholt und reden den ganzen Tag nur von Kleidern. »Schöne Schuhe hast du! Wo hast du die her?« – »Aus Beirut.« – »Teuer?« – »Nein, äh... zweitausendfünfhundert Pfund, glaub ich.« – »Das ist ja geschenkt!« Hala fragt sich, wo sie das Geld hernehmen – sie verdienen ja nicht mehr als zweitausend Pfund im Monat! Ob sie sich prostituieren?

»Ich habe so oft erlebt, wie Leute, die früher einmal Ideale hatten, sich verändert haben«, sagt sie. »Die meisten sind durch kleine Vergünstigungen an das Regime gebunden. Der Preis für einen Mann ist nicht hoch: Wenn man ihm ein Auto in Aussicht stellt, hört er auf zu denken. Ich kann das verstehen, aber nicht akzeptieren.«

Gegen Abend machen wir einen Spaziergang durchs Dorf. Die Straßen, die heute mittag verlassen dalagen, sind jetzt voller Menschen. In großen Pfannen mit heißem Sand werden Erdnüsse erwärmt. An der Kreuzung sitzen junge Männer auf ihren Motorrädern und warten auf Kundschaft – die einzigen Taxis, die es hier gibt. Die Läden sind nicht viel mehr als Löcher in der Wand mit einem Rolladen, der abends heruntergelassen wird. Das Sortiment ist bescheiden, bis auf die großen Stapel Monatsbinden in allen Auslagen: Aziza, Delilah, Leila. Nach jahrelanger Knappheit kamen in Syrien alle gleichzeitig auf die Idee, Monatsbinden zu produzieren, sagt Hala.

Unterwegs kommt uns Rana mit zwei Freundinnen entgegen, alle mit kleinen Tüten, aus denen sie *bizr* essen. Sie bleiben stehen, um uns zu begrüßen, und gehen dann verlegen weiter. Plötzlich tut Rana mir leid, und ich kann den baathistischen Eifer ihrer Mutter verstehen – vielleicht die einzige Möglichkeit, aus einem gottverlassenen Nest wie diesem zu entkommen.

Als wir eine Weile gegangen sind, fällt mir auf, daß ich noch kein einziges Assad-Foto gesehen habe. Unsere Gastgeberin lächelt geheimnisvoll. »Stimmt«, sagt sie. Qadmus steht auf der Seite von Assads Bruder Rifat, der hier vor Jahren eine Hilfsorganisation für notleidende Menschen gegründet hat. Später wurde Rifat nach Frankreich verbannt, doch seine Anhänger machten der Bevölkerung große Versprechungen; manche sind ihm insgeheim treu geblieben und warten auf seine Rückkehr.

Der Geschichte Assads und seines rebellischen jüngeren Bruders Rifat hätte T. E. Lawrence bestimmt ein schönes Kapitel gewidmet. Sie ist ein Paradebeispiel für den Machismo, der in diesen Bergen herrscht. In den siebziger Jahren brachte Rifat eine Spezialeinheit der Armee unter seinen Befehl und wurde immer mächtiger. Er hatte besonders die Moslembrüder im Visier, und nachdem Assad 1980 knapp einem Mordanschlag entgangen war, erschossen Rifats Truppen in einer Vergeltungsaktion im Gefängnis von Tadmur über tausend Mitglieder dieser Organisation.

Rifat war vor allem bei jüngeren Leuten beliebt, die er im Fallschirmspringen und anderen paramilitärischen Aktivitäten trainierte. Nicht lange nach dem Massenmord von Tadmur, als Hala eines Tages von der Arbeit nach Hause fuhr, stürmte eine Gruppe von Mädchen in paramilitärischen Uniformen den Bus und riß den Frauen, die darin saßen, Schleier und Kopftücher herunter. Im Nu war der Bus von den angstvollen Schreien der Frauen erfüllt. Die Mädchen handelten auf Rifats Anweisung, und in den folgenden Tagen versetzten sie die ganze Stadt in Angst und Schrecken.

Die Art und Weise, wie diese Frauen bedrängt wurden – Hala spricht mit Grauen davon. In ihrem Viertel weckte die

Aktion ungeheure Aggressionen. Männer, die keineswegs Fundamentalisten waren, riefen plötzlich, sie seien bereit, ihre Frauen mit der Waffe in der Hand zu verteidigen. Seitdem haben sich die Frauen immer strenger verhüllt. Hala sieht manchmal vier Frauen aus der Nachbarschaft wie Mumien verpackt im Auto vorbeifahren. Die Fahrerin trägt schwarze Handschuhe, klemmt sich die Enden ihres Kopftuchs zwischen die Zähne und hat stets eine Sonnenbrille auf. So etwas hat man hier früher nicht gesehen.

Rifat und seine Leute trieben es immer ärger, und bald kam es zum Machtkampf mit Assad. Als Assad 1983 im Krankenhaus lag, zogen Anhänger von Rifat durch Damaskus und ersetzten alle Bilder des Präsidenten durch Porträts seines Bruders. Der Konflikt eskalierte, bis sich 1984 schließlich Panzer der beiden Brüder in den Straßen von Damaskus gegenüberstanden. Ihre kranke alte Mutter mußte eingreifen, um einen Putsch Rifats zu verhindern.

An der Universität brodelte es in diesen Tagen. Die Rifat-Anhänger warfen sich in die Brust: Rifat habe Geld, er werde das Land zu wirtschaftlicher Blüte führen. Hala hatte Angst. Wenn er an die Macht kam, war er imstande, jeden, der gegen ihn war, umzubringen. »Du hättest mich damals hören sollen«, lacht sie. »In allen Diskussionen habe ich mich für den Präsidenten stark gemacht!«

Am nächsten Morgen warten Hala, Asma und ich an der Kreuzung von Qadmus auf den *hob-hob* nach Banias. Das halbe Dorf hat sich hier versammelt und macht auf alles Jagd, was Räder hat: den Lieferwagen, der Gemüse bringt und leer wieder abzufahren droht, das Taxi, das eine Familie absetzt. Es gibt noch immer kein Wasser im Dorf, und das sieht man den Wartenden auch an – schmuddelige Kleider, ungewaschene, verschlafene Köpfe, Bartstoppeln.

Der Lieferwagen, in dem wir schließlich landen, ist gerammelt voll. Unter der Stoffplane sind zwei Holzbänke angebracht, und im Halbdunkel sehen uns zehn Augenpaare an.

Als wir losfahren, bekomme ich Beklemmungen. Ich sehe nichts, spüre aber, daß es steil bergab geht.

Hala hat Asma auf dem Schoß. Auch sie scheint sich ziemlich unbehaglich zu fühlen. »Ich frage mich, wie der zu seinem Führerschein gekommen ist«, flüstert sie mir zu. Man kann Weltmeister im Autofahren sein, aber ohne Beziehungen bekommt man keinen Führerschein. »Und umgekehrt: Wer genug zahlt, braucht überhaupt nicht fahren zu können.«

»Hör auf!« flehe ich sie an. Wir brausen in Richtung Höllental bergab. Auf der hinteren Stoßstange stehen vier kräftige Burschen, und ich habe das ungute Gefühl, daß sie nichts Gutes im Schilde führen.

»Na, wir wollen mal nicht so schwarz sehen«, beruhigt mich Hala, »vielleicht stürzt ja nur der vordere Wagenteil hinunter.«

In Banias steigen wir in den *hob-hob* nach Latakia um. Teils sitzend, teils stehend setzen wir unsere Reise fort. Kinder wischen ihre Rotznasen an meinen Kleidern ab, eine Mutter gibt ihrem Baby die Brust, ein Mann preßt sich an mich. Ich gebe keinen Mucks von mir – ich bin froh, noch am Leben zu sein.

Andere arabische Küstenstädte kommen mir in den Sinn, als wir über den palmengesäumten breiten Boulevard nach Latakia hineinfahren. Casablanca, Algier, Alexandria – die versunkene Pracht weißer Kolonialbauten mit abgeblättertem Putz. Die Straße ist voller Schlaglöcher, die Palmen wirken verwahrlost, da und dort häufen sich Abfälle.

Latakia liegt am Fuß der Berge, in der die Alawiten jahrhundertelang gelebt haben. Nach Assads Machtantritt sind viele von ihnen hierhergezogen und haben Latakia zu ihrer Hauptstadt gemacht. Wie im Rumänien Ceausescus sind es die Brüder, Vettern und entfernteren Verwandten des Präsidenten, die hier den Ton angeben. Ein Sohn von Rifat besitzt in Latakia ein Nobelrestaurant, Assads Bruder Jamil beherrscht das Geschäftsleben, dessen Sohn Fawaz macht die Stadt unsicher. Gewalttätigkeit, Vergewaltigung, Mord – die Geschichten, die über Fawaz kursieren, sind ebenso brutal wie unbeweisbar, denn im Gefängnis landen immer nur seine Leibwächter. Wenn ihm in den Straßen von Damaskus ein neues Mercedes-Modell ins Auge sticht, müssen seine Leibwächter den Wagen für ihn stehlen.

Wir machen uns auf die Suche nach Ghassan, einem Freund von Hala, der in Latakia geboren ist und den Sommer mit seiner Familie in einer Wohnung am Boulevard verbringt. Er hat bestimmt eine *wasta*, durch die er uns zu einem Ferienhaus verhelfen kann. Von Ghassan habe ich schon gehört. Er hat kürzlich mehrere kontroverse Rundfunksendungen gemacht und ist daraufhin kaltgestellt worden.

Ein kurzes Telefonat, und Ghassan hat ein Ferienhaus am Stadtrand von Latakia für uns organisiert. Er bringt uns mit dem Auto hin. Die Bungalowanlage wird von einem Verwandten Assads betrieben. Gepflegte kleine Häuser mit Veranda und Garten. Ghassan betrachtet Hala, die wie ein Packesel beladen vor uns hergeht. »Wir nennen sie Ayyoub«, sagt er.

»Ayyoub?« Er meint Hiob, die biblische Gestalt mit der unerschöpflichen Geduld.

Unser Haus bietet genug Raum für eine ganze Familie. Küche, Wohnzimmer, Dusche, zwei Schlafzimmer – im Nu sind unsere Sachen überall verstreut. Asma möchte schwimmen gehen. Ghassan bietet an, mir die Stadt zu zeigen, und ich sage sofort ja – so kann ich für eine Weile der Beklommenheit entfliehen, die mich in Halas Nähe manchmal überfällt, ihrer Voreingenommenheit gegen diese Stadt, ihrer Unlust, sie zu erkunden. Ghassan ist viel herumgekommen. Als Hala ihm bei unserer Ankunft erzählt hat, daß ich ein Buch über Ungarn geschrieben habe, brachte er eine Flasche *pálinka* – ungarischen Branntwein – zum Vorschein.

Es ist angenehm, nach dem Gerüttel der vergangenen Tage in einem bequemen Auto zu sitzen, neben einem Mann, der den Wagen mit sicherer Hand durch die Straßen steuert. Wenn ich das schon nach so kurzer Zeit vermisse, wie muß sich Hala dann nach elf Jahren des Alleinseins fühen!

Auf dem Weg ins Zentrum kommen wir an dem bombastischen Sportzentrum vorbei, das für die Mittelmeerspiele von 1987 erbaut worden ist. Am Eingang das Standbild eines schlanken Assad, ein leichtgewichtiger, sportlicher kleiner Mann. Weit und breit ist keine Menschenseele zu sehen. Vorsichtig fährt Ghassan auf das Gelände, vorbei an dem olympischen Schwimmbad, am Stadion entlang zur Aschenbahn und wieder zurück, von Parkplatz zu Parkplatz pendelnd, die Hände locker am Steuer. Unsere einsame Fahrt scheint ihm ein geradezu finsteres Vergnügen zu bereiten. »Hier treiben nur die Vögel und der Wind Sport«, sagt er.

Einmal im Jahr allerdings, während des Friedens- und Freundschaftsfestivals, brodelt der Komplex von Leben, räumt er ein. »Ich glaube, das habe ich mal im Fernsehen gesehen«, sage ich. »Mit Pferderennen, bei denen auch Basil Assad mitmacht?« Ghassan nickt. Assads Sohn hoch zu Roß, ein junger Mann mit Vollbart und stolzem Blick. Jedesmal wenn sein Pferd ein schwieriges Hindernis genommen hatte, schrie das Publikum: »*Bi rouh, bi damm, nefdik ya Basil* – Mit unserer Seele, mit unserem Blut beschützen wir dich, Basil.«

Asam ist von Basil tief beeindruckt. Er gewinnt immer, auch kürzlich, als der berühmte türkische Champion am Pferderennen teilnahm. Manche behaupten, auf der Tribüne hätten *mukhabarat*-Leute vor einem besonders schwierigen Sprung so begeistert applaudiert, daß das Pferd des türkischen Reiters vor Schreck gestrauchelt sei; anschließend habe man angeblich eine finanzielle Regelung getroffen. Nur die Jordanier haben einmal die Unverschämtheit besessen, Basil nicht gewinnen zu lassen, was ihnen sehr verübelt wurde.

Inzwischen sind wir im Zentrum angelangt. Laut Ghassan

sind alle öffentlichen Plätze in Latakia von Freunden der Assad-Familie entworfen worden. Das Resultat ist von kindlicher Unbeholfenheit: Die Plastik des kleinen Jungen mit dem Fisch in der Hand ist viel zu klein für den weiten Platz; eine angedeutete Arkadenreihe soll an die römische Vergangenheit der Stadt erinnern, und am Hafen wurde gar ein Wellenbrecher aus Beton zum Denkmal erhoben. Das erinnert mich an die Kunstwerke, die ich in den Golfländern gesehen habe: meterhohe Sandelholzbrenner und arabische Kaffeekannen mit dazu passenden Tassen.

Im Hafen recken stillstehende Kräne ihre orangefarbenen Köpfe in die Luft, Öltanks glänzen verlassen in der Sonne. »Ist es hier immer so ruhig?« Ghassan seufzt. »Leider ja. Aber du hättest das Viertel früher sehen sollen! Da gab es hier unzählige Cafés, in denen die Männer *nargileh* geraucht haben.« Er lacht traurig. »Ganz Latakia ist abends an diesen Strandcafés vorbeiflaniert. Meine Eltern haben sich auf so einem Spaziergang kennengelernt.« Vor fünfzehn Jahren beschloß die Stadtverwaltung, den Hafen von Latakia zu verlegen, und die Cafés mußten schließen. »Wir haben alles getan, um das zu verhindern, aber wir haben's nicht geschafft. Eine sehr alte Tradition ist damit verschwunden, aber das interessiert die Leute aus den Bergen nicht. Die haben keinerlei Respekt vor städtischen Sitten und Gebräuchen.«

Das einzige Strandcafé, das die Katastrophe überlebt hat, liegt auf der anderen Seite von Latakia. Ghassan sieht sich kurz um und steuert dann auf einen Tisch mit Meerblick zu, so weit wie möglich von den anderen Gästen entfernt. »Hast du die Leute da in der Ecke gesehen?« flüstert er, als wir Platz nehmen – mehr braucht er nicht zu sagen.

Laut Ghassan kann man hier die beste *nargileh* in ganz Syrien rauchen. Der Tabak ist leicht, er kommt aus Ägypten und ist vom Aroma der Äpfel durchzogen, zwischen denen er monatelang gelagert hat. »Das ist das einzig Gute an der Verbesserung unserer Beziehungen zu Ägypten«, sagt Ghassan.

»Erzähl mir von Ungarn«, fordere ich ihn auf. »Wann warst du dort?«

Ghassan denkt nach. Er war viele Male in Ungarn, und nach einigem Hinundherrechnen stellen wir fest, daß wir im Sommer 1989, zu Beginn der Wende, beide dort gewesen sind. »Hast du noch die Beerdigung von Imre Nagy miterlebt?« Ghassan sieht mich an. Imre Nagy, nein, der Name sagt ihm nichts. »Der Führer des Aufstandes von 1956. Er wurde hingerichtet und später rehabilitiert«, helfe ich nach. Da dämmert ihm etwas. »Und Gábor Demszky, der früher eine Untergrunddruckerei betrieben hat, kennst du den? Weißt du, daß er Bürgermeister von Budapest geworden ist?«

Wieder schüttelt Ghassan den Kopf. »Wer ist jetzt noch mal Präsident? Pozsgay, glaube ich«, sagt er.

»Pozsgay? Nein, der hat das Ganze nur ins Rollen gebracht!« Von Árpad Göncz, dem früheren Regimegegner, der inzwischen Präsident geworden ist, hat er nie gehört.

Er fragt mich nach einem Mann, den ich nicht kenne, und auch meine Nachforschungen nach gemeinsamen Bekannten bleiben ergebnislos. Ghassan war jahrelang Mitglied der kommunistischen Partei Khaled Bakdashs, für einen Syrer die einzige Möglichkeit, nach Osteuropa zu kommen. In all den Jahren hat er nur mit ungarischen Kommunisten Kontakt gehabt. »Die ungarische Opposition besteht aus Leuten, die im Westen aufgewachsen sind«, sagt er. »Die haben jahrelang im Westen gelebt und sind dann plötzlich überall in Ungarn aufgetaucht.«

»Aber nein«, widerspreche ich, »das haben die Kommunisten am Anfang nur behauptet, um die Opposition in Mißkredit zu bringen! Lange konnten sie das nicht aufrechterhalten.«

Nicht zum ersten Mal habe ich den Fehler gemacht anzunehmen, daß Leute, die gegen das Assad-Regime sind, über vieles andere automatisch genauso denken wie ich. In Damaskus nahm Hala mich eines Abends mit zu Fathia, einer

Psychologin, die ich unbedingt kennenlernen müsse. Sie gehörte zu einer Gruppe syrischer Intellektueller, die ein Protestschreiben gegen das amerikanische Eingreifen in den Golfkrieg unterzeichnet hatten; allen machte man seitdem Schwierigkeiten.

Ein schönes Haus mit Damaszener Möbeln. Fathia entschuldigte sich für den frisch aufgerissenen Garten. Früher waren dort ein Swimmingpool und eine Rasenfläche mit Gartenstühlen gewesen, nach dem Golfkrieg aber hatte Fathia beschlossen, einen orientalischen Garten mit Steinplatten anzulegen. *Nach dem Golfkrieg!* Ich hätte mir gleich denken können, woran ich war. Ihre Tochter studierte in Frankreich und hatte immer eine hohe Meinung von den Franzosen gehabt, doch seit dem Golfkrieg haßte sie sie. Das kam mir bekannt vor. Vor meiner Abreise nach Syrien hatte ich in Frankreich viele Araber getroffen, die genauso redeten. Vorsichtig aß ich die Crêpes mit Käse, die Fathia auf Tellern mit Goldrand servierte, und erkundigte mich nach dem Buch, das sie gerade schrieb.

Irgendwann kam das Gespräch auf Ostdeutschland. Fathia war einige Male in der DDR gewesen und meinte, das Leben dort sei keineswegs so schlecht gewesen, wie manche behaupteten. Es habe keine Arbeitslosigkeit gegeben, jeder habe eine Wohnung und genug zu essen gehabt – schließlich müsse ja nicht jedes Geschäft zwanzig Marmeladesorten anbieten.

»Die ganze Revolution später war vom Westen gesteuert«, erklärte sie. Ich schaute hilfesuchend zu Hala hinüber, doch sie betrachtete eine alte Damaszener Waage, die auf einem antiken Tischchen stand, und hörte gar nicht zu. Verdattert ließ ich den stalinistischen Wind, der durchs Zimmer wehte, über mich ergehen. Daß es solche Menschen noch gab!

Ich machte keinen Versuch, Fathia zu widersprechen, aber auf der Heimfahrt im Taxi konnte ich meine Empörung nicht länger bezähmen. »Hast du gehört, was Fathia über die DDR gesagt hat?« Hala hatte mir einmal erzählt, wie erleichtert sie gewesen sei, als Ceausescu hingerichtet wurde. Er war ein großer Freund Assads gewesen, und sie hatte gehofft, er würde Assad in seinem Sturz mitreißen. Ich nahm an, daß sie über die DDR ebenso dachte, doch zu meiner Überraschung verteidigte sie Fathia. »Was war denn so schlecht dort? Ist es im Westen etwa besser?« Ich dachte an Ungarn, ein so viel gemäßigteres Land als die DDR. Die Probleme, von denen Ungarn mir berichtet hatten, glichen so sehr dem, was ich hier sah, den Schwierigkeiten, mit denen Hala zu kämpfen hatte. Warum sah sie die Parallele nicht? Ich spürte, daß ich häßliche Dinge sagen würde, wenn ich den Mund aufmachte, und schwieg lieber. Hazem, ein arabischer Bekannter, den ich vor meiner Abreise in London besuchte, hatte gesagt: »Die arabischen Regimegegner haben extremere Ansichten als die Regierung selbst. Ich weiß es, ich war früher selbst Kommunist.« Damals mußte ich sehr darüber lachen, aber nach unserem Besuch bei Fathia verstand ich, was er gemeint hatte.

Ich muß schlucken, als Ghassan seine Sicht der ungarischen Opposition zum besten gibt, aber die Wut, die mich bei Fathia gepackt hatte, bleibt zu meiner eigenen Verwunderung aus. Ich fange bereits an, mich an die Eigenheiten dieses Landes zu gewöhnen. Wir haben beide eine *nargileh* bestellt, der Seewind weht uns in die Haare, der Duft des Apfeltabaks prickelt uns in der Nase. Ich schaue übers Wasser. Wir reden besser über etwas anderes.

Und so unterhalten wir uns über Ghassans Tochter, die eigentlich Architektur studieren wollte, dann aber wegen des Punktesystems, das den Zugang zur Universität regelt, Chemie belegen mußte. Nicht in Damaskus, wie sie gehofft hatte, sondern in Latakia. Gestern seien sie zusammen zur Universität gegangen, um sie einzuschreiben. Dort seien sie so schäbig behandelt worden, daß Ghassans Tochter auf dem Rückweg zu weinen angefangen habe. »Mach dir nichts draus«, hatte er sie getröstet, »stell dir vor, wir wären nach Australien ausgewandert, dann würdest du jetzt zwischen lauter Aborigines sitzen, das würde dir auch nicht gefallen. Vielleicht hättest du sogar Heimweh nach Syrien und es wäre dir egal, ob du in Damaskus oder in Latakia studierst.«

So hatte er auf sie eingeredet, und allmählich hatte sie sich wieder beruhigt. Aber er selbst träumt immer öfter von Australien. »Zwanzig Jahre habe ich gekämpft, um anständige Rundfunksendungen machen zu können«, sagt er düster, »und Jahr für Jahr habe ich versucht, das maximal Zulässige ein bißchen weiter auszudehnen. Seit man mich aufs Abstellgleis geschoben hat, fällt mir die Decke auf den Kopf.« Themen gäbe es genug, vom wachsenden Drogenkonsum an den Universitäten bis hin zur Massenarbeitslosigkeit unter Hochschulabsolventen, aber niemand will darüber reden.

»In welchem Land der arabischen Welt ist es besser, was meinst du?« frage ich. Ghassan zieht nachdenklich an seiner Wasserpfeife. Ich erwarte, daß er Ägypten nennen wird, das für seine liberale Presse bekannt ist, oder auch Jordanien, aber nach einigem Zögern sagt er: »In Libyen vielleicht.«

»In Libyen? Wie kommst du denn darauf?« Aber er meint es ernst, und nach seinen Äußerungen über Ungarn ist diese Antwort vielleicht gar nicht so unlogisch.

»Und was machst du jetzt?«

Ghassan seufzt. »Vor zwanzig Jahren hatte ich noch Träume. Jetzt merke ich, daß es nur eins gibt, was ich für meine Kinder tun kann: Geld verdienen.« Er hat vor, sich zusammen mit einem Freund auf Raten einen Kühlraum zur Lagerung von Obst und Gemüse anzuschaffen. »Das hätte ich schon längst tun sollen, dann wäre ich jetzt reich!«

Die Luft um uns herum ist vom Duft süßer Äpfel gesättigt. Ghassan sieht mich an und lacht, zum ersten Mal, seit wir hier sitzen. »Ich versuche optimistisch zu bleiben.« Er verzieht den Mund zu einem schiefen Grinsen. »Jedenfalls was Australien betrifft!«

Am Abend fahren Hala, Asma und ich mit dem Taxi in die Stadt. Wir überholen ein Moped mit sage und schreibe vier Personen: Vater, Mutter und zwei Kinder, die sich krampfhaft aneinander festklammern. Gleich darauf brausen zwei Mercedesse mit getönten Scheiben vorbei. Das müssen die Verwandten von Assad sein, die die Stadt unsicher machen. Später sehen wir sie plaudernd und lachend an ihren Autos lehnen, kräftig gebaute Männer mit Sonnenbrillen.

Das weiße Kolonialgebäude am Boulevard ist die höhere Schule, die Assad besucht hat. Den Platz davor beherrscht ein imposantes, von beleuchteten Fontänen umgebenes Standbild Assads.

»Ist das die gleiche Figur wie in Damaskus?«

»Nein«, sagt Hala, »schau mal genau hin, dann siehst du, daß die Jacke offensteht, weil es hier wärmer ist.« Vor der Universität von Damaskus steht Assad in einem langen, sich bauschenden Gewand. »Wie Superman – gleich hebt er ab.« Hala lacht. »Der Koran verbietet bildliche Darstellungen des Menschen, dafür kommt man in die Hölle. Die werden dort ganz schön zu tun haben, wenn sie nach Assads Tod alle Denkmäler und Fotos von ihm vernichten müssen!«

Gegenüber der Schule liegen kleine Läden mit Whisky und Zigaretten, alles Schmuggelware, und ein paar Cafés, in denen sich die alten Männer von Latakia jetzt versammeln. Sie trinken arabischen Kaffee und mustern die Passanten. Auf einem Plakat sitzt der Präsident mit der Brille in der Hand an einem Schreibtisch, auf dem ein Stapel Zeitungen liegt. In solch häuslicher Pose sieht man ihn in Damaskus nie. »Hier ist er eben zu Hause«, spottet Hala.

Asma will wissen, wo wir nun schon wieder hingehen. »Leben heißt sich umsehen«, philosophiert Hala, aber Asma versteht nicht, was sie meint. Wenn wir nur einen Fernseher hätten, stöhnt sie, dann wäre sie zu Hause geblieben. »Als ich so alt war wie sie, bin ich meiner Mutter nach Möglichkeit aus dem Weg gegangen«, sagt Hala. »Bei jeder Gelegenheit habe ich mich zurückgezogen, um zu lesen.«

»Und was hast du gelesen?«

»Ach, *Reader's Digest*.« Einige der Geschichten haben sie so beeindruckt, daß sie sie nie vergessen hat – eine Mutter, die die Augen ihres krebskranken Kindes einem blinden Mädchen schenkt, ein Amerikaner, der in einem japanischen Kriegsgefangenenlager fürchterlich zugerichtet wird.

Wir essen in einem italienischen Lokal. An der Wand hängen Bilder von Fischen, die Hala mißtrauisch beäugt, wie alles, was sie nicht kennt. »Sieh dir das an! Lauter tote Fische!«

Sie war mehrmals beruflich in Latakia, aber in einer Stadt wie dieser ist es schwierig, Untersuchungen durchzuführen. Fortwährend hatten sich ihr Hindernisse in den Weg gestellt. »Assads Familie ist vielseitig begabt«, spottet sie. »Einer betätigt sich in der Politik, der andere im Handel, der dritte im Hotel- und Gaststättengewerbe.« Assads Frau entstammt der Makhlouf-Familie. Auch der Direktor der Tabakfabrik ist ein Makhlouf, was ihn unangreifbar macht, und die Familien Ismail und Osman sind aus ähnlichen Gründen über das Gesetz erhaben.

»Es wird immer schwieriger, die Wahrheit zu veröffentlichen«, sagt Hala. »Deshalb fahre ich auch nicht mehr ins Landesinnere. Es steht schlecht um Landwirtschaft und Industrie, aber das kann ich nicht schreiben, denn dann wirft man mir vor, ich sei nachtragend, weil mein Mann im Gefängnis sitzt.« Im Moment interessiert sie sich mehr für Kultur, aber die Probleme werden deswegen nicht weniger. Vor kurzem ist der ägyptische Schriftsteller Yusuf Idris gestorben. Hala liebt seine Bücher. Idris war ein Mann, der sich nicht von religiösen oder sozialen Vorschriften leiten ließ, und Hala spürte seine innere Freiheit. Als sie zu einem alawitischen Kollegen sagte, daß sein Tod sie traurig mache, bekam sie zur Antwort: »Aber wir haben doch noch Hassan Sakr!« Hala seufzt. Hassan Sakr ist ein unbedeutender alawitischer Autor, den kein Mensch kennt!

»Weißt du, daß ich zu diesem Kollegen nie ›Ihr Alawiten‹ sagen könnte? Aber umgekehrt kann er jederzeit ›Ihr Da-

maszener‹ sagen – weil die Alawiten an der Macht sind.«
Sie sieht mich traurig an. »Darüber müßte mal jemand schreiben, aber das geht hier nicht.« Sie stochert geistesabwesend mit ihrer Gabel im Salat. Immer wieder tauchen im Fernsehen neue alawitische Sänger auf, und Hala fragt sich, ob sie plötzlich die einzigen sind, die singen können. Wo bleiben die Sänger aus Aleppo? Inzwischen ist es schon so weit gekommen, daß sie den berühmten Liebesdichter Nizar Kabbani, den sie früher nicht mochte, gut findet, einzig und allein, weil er Damaszener ist.

»Warum publizierst du nicht in einer arabischen Zeitschrift im Ausland?«

Sie sieht mich unwillig an. »Und von wem werden solche Zeitschriften finanziert? Wenn es ein syrienkritisches Blatt ist, kriege ich sofort noch mehr Schwierigkeiten.«

Im Restaurant unserer Bungalowanlage ist eine Hochzeitsfeier im Gange. Die Urlauber spähen durch die Fenster ins Innere, wo Musik aus den Lautsprechern dröhnt. Auf einem Betonmäuerchen an der Rückseite des Gebäudes sitzt eine Gruppe Frauen mit weißen Kopftüchern, wie Vögel auf einer Überlandleitung. Als wir vorbeigehen, fangen sie entrüstet an zu schnattern: Wir versperren ihnen die Sicht!

Hala grinst. Einmal war sie mit Ahmeds Familie hier. Zwanzig Personen schliefen auf dem Boden des Ferienhauses, und abends saßen alle zusammen draußen. Ahmeds Schwägerinnen bewegten sich hier viel freier als in Damaskus, weil keine Bekannten in der Nähe waren. »Du hättest die mal sehen sollen, wenn abends eine Hochzeit war! Dann haben sie auf der Veranda getanzt, als hätten sie die Kapelle selbst bezahlt!«

Wir nehmen neben den Frauen auf dem Mäuerchen Platz und schauen ebenfalls hinein. Die Braut sitzt regungslos auf einem hohen Stuhl, von Kopf bis Fuß in rosa Tüll eingesponnen. Zwei Brautjungfern helfen ihr auf. Steif wie eine Puppe bewegt sie sich zum Podium, wo sie mit dem Bräutigam ein paar Tanzschritte macht. Ihr Gesicht ist blaß und angespannt. »Du wolltest heiraten? Nur zu – heute nacht wirst du sehen, wie das ist«, sagt Hala sarkastisch.

Die Männer auf der Tanzfläche tanzen *dabke*, so wie ich es bei den Männern in den Bergen des Libanon oft gesehen habe: Sie fassen einander um die Schultern und stampfen mit den Füßen auf. Andere umkreisen mit hochgereckten Armen die Frauen. Hala staunt – in Damaskus tanzen die Männer kaum, schon gar nicht mit so viel Zurschaustellung von Männlichkeit. »Nur die Leibwächter, die müßtest du mal tanzen sehen«, sagt sie. »Sie können es sich leisten, ein ganzes Restaurant zu mieten, wenn sie etwas zu feiern haben, weil sie zu denen gehören, die an der Macht sind.« Es klingt bitter, so bitter wie Ghassans Worte heute nachmittag. Auch einen Unterton von Neid höre ich heraus, den ich schon früher bemerkt habe – anscheinend mißtraut sie jedem, der nicht wie sie in der Sackgasse steckt.

»Woher weißt du, daß das Alawiten sind?«

»Siehst du's nicht?«

»Woran müßte ich es denn erkennen?«

»Sie sind schlecht angezogen und haben alle einen flachen Hinterkopf.« Sie muß selbst darüber lachen. »In Damaskus sagt man, das kommt daher, daß ihre Mütter ihnen nach der Geburt einen Klaps auf den Hinterkopf geben und ›Auf nach Damaskus!‹ rufen. Aber man erkennt sie auch an vielen anderen Dingen. Oft haben sie weiße Schuhe und Strümpfe an – du mußt mal drauf achten.«

Asma hat sich an dem Spektakel sattgesehen. »Gehen wir jetzt ins Côte d'Azur, Mama?«

Das Côte d'Azur liegt am Ende des Boulevards. Hala und Asma haben ein paarmal dort gewohnt, als ein betuchter Onkel sich mit seiner Familie in dem Hotel eingemietet hatte. Musik dringt durch die luxuriöse Halle, in der sich Leute in Abendkleidung drängen. Erst denke ich, eine Discoparty ist dort im Gange, aber ich habe mich geirrt. Zu den Klängen des Schlagers *Wallah, heek aldunia* – Bei Gott, so ist das Leben –

flanieren die Menschen durch die Gänge und lassen sich von den Hotelgästen an den Tischen bewundern.

Da und dort sieht man traditionell gekleidete Frauen mit langen Röcken und Kopftüchern, die sich nicht weniger interessiert umschauen als die anderen. Ich muß an die drei Bauersfrauen in Banias denken, die ihre Neugier nicht bezähmen konnten und sich in Plastikschlappen auf die Felsen wagten, um sich die Szene in der Brandung anzusehen.

Auch am Hotelstrand defilieren die Leute an den Tischen mit den Schilfsonnenschirmen vorbei wie Filmschauspieler am Drehort. Sie genießen die Kulisse, die sie aus amerikanischen Fernsehfilmen kennen. Doch was sich hier abspielt, hat mit Amerika ebensowenig zu tun wie die Bücher von Sartre und Camus mit Halas Gedankenwelt.

Hala war jedesmal kreuzunglücklich, wenn sie hier gewohnt hat. Lesen kam nicht in Frage, ständig mußte sie an irgendwelchen Aktivitäten teilnehmen, die ihr Onkel und ihre Tante organisierten. Asma aber genoß alles in vollen Zügen, und auch jetzt betrachtet sie begeistert die Mädchen in ihren glitzernden Kleidern, die mit künstlichen Kirschen verzierten hohen Cocktailgläser auf den weißen Tischen. »Warum wohnen wir nicht hier, Mama? Hier ist es viel schöner!«

Ihre Augen glänzen vor Aufregung. Madonna mit ihren Millionen, Prince mit seinem Hofstaat, die lockere Atmosphäre in dieser Hotelhalle, und ihr Vater im Gefängnis – wie schafft sie es, das alles unter einen Hut zu bringen? Sie zupft Hala am Ärmel: »Können wir meinen Geburtstag nächstes Mal nicht hier feiern, Mama?«

Hala lacht. »Asma hat so kühne Träume, da muß sie später wohl mal einen Golf-Araber heiraten!«

Nach ein paar Tagen in Latakia beginnt die Heimatfront an Hala zu nagen. Wie steht es mit Salims Heiratsantrag? Hat er inzwischen ein Auto gemietet? Dann wartet er vielleicht auf uns, um eine Fahrt mit uns zu machen. Asma ist unleidlich, weil sie ein paar Folgen von *Layal al-Halmiyye* verpaßt hat und nicht weiß, wie es mit Captain Majed weitergegangen ist. Wie die Schnecken, denke ich, am liebsten würden sie mit ihrem Haus und allem Drum und Dran verreisen.

Eines frühen Morgens treten wir die Rückreise an. In Tartus machen wir Station, um einen Ausflug zur Insel Arwad zu unternehmen. Doch zuerst müssen wir einen Platz finden, wo wir unser Gepäck unterstellen können. Der Apotheker, der Lebensmittelhändler und der Gastwirt beäugen uns mißtrauisch und schütteln den Kopf.

»Die haben Angst, daß da Sprengstoff drin ist«, erklärt Hala. Die Angst geht auf die frühen achtziger Jahre zurück, als die Moslembrüder im ganzen Land Bombenanschläge verübten.

Gegenüber dem Hafen gibt es einen Kiosk mit Sonnenhüten, Puppen und Souvenirs. Während Asma eine Mütze mit blinkenden Lämpchen aufprobiert, sehen Hala und ich uns an: Sollen wir's hier noch mal versuchen? Der Verkäufer mustert uns prüfend. »Was ist in den Koffern drin?«

»Kleider«, sagt Hala.

»Bestimmt?«

»Nein, Waffen.« Der Verkäufer lacht, nimmt unser Gepäck und stellt es unter den Tisch. Erleichtert gehen wir zur Fähre.

»Netter Mann«, sage ich.

»Garantiert einer vom *mukhabarat*.«

»Warum verdächtigst du den jetzt gleich wieder?«

»Weil er hier den idealen Beobachtungsposten hat, mit Blick über den ganzen Hafen. Wenn er kein *mukhabarat*-Mann wäre, dürfte er da gar nicht stehen.«

Vielleicht hat sie recht, und ich bin zu naiv. Wie lange wird es noch dauern, bis ich von selbst auf solche Dinge komme? Und wird bis dahin nicht alles so von Lüge und Betrug durchtränkt sein, daß es mich anwidert?

Auf der Fähre sitzt eine Gruppe junger Leute aus Aleppo. Als sie uns französisch reden hören, sprechen sie uns an. Sie haben eine ungezwungene Art des Umgangs, die ich hier sonst nicht gewöhnt bin. »So sind die Leute in Aleppo«, sagt Hala beim Aussteigen, »viel offener als anderswo. Wenn wir mal hinfahren, wirst du's merken.«

Wir wollen eine alte Festung besichtigen, in der während des Zweiten Weltkrieges Gefangene der Franzosen eingesperrt waren. Die Straße ist von kleinen Souvenirläden gesäumt, aber in der Luft wimmelt es von Fliegen, und als ich einen Blick hinter die Läden werfe, sehe ich nichts als Armut. In einem staubigen Gäßchen zieht ein kleiner Junge eine Glasscherbe an einer Schnur hinter sich her. Eine Glasscherbe! Die Souvenirs bilden ein trauriges Sammelsurium: Plastiksandalen, die in kleinen Booten aus dem Libanon ins Land geschmuggelt werden, Hawaii-Hemden. Hala sieht sich nach Bermudashorts für Ahmed um. Seit dem Abend in Banias hat sie nicht mehr von ihm gesprochen, und ich habe sie nicht gedrängt. Ich bin froh um jeden unbeschwerten Moment auf dieser Reise.

In der Festung erzählt eine Kupferplatte von der Geschichte der Insel. Phönizier haben auf Arwad gelebt, und sogar Alexander der Große ist hier an Land gegangen. »Und dann kam die Baath-Partei«, sagt Hala.

»Steht das da?«

»Nein, natürlich nicht.«

Wir sind alle drei froh, als wir am Abend die Lichter von Damaskus auftauchen sehen. Hala kommt sich vor wie ein Schmutzfink. »Gleich alles in die Waschmaschine!« lacht sie. Doch kurz darauf geraten wir in einen Stau. Mitten auf der Straße liegt ein Armeelaster auf der Seite; der Personenwagen, mit dem er kollidiert ist, ist auf die andere Straßenseite geschleudert worden. Durch das *hob-hob*-Fenster sehen wir uns die Szene schweigend an.

III

ALS wir zu Hause das Licht anmachen, flitzen Kakerlaken nach allen Seiten davon. »Schschsch! Schschsch!« Hala stampft zornig mit dem Fuß auf und fuchtelt mit den Armen, um die Obstfliegen zu verjagen, die durch den Flur schweben. Wir reißen alle Türen und Fenster auf, werfen unsere schmutzigen Kleider auf einen Haufen, und bald zischt der Boiler, die Waschmaschine summt, und aus allen Hähnen plätschert Wasser.

Asma liegt in ihrer rosa Wanne und telefoniert, den Duschkopf wie eine Telefonmuschel am Ohr. »*Kiefik tété? Mniha? Alhamdulillah. Wa Salim? Inshallah mnih. Wa Zahra?*« Verblüfft lausche ich diesem perfekten Echo der Gespräche, die Hala mit ihrer Mutter führt. »Wie geht's, Tété? Gut? Gott sei Dank. Und Salim? So Gott will, gut. Und Zahra?«

Hala selbst möchte jetzt noch nicht anrufen. Erst muß das Haus geputzt, geschrubbt, gewischt werden – sie ruht nicht eher, als bis alles blitzt und blinkt. Wir beziehen das Bett frisch und sprühen Insektenspray in alle Ritzen und Spalten. »Immer wenn ich ein paar Tage weg war, ist hier alles voll Ungeziefer«, klagt sie. Einmal, als sie von einer Reise in den Osten zurückkam, lagen im Flur seltsame Flusen auf dem Boden. Wo kamen die her? Im Wohnzimmer fand Hala sie ebenfalls, und die Decke auf dem Bett im Schlafzimmer war regelrecht angefressen. Als Hala sie mit einem Ruck zurückschlug, bot sich ihr ein Anblick, den sie ihr Leben lang nicht vergessen wird: Auf dem Laken lag eine Ratte in einem blutverschmierten Flusennest und brachte unter würgenden Geräuschen Junge zur Welt. Kreischend lief Hala aus dem Zimmer und spürte gerade noch, wie die Ratte an ihren Beinen vorbei in den Flur schoß. Bis Hala den Nachbarn geholt hatte, war sie schon in einem ihrer neuen Stiefel verschwunden. Der Nachbar schlug mit einem Stock so lange darauf ein, bis sie tot war. Am Abend steckte Hala den Stiefel in eine Plastiktüte und warf ihn in den Mülleimer – den anderen hat sie heute noch.

»Wie ist das Biest nur hereingekommen?« frage ich voll Abscheu.

»Keine Ahnung, vielleicht durch die Toilette – ich hatte vergessen, die Tür zuzumachen.« Hala lacht, als sie meine entsetzte Miene sieht. »Aber das passiert mir nicht noch einmal!« Sie hat eine französische Toilette. Wenn sie jetzt für ein paar Tage verreist, deckt sie die Öffnung mit einem Stein ab.

Später am Abend gehe ich in der Nachbarschaft einkaufen. Meine Haut prickelt von dem heißen Bad, meine Haare sind noch feucht, und ich fühle mich leicht euphorisch, als mir bewußt wird, daß nicht nur Hala und Asma nach Hause gekommen sind, sondern auch ich: Inzwischen kenne ich hier die Wege, ich weiß, wo ich um diese Zeit noch Weintrauben, Brot und *labneh* bekomme.

Wie immer stehen die Zigarettenverkäufer an der Straßenecke. Der Junge mit der Lederjacke hat uns mit Koffern und Taschen beladen aus dem Taxi steigen sehen. An die Mauer gelehnt, hat er uns beobachtet, den Kopf leicht zurückgelegt, einen fragenden Blick in den Augen. Als ich jetzt allein an ihm vorbeigehe, weiß ich nicht, wo ich hinschauen soll. Ich schäme mich für meine Verlegenheit. Wie sechzehn komme ich mir vor – ein Mädchen, das Angst hat, man könnte ihr nachpfeifen, gleichzeitig aber hofft, bemerkt zu werden. Was sagt er jetzt, was sagt er? »*J'adore les Françaises!*« Bis seine Worte zu mir durchdringen, stehe ich schon mit klopfendem Herzen vor unserer Tür und breche in ein nervöses Lachen aus. Durch den Vorhang meiner Haare werfe ich einen Blick zum Anfang der Straße zurück: Da steht er, breitbeinig, die Hände in den Taschen, das Gesicht mir zugewandt.

Asma sitzt im Bademantel vor dem Fernseher. Sie hat einen Teller mit einem gebratenen Hühnerbein auf dem Schoß und sieht sich die allwöchentliche Sendung über die innige Freundschaft zwischen Syrien und dem Libanon an. Ich habe meine Schuhe an der Tür mit Schlappen vertauscht, und als ich in die Küche gehe, merke ich, daß ich schon genauso über den Flur schlurfe wie die anderen. Hala sitzt auf dem Bett und schneidet sich die Nägel. Sie ist vergnügt, wie immer, wenn sie gebadet hat und auch alles um sie herum sauber ist.

»Der Prophet sagt, man sollte jeden Tag ein Bad nehmen.« Bedächtig setzt sie ihre Arbeit fort. »Aber er sagt auch, daß man sich abends nicht die Nägel schneiden darf.«

»Warum nicht?«

»Wahrscheinlich haben die sich damals die Nägel mit dem Schwert geschnitten. Stell dir vor, sie hätten das im Dunkeln gemacht – im Nu wäre da ein Zeh oder ein Finger ab gewesen!« Dann erzählt sie von Aisha, Mohammeds Lieblingsfrau, die erst neun Jahre alt war, als er sie heiratete, und zwölf, als er zum ersten Mal mit ihr schlief. Mit dreizehn verbrachte Aisha während eines Feldzuges eine Nacht mit einem jungen Mann in der Wüste. Sie behauptete, die Karawane habe sie dort zurückgelassen, aber niemand glaubte ihr. Ali, der Schwiegersohn des Propheten, forderte Mohammed auf, sie zu verstoßen, doch Mohammed liebte Aisha so sehr, daß er ihr die vermeintliche Untreue verzieh. So begann der Konflikt mit Ali, der den Islam in zwei Richtungen spaltete.

Ich muß lachen. Der Prophet hat vor dreizehn Jahrhunderten gelebt! Hala spricht von der Sache, als wäre sie gestern passiert. In dem italienischen Fischrestaurant in Latakia hatte sie, als der Wein gebracht wurde, gefragt: »Hat Jesus nicht gesagt, Wein sei gut für den Menschen?« Ich hielt es zwar für möglich, daß er so etwas gesagt hatte, aber genau wußte ich es nicht. Mit dem Glauben ist bei mir auch die

Überlieferung verlorengegangen. Ich käme nie auf die Idee, jemandem eine Geschichte aus dem Leben Jesu zu erzählen. Mit einem Seufzer hat Hala sich erhoben. »Jetzt rufe ich meine Mutter an.« Tété, Salim, Shirin, Zahra – alle kommen ans Telefon, und als Hala endlich aufgelegt hat, rufen sie gleich wieder an, weil sie noch alles mögliche vergessen haben. Hala muß sich Vorwürfe anhören, weil sie so lange weggeblieben ist, aber zum Glück waren wir rechtzeitg vor Ablauf der Bedenkzeit wegen Salims Heiratsantrag wieder da. Morgen kommt Nihal, die entfernte Kusine, mit ihrer Mutter zu Besuch.

Salim ist böse, weil wir mit dem *hob-hob* gefahren sind. Warum wir nicht gewartet hätten, er habe gerade ein Auto gemietet! Shirin kündigt an, daß ihr geheimnisvoller Freund morgen auch da sein wird. Lachend legt Hala auf. »Die sind alle neidisch, weil ich mit dir weggefahren bin! Sie sagen, es ist, als wäre mein Mann wieder zu Hause.« Morgen wird sie sich gleich an die Arbeit machen, denn jetzt muß Tétés Haus für den Besuch auf Hochglanz gebracht werden. Leichte Panik erfaßt mich: Und ich, was soll ich so lange machen? Bei einer so heiklen Familienzusammenkunft bin ich bestimmt nicht willkommen. Doch Hala lacht mich aus. »Du bist natürlich auch eingeladen. Du bist doch mein Mann!«

Am nächsten Tag fühle ich mich fiebrig und elend. Eine Darminfektion, konstatiert Hala. »Was habe ich dir gesagt? Das kommt davon, wenn man auswärts ißt.« Auch Asma fühlt sich nicht wohl. Zwei Tage, prophezeit Hala, dann haben wir's überstanden. Salim kommt uns abholen, er will im Suq neue Beistelltischchen für Tétés Wohnzimmer kaufen und dazu Plastikdecken zum Schutz vor Schmutzfingern.

Den bevorstehenden Besuch erwähnt er nicht, er redet nur von dem Mann, mit dem Shirin plötzlich daherkommt. Er möchte, daß sie diesen Monat noch heiratet.

»Warum so schnell?« frage ich Hala.

»Weil Salim dann bei der Hochzeit dabeisein kann.« Das Ausreisevisum für Katar hat er immer noch nicht bekommen, und inzwischen hat er es auch nicht mehr so eilig.

Ich kaufe mir ein paar glitzernde Slipper, die ich bei Tété tragen will. Protzige Dinger sind es, aber Hala mustert sie zufrieden: Ich könnte damit ohne weiteres zu einer Hochzeit, meint sie. Zu Hause sitzt Tété schmollend auf dem Sofa. Wieso wir so lange bräuchten, um ein paar Beistelltischchen zu kaufen! Die Böden stehen unter Wasser, im Eßzimmer sind die Stühle auf den Tisch gestellt, und Shirin läuft, mit Eimer und Scheuerlappen bewaffnet, im Unterkleid herum. Sie streicht sich eine Locke aus dem Gesicht und blinzelt verschwörerisch in Tétés Richtung. »Achtung, Gewitter«, flüstert sie, »nicht zu nahe kommen.«

Hala zuckt die Schultern. Ihre Mutter sei wie ein Kind, seufzt sie, wenn sie nicht genug Aufmerksamkeit bekomme, sei sie beleidigt. In den ersten Monaten ihrer Ehe hat Hala fortwährend geträumt, ihre Mutter stünde zwischen ihr und Ahmed.

Shirin schiebt mich resolut nach draußen. »Dich können wir hier im Moment nicht gebrauchen.« Selbst unter dem Zitronenbaum im Garten ist es glühend heiß. Die Zweige biegen sich unter dem Gewicht der grünen Früchte – bald wird Tété sie einmachen und kandieren. Ich sinke in einen Gartenstuhl, nehme die Zeitungen, die ich heute morgen gekauft habe, lege die Füße auf den Tisch und döse ein.

Nach dem Essen schlafe ich in Tétés Zimmer von neuem ein, so als hätte ich eine Flasche Whisky getrunken, und wache erst wieder auf, als es draußen schon dämmert. Der Besuch kann jeden Moment kommen, aber Tété ist noch im Morgenrock, und niemand weiß, wo Salim steckt. Hala beschwert sich: Das ganze Haus glänzt, und ihre Mutter läßt Zigarettenasche auf den Boden fallen, als wäre sie im Garten!

»Du mußt gerade reden!« blafft Tété sie an. »Wärst du nicht so lange in Latakia geblieben, dann hättest du jetzt nicht so zu hetzen brauchen!«

Zahra steht unschlüssig vor dem Kleiderschrank. Sie hat eine schöne gelbe Bluse, aber keine dazu passenden Schuhe. Ein Paar nach dem anderen zieht sie an, läuft ins Wohnzimmer und dreht eine Runde, aber nichts gefällt ihr.

Im erleuchteten Garten sitzt Shirin mit einem Mann, den ich noch nie gesehen habe. Als Asma mich hinauslugen sieht, schiebt sie mich scherzhaft auf die beiden zu. Verlegen stellt Shirin mir Farid vor, einen etwa dreißigjährigen Mann in einer beigen Sommerhose und einem hellen T-Shirt. Er spricht weder Englisch noch Französisch, erklärt sie, während er mir mit einem breiten Grinsen die Hand drückt. Dann setzt er sich breitbeinig wieder hin, legt den Arm um Shirin und klimpert mit seinen Schlüsseln. Shirin sieht mich erwartungsvoll an. »Und, wie findest du ihn?« fragen ihre Augen, aber ich tue so, als hätte ich es nicht gemerkt. Er ist der Typ, den die Frauen hier mögen: kräftig gebaut, dunkelblondes Haar, grüne Augen.

Inzwischen ist Tétés Kusine mit ihren beiden Töchtern eingetroffen. Onkel Jassim und seine Söhne sind auch dabei, und das Zimmer ist von Stille und einfältig lächelnden Gesichtern erfüllt. »*Ahlan, wa sahlan* – willkommen, willkommen«, sagt Tété feierlich – Worte, mit denen sie an diesem Abend noch so manches unbehagliche Schweigen überbrükken wird. Sie hat sich immer noch nicht umgezogen. Und wo bleibt Salim?

Das frische junge Mädchen mit dem kurzen Haar muß Nihal sein. Sie ist achtzehn und trägt eine weiße Hose und eine Bluse mit einem Anker darauf. Ihre Augen funkeln wie Sterne, und ihre Wangen sind hochrot vor Aufregung. Sie tut mir leid. Salims Haar lichtet sich schon, was soll sie mit einem Mann in seinem Alter? Doch ihre Mutter, eine arme Witwe, die ihr Leben lang hart gearbeitet hat, um ihren Töchtern eine gute Ausbildung zu ermöglichen, freut sich bestimmt über die gute Partie.

In der Küche stellt Hala hohe Gläser auf ein Tablett. »Hast du ihn gesehen?« zischt sie mir zu.

»Wen?«
»Farid?«
»Ja.«
»Wie der lacht!« Sie verzieht den Mund zu einer dümmlichen Grimasse. Ich muß lachen, doch ihre Heftigkeit erschreckt mich.
»Ein Leibwächter!«
»Wieso?«
»Der ist Alawit, hast du das nicht gemerkt? Er sieht genauso aus wie die Wärter in Ahmeds Gefängnis.« Wütend gießt sie Zitronensaft in die Gläser.
»Nun warte doch erst mal ab«, beschwichtige ich, »du gibst ihm ja gar keine Chance. Vielleicht ist er nett zu Shirin.«
»Pfff ... ein Alawit! Der kann sich freuen, daß er eine Damaszenerin kriegt!« Er komme aus einfachen Verhältnissen, das habe sie sofort gemerkt. Ob ich die Schlüssel gesehen hätte, mit denen er klimpert? Sie frage sich, wozu die gehörten, denn ein Auto habe er nicht und ein Haus ebensowenig. Wie er sich beim Hereinkommen umgesehen habe! Als wäre er in einem Palast gelandet.
»Freu dich doch! Zur Abwechslung mal ein Alawit ohne Geld.«
»Der ist zu dumm zum Geldverdienen.« Hala drückt mir eine Melone und ein Messer in die Hand und zeigt auf eine leere Schüssel. Als ich fertig bin, fordert sie mich grimmig auf, noch eine weitere Melone aufzuschneiden. »Die Schüssel muß randvoll sein, das weißt du doch. Nicht nur, weil wir so gern essen, sondern auch um zu zeigen, daß wir nicht geizig sind.«
Sie ist wütend auf Shirin. Wie Shirin es wagen könne, einen Alawiten ins Haus zu bringen, während Ahmed im Gefängnis sitzt! »Jetzt können wir nicht mal mehr zu Hause offen reden. Vielleicht ist er sogar beim *mukhabarat*!« Sie faucht wie eine Katze, doch als Tété nach ihr ruft, fährt sie sich hastig über die erhitzten Wangen, ergreift das Tablett mit den Gläsern, bedeutet mir, die Melonenschüssel zu nehmen, und

geht ins Wohnzimmer voraus. »Na, fabelhaft«, brummt sie, als sie sieht, daß alle in den Garten gegangen sind. »Ich mach das ganze Haus sauber, wir kaufen extra Beistelltischchen, und die gehen nach draußen!«

Unter dem Zitronenbaum sitzen alle beisammen, ausgenommen Tété, die mit dem Gartenschlauch Blumen und Sträucher wässert. Ihr Morgenrock ist aufgegangen und enthüllt ein Unterkleid, das sich stramm über ihren Bauch spannt. Salim kommt mit baumelnder Herrenhandtasche angeschlendert, als hätte er mit alldem nichts zu tun.

Asma führt ihre neuen Sachen vor, wie immer, wenn sie befangen ist. Sie hat die Mütze mit den Blinklichtern auf, die wir im Hafen von Tartus gekauft haben, und am Bund ihrer Shorts klemmt ihr roter Walkman. Nacheinander trinkt sie ein Glas Milch und eine Dose Cola aus und flegelt sich dann mit dem Schokoladenriegel, den sie sich heute nachmittag gekauft hat, in einen Sessel.

Onkel Jassims Söhne, die wie Schildwachen rechts und links von ihm sitzen, verfolgen jede ihrer Bewegungen, sagen aber nichts. Onkel Jassim, der Bruder von Nihals verstorbenem Vater, ist heute als Nihals Beschützer mitgekommen. Shirins Romanze mit Farid, die er unaufgefordert mitgeliefert bekommt, wird wohl, nachdem er Shirin monatelang den Hof gemacht hat, kein ungeteiltes Vergnügen für ihn sein.

Hala läuft unentwegt zwischen Küche und Garten hin und her. »Sie essen nichts«, flüstert sie mir im Vorbeigehen zu. »Ein schlechtes Zeichen.« Für Salim hofft sie, daß Nihal ja sagen wird, aber sie tut ihr auch leid. Sie ist ein hübsches Mädchen, wer weiß, vielleicht liebt jemand sie, oder sie ist selbst in jemanden verliebt.

Neben mir sitzt Nihals ältere Schwester, die an der Universität Englisch studiert. Ihr Englisch ist nicht schlecht, aber unser Gespräch kommt nur mühsam in Gang. Anscheinend ist sie gewohnt zu schweigen; sie beantwortet meine Fragen, ohne mich dabei anzusehen, und schaut dann wieder gleichgültig zu Boden. Ja, sie hat Shakespeare gelesen. Als ich wissen will, wie sie ihn im Vergleich zu arabischen Schriftstellern findet, sagt sie: »Ich weiß nicht, wir vergleichen nicht, wir nehmen nur englische Literatur durch.«

»Aber wenn du arabische Bücher gelesen hast, kannst du doch selbst einen Vergleich ziehen?«

»Nein, ich lese nicht, um zu vergleichen, sondern um Englisch zu lernen.« Was soll ich da noch sagen? Hala hatte mich gewarnt: Das Niveau an der Universität sei in den letzten Jahren stark gesunken. Alles auswendig lernen, ist das Motto, über nichts nachdenken. Als ein Bekannter von Hala, ein Kunstgeschichtsdozent, kürzlich ein Dia von einem Kleidungsstück zeigte und dessen Kragen mit einem Mao-Kragen verglich, sahen die Studenten ihn verständnislos an. Ein Mao-Kragen? Nie gehört. Er erklärte ihnen, daß der Kragen nach Mao benannt sei, und erlebte die nächste Überraschung: Sie wußten nicht, wer Mao war. Als er das Gemälde einer nackten Frau an die Wand projizierte, erhob sich im Hörsaal empörtes Gemurmel. Es kam aus der Ecke der Fundamentalisten. Seitdem hat er keine Aktgemälde mehr zu zeigen gewagt.

Inzwischen tropft der ganze Garten, aber Tété ist verschwunden. Im Laubwerk ist eine wilde Balgerei im Gange. »Katzen auf Brautschau«, lacht Shirin. Bisher habe ich sie meist als Aschenputtel durchs Haus schlurfen sehen, aber jetzt trägt sie Ohrringe, die so schwer sein müssen wie die Zitronen an dem Baum, und eine kindliche Fröhlichkeit umgibt sie. Fahrids Familie kommt aus Qirdaha, dem Heimatort des Präsidenten, wie sie stolz verkündet. »Das ist nicht irgendein Dorf, das ist die zweitwichtigste Stadt Syriens!« Hoffentlich hat Hala das nicht gehört, denke ich erschrocken. Weiß Shirin denn nicht, was ihre Schwester von alldem hält, ist sie wirklich so naiv? Doch gleich darauf flüstert sie mir ins Ohr: »Farid ist nicht wie die anderen Alawiten, er ist ziemlich sentimental, genau wie ich.«

»*Ahlan wa sahlan!*« Tété kommt in einem blaugrauen Satinkleid aus dem Haus, ein theatralisches Lächeln auf dem Gesicht. Sie duftet nach dem Bad, das sie genommen hat, und ihre Lippen sind dunkelviolett nachgezogen. Sie schreitet von Gast zu Gast und legt Pflaumen, Birnen, Pfirsiche und Melonenstücke auf die Teller. »*Tsalla, tsalla*«, sagt sie. Hala sieht mich an und lacht. »*Tsalla*« heißt wörtlich »Amüsier dich«, die traditionelle Aufforderung, sich zu bedienen, wenn man Gästen Süßigkeiten und Obst serviert. »Hast du das gehört? Wir essen, um uns zu amüsieren.«

Seit Salim da ist, sind alle entspannter. Er ist der Mann im Haus, und er hat viel zu erzählen, denn er wohnt weit weg. Auf seine übliche verworrene Manier redet er von Katar. Alle Golf-Araber sind sich darin einig, daß Katar das langweiligste Land der Welt ist, aber davon sagt Salim nichts. Er spricht über den Suq von Dauha, wo das Gemüse billiger sei als in Damaskus, und er berichtet, daß man in Katar das Zehnfache verdiene. Er beschreibt die phantastischen Straßen, die die Regierung gebaut habe und die ein bequemes Reisen von Stadt zu Stadt ermöglichen. Ich äußere mich nicht dazu. Katar ist winzig klein, in ein paar Stunden ist man durch, und gesehen hat man dann nicht viel mehr als eine Menge Sand, denn das ganze Land ist Wüste.

Nihals Mutter schält einen Apfel – was Hala einen vielsagenden Blick entlockt – und schildert das Leben, das sie seit dem Tod ihres Mannes mit ihren Töchtern führt: Am liebsten hielten sie sich zu Hause auf, alle drei seien sie froh, wenn sie abends die Tür hinter sich zumachen könnten. Das ist eine versteckte Botschaft an Salim, klärt Hala mich später in der Küche auf. Nihals Mutter will damit deutlich machen, daß ihre Tochter behütet aufgewachsen ist, daß sie nicht ausgeht, keinen Kontakt mit Männern hat. Vielleicht hat Nihal doch keinen Freund?

Mitunter strahlt Nihal Salim an und lacht über seine Witze, dann schaut sie wieder gedankenverloren vor sich hin. Erst denke ich, sie wird ja sagen, im nächsten Moment sieht es eher nach einem Nein aus. Salim seinerseits wirft ihr verstohlene Blicke zu, die sie tief erröten lassen. Wie unterschiedlich sie einander ansehen. Nihal mustert ihn mit unverhohlener Neugier, wie ein Spielzeug, das plötzlich in Reichweite gerückt ist. Sein Blick dagegen ist sehr viel distanzierter. Sie ist eine Figur in dem Szenarium, das er für seine Zukunft geplant hat und zu dem auch ein Auto und ein Haus gehören. Vorläufig wird er in Dauha bleiben, um Geld zu verdienen, aber irgendwann hofft er nach Damaskus zurückzukehren und hier eine Stelle zu finden, am liebsten bei einer ausländischen Firma.

Jetzt versucht er Nihals Blick festzuhalten, was sie so verwirrt, daß sie Asma auf ihren Schoß zieht, sie an sich drückt und ihr etwas zuflüstert. Sie trägt drei weiße Plastikarmbänder und schwarze Ohrringe. »Wenn sie ja sagt, muß Salim ihr als erstes was zum Anziehen kaufen«, sagt Hala in der Küche. »Das ist jetzt schon das dritte Mal, daß ich sie in denselben Sachen sehe.«

Zahra ist die einzige, die kaum darauf achtet, was um sie herum vorgeht. Die schwarzen Schuhe hat sie nur widerstrebend angezogen, und den ganzen Abend versteckt sie die Füße unter ihrem Stuhl. Manchmal sagt sie etwas, oder sie ruft in klagendem Ton den Namen eines der Anwesenden, weil sie dem Tempo der Unterhaltung nicht folgen kann. Aber niemand beachtet sie – wie zu Hause, wo wir bei solchen Gelegenheiten auch Hildeke vergessen, die dann anfängt, mit wiegendem Oberkörper vor sich hin zu lachen und zu plappern. Zahra dagegen sitzt in unbeobachteten Momenten kerzengerade, zwischen den Augenbrauen eine steile Falte – wie ein Polizist. Ich kann mir plötzlich gut vorstellen, daß sie bei Asmas Geburt aus purer Unbeholfenheit zu grob an Halas Beinen gezerrt hat.

Als Hala und ich mit dem Kaffee aus der Küche kommen, hat Salim sich neben Nihal gesetzt. Tété sieht ihn über den Tisch hinweg liebevoll an. Das blaugraue Kleid steht ihr gut, und ihre Laune ist, nachdem sie ein Bad genommen hat, beträchtlich gestiegen. Hat Nihal ihr Jawort schon gegeben?

Asma kommt und verkündet, daß *Layal al-Halmiyye* angefangen hat. Tété bittet den Besuch, zum Fernsehen zu bleiben, aber die drei Frauen meinen, es seit Zeit aufzubrechen, und Onkel Jassim bietet ihnen seine Begleitung an. Ich habe erwartet, daß Tété sofort losschnattern wird, nachdem sie gegangen sind, aber nichts dergleichen geschieht. Sie sieht fern, und auch Salims Miene verrät keinerlei Gemütsbewegung.

Ali, die sympathische Hauptfigur in *Layal al-Halmiyye,* ist im Gefängnis Moslembruder geworden. Kurz nach seiner Freilassung verkündet Sadat im Fernsehen den Abschluß des Camp-David-Abkommens. Dokumentaraufnahmen werden gezeigt, die Tété ein mißbilligendes Zischen entlocken, während Hala sich eine Träne wegwischt. Asma reagiert ebenso erschrocken wie neulich im Kino: »Mama, Mama, was hast du denn?«

Zahra fragt, ob wir über Nacht bleiben, aber Hala schüttelt entschieden den Kopf, und sobald die Folge zu Ende ist, packt sie ihre Sachen. Tété, noch ganz Gastgeberin, bringt uns zur Tür. Sie drückt ihr Augenlid an meine Stirn, um zu fühlen, ob ich noch Fieber habe, und erklärt streng, ich müsse ins Bett.

»Und?« frage ich, als wir draußen sind.

»Alles in bester Butter«, sagt Hala. »Nihal hat ja gesagt. Aber ihre Mutter will, daß sie sich erst noch besser kennenlernen.« Sie seufzt. »Das bedeutet jede Menge Besuche und Gegenbesuche. Mach dich auf was gefaßt!«

Und tatsächlich: Die Besuche, Debatten und Telefonate nehmen kein Ende. Salim besteht darauf, daß Shirin ihre Hochzeit im Ingenieursclub feiert, dem er angehört, doch Shirim will überhaupt keine Feier. Das tragische Ende ihrer früheren Beziehung – ihr Freund hatte Hals über Kopf eine reiche Frau geheiratet – hat ihrem Selbstvertrauen einen schweren Schlag versetzt. Jetzt hat sie sich mit Haut und Haaren auf

Farid gestürzt und würde ihn am liebsten vor der ganzen Welt verstecken. Die beiden haben sich vor einem Jahr bei einem Englischkurs kennengelernt. »Englisch! Hast du Farid auch nur ein Wort Englisch sprechen hören?« spottet Hala. Sie hat recht. Selbst einfache Ausdrücke wie *»good evening«* versteht er nicht.

Farid hat irgendeinen obskuren Posten in einem staatlichen Betrieb. Hala kann sich nicht vorstellen, was er dort treibt, es sei denn, er spioniert. »Du müßtest ihn mal hören. Der bringt keinen einzigen grammatikalisch korrekten Satz zustande.« Die *mukhabarat*-Leute, denen sie in den Betrieben begegnete, seien genauso dumm, höhnt sie. Sie könnten nicht einmal ihren Namen buchstabieren, brächten es aber in Null Komma nichts zum Abteilungsleiter. Sie stünden zwischen den Arbeitern und dem Management und telefonierten den ganzen Tag mit anderen Abteilungsleitern. Farid aber habe nicht einmal genug Grips, um sich zu einer solchen Position hochzuarbeiten.

Seit er offiziell in die Familie eingeführt ist, verbringt Farid seine Nachmittage auf dem Sofa in Tétés Wohnzimmer, einen Arm um Shirin gelegt, auf dem Gesicht ein starres, allzu breites Lächeln. Wahrscheinlich weiß er nicht recht, wie er sich verhalten soll, aber Hala ist auf dem Kriegspfad und zeigt keinerlei Verständnis. Als im Fernsehen über ein Treffen Assads mit König Hussein berichtet wird, sieht Farid mit ausdrucksloser Miene auf den Bildschirm und sagt nach einigem Zögern: »*Siasa* – Politik.«

»*Siasa!*« äfft Hala ihn in der Küche nach. »Der redet wie ein Waschweib!« Assad nennt er zu ihrem Ärger konstant den »Herrn Präsidenten«. Gestern ist er mit Shirin am Grab ihres Vaters gewesen. Er hatte Hala gefragt, ob sie mitkommen wolle – was der sich einbilde! Dann hat er auch noch vorgeschlagen, Asma für ein paar Tage mit nach Qirdaha zu nehmen. »Der will nur demonstrieren, daß ihm seine zukünftige Verwandtschaft voll und ganz vertraut!« Sie denkt gar nicht daran, ihre Tochter mitfahren zu lassen.

Auch Salim ist nicht gerade erfreut darüber, einen Alawiten in die Familie zu bekommen. Assad habe eine demographische Offensive gegen die Damaszener gestartet, sagt er. Er wolle, daß sich möglichst viele Alawiten in der Hauptstadt niederlassen, um ihn bei Ausbruch eines Aufstandes zu unterstützen. Aber auch Salim will sich Shirins Heirat nicht in den Weg stellen; er weiß ebensogut wie die anderen, daß sie mit ihren fünfunddreißig Jahren nicht mehr wählerisch sein kann.

Shirin verbringt jetzt viel Zeit mit Einkäufen, und eines Tages begleite ich sie. Wir sehen uns Stoffe an, bummeln stundenlang durch den überdachen Goldsuq und bleiben vor jeder Auslage stehen, so daß mir abends im Bett goldene Anhänger und Filigranohrringe vor den Augen tanzen. Shirin lacht geheimnisvoll, als ich sie nach ihrer Zukunft mit Farid frage. »*I'm going to swim in the sea of honey*«, sagt sie. Ich kann mir vorstellen, daß sie froh wäre, aus Tétés Haus wegzukommen, aber wo soll sie hin? Farid wohnt in einem Elendsviertel am Stadtrand, und mit seinem Gehalt werden sie nicht so leicht etwas anderes finden. Laut Hala vertraut Farid darauf, daß Shirim dieses Problem lösen wird. Vielleicht hat er auch gar nichts dagegen, bei Tété einzuziehen, das Haus ist schließlich groß genug. Auch der Name Wadi al-Nakhla ist schon gefallen, aber dagegen werde sie sich mit Zähnen und Klauen wehren, ruft Hala. Sie schaudert bei dem Gedanken, was passieren würde, wenn man ihrer Mutter ihren Traum nehmen würde.

Über all dem Trubel um Shirin rückt das zarte Band zwischen Salim und Nihal fast in den Hintergrund. Die Sache sei auch nicht so dringend, meint Hala, denn Salim habe nicht vor, sofort zu heiraten. Aber die gegenseitigen Besuche haben begonnen, und Salim besteht darauf, daß Hala ihn begleitet, wenn er mit Tété zu Nihal geht. Ihr graut jedesmal davor, und sie fordert mich nie auf mitzukommen – schlimm genug, daß sie selbst sich opfern müsse, versichert sie mir. Sie hat mit diesem Zweig der Familie nie viel Kontakt gehabt, und jetzt weiß sie auch, warum. Die Stille in diesem Haus! Niemand hat irgendwelchen Gesprächsstoff, und wenn Hala nicht wäre und stundenlang reden würde – sie wüßte nicht, was Salim und Tété tun würden! Kürzlich haben Salim und Nihal sich auf den Balkon zurückgezogen, und währenddessen saßen sich ihre Mütter im Zimmer gegenüber und kämpften gegen den Schlaf an.

»Das sind Baathisten«, sagt Hala, als sie eines Abends nach Hause kommt, »die Mutter und die Töchter auch.« Von der Mutter wußte sie es schon, sie war ihr während des Studiums einmal in einem baathistischen Ausbildungslager begegnet, in dem sie eine Studie durchführte. Nihals Mutter war dort die ganze Zeit hinter der Frau des Lagerleiters hergelaufen und hatte gar nicht verstanden, weshalb Hala nicht genauso tief von ihr beeindruckt war wie sie.

Hala seufzt. »Was setzen wir uns da ins Nest! Eine Baathistin und einen Alawiten! Wenn das mein Vater wüßte, er würde sich im Grab umdrehen.« Jahrelang hat die Familie solche Einflüsse von sich fernhalten können, aber jetzt scheint der Damm zu brechen.

Als ich Salim und Nihal das nächste Mal bei Tété sehe, merke ich, daß ihre Beziehung Fortschritte gemacht hat. Salim hält Nihals Blick jetzt über lange Zeit fest, und später am Abend sitzen die beiden nebeneinander auf dem Sofa, und er berührt ihren Arm, was ihr das Blut in die Wangen treibt.

Wie lange ist es her, daß Salim verkündet hat, er suche eine Frau? Vier Wochen? Wie irreal und unheilvoll war mir eine solche Verbindung damals erschienen. Jetzt aber ertappe ich mich dabei, daß ich sie gar nicht mehr so befremdlich finde und ihr Gedeihen sogar mit einiger Neugier verfolge. Auch Hala hat sich mit dem Gang der Dinge abgefunden. Nihal ist von ihrer Mutter offensichtlich auf eine Vernunftehe mit einem Mann wie Salim vorbereitet worden. Sie möchte wissen, wo sie wohnen wird und wie hoch der Brautpreis ist, den Salim zu zahlen beabsichtigt. Ein Haus, ein Auto, finanzielle Sicherheit – das sind wichtige Dinge in ihrem Leben.

Doch auf Salim selbst ist Hala nicht gut zu sprechen. Er sei so konservativ geworden, findet sie. Einmal hat sie gehört, wie er Nihal fragte, ob sie manchmal einen Badeanzug trage. »Ja, in der Schule«, antwortete Nihal verlegen. »Sehen dich die Lehrer darin?« Das schien ihm ganz und gar nicht zu gefallen. Der eigene Bruder! So etwas hätte er früher nie gesagt.

Vor ein paar Tagen hat er Hala kritisiert: »Ich versteh nicht, daß du Asma einfach so mit Jungen spielen läßt, du kannst dir doch denken, wohin das führt.« Eines Morgens, als Hala nicht zu Hause ist, kommt er Asma abholen. Er wirft einen mißbilligenden Blick auf mein ärmelloses Hemd und sagt schroff: »Ein Glück, daß meine Schwester ihre Tochter nicht allein gelassen hat, so etwas ist hier nicht üblich.«

»Was geht ihn das an?« murrt Hala, als ich ihr davon erzähle.

»So denken die Leute in Dauha eben.«

»Deswegen braucht *er* doch nicht so zu denken!« An den Golfstaaten hat sie wegen ihrer kapitalistischen Tendenzen und ihrer pro-amerikanischen Haltung viel auszusetzen, aber daß Salim durch seine Arbeit dort indirekt einen Teil der Familie ernährt, scheint sie nicht zu stören. Im Gegenteil: Manchmal überlegt sie, ob sie nicht selbst an den Golf gehen soll, um dort zu arbeiten. Begreift sie nicht, daß Salims Aufenthalt in Katar sich auch auf seine Mentalität auswirkt? Ich habe das bei arabischen Gastarbeitern in den Golfstaaten so oft gesehen: Mit der Zeit wird es für sie zum Statussymbol, daß ihre Frauen wie die der Golf-Araber zu Hause bleiben.

»Ihr schaut auf die Golf-Araber herab, aber gegen ihr Geld habt ihr nichts einzuwenden«, sage ich.

Hala mag solche unverblümten Äußerungen nicht. »Wenn eine Frau häßlich und einäugig, aber ein guter Mensch ist«, sagt sie, »dann sagst du ihr doch auch nicht auf den Kopf zu, wie häßlich sie sei. Erstmal sagst du ihr, daß sie ein gutes Herz hat.«

Aber viel Zeit, uns über solche Dinge zu ereifern, haben wir nicht. Die Frau von Ahmeds Bruder Raschid ist hochschwanger. Der Arzt rät zur Entbindung im Krankenhaus, denn das Kind liegt falsch. Ahmeds Mutter aber vertraut darauf, daß mit Gottes Hilfe alles gutgehen wird, und läßt die Hebamme kommen. Mitten in den Wehen müssen sie in höchster Eile doch noch ins Krankenhaus und das Kind kommt per Kaiserschnitt zur Welt.

Raschids Frau soll die ersten Tage strikt fasten, doch als Hala sie besucht, ist Raschid da und füttert sie mit *sfiha*, einem schweren Gericht aus Brot, Hackfleisch und Zwiebeln. Ahmeds zuckerkranke Mutter ißt ebenfalls davon. Auf dem Nachttisch steht eine riesige Schüssel *baklawa*, ein extrem süßes Gebäck mit Walnüssen und Pistazien. »Schade, daß du nicht dabei warst«, schmunzelt Hala, die inzwischen weiß, wie mich die ständige Esserei anwidert.

Vor einiger Zeit lag Ahmeds Mutter nach einer Operation im selben Krankenhaus. In jedem Zimmer steht ein Extrabett für Verwandte, die sich um die Kranken kümmern. Den lieben langen Tag saßen Besucher darauf und baumelten mit den Beinen. Eines Nachmittags zeigte Ahmeds Vater auf die Sauerstoffmaske, die über dem Bett hing: »Was ist denn das?«

»Frische Luft«, sagte Raschid und zog die Maske herab. »Wer will einen kleinen Spaziergang machen?« Die Maske ging von Hand zu Hand, alle wollten sie ausprobieren, und immer mehr Neugierige kamen herbei. Einige Wochen nachdem Ahmeds Mutter entlassen worden war, kam die Rechnung. Der Sauerstoff, den sie in aller Unschuld verbraucht hatten, kostete fünfmal soviel wie die Operation. »Sie leben in der Stadt«, lacht Hala, »aber Städter sind sie nicht.«

Doch gleich darauf wird sie wieder ernst. Sie muß Hemden bügeln, denn morgen geht sie zu Ahmed. Salim bringt sie hin, und diesmal darf ich mit, bis ans Gefängnistor.

Außer Kleidern und zwei Kilo Zucker nimmt Hala auch einen Stapel Bücher zum Thema Theater mit. Seit sie sich dafür interessiert, möchte auch Ahmed soviel wie möglich darüber lesen. »Er will mehr darüber wissen als ich, damit er mich übertrumpfen kann«, sagt sie und packt die Bücher resigniert in eine Tasche.

Ab und zu bekommt er eine Publikation von ihr in die Hände. »Sehr gut, aber du solltest Roger Garaudy lesen«, sagt er dann beispielsweise. Immer dieser bevormundende Ton! Wenn er die Theaterbücher gelesen hat, wird er ihr wieder mit der einen oder anderen Empfehlung kommen – etwa daß sie Stanislawski lesen müsse, das sei der beste Theoretiker. Aber sie hat ihre Wahl schon getroffen, sie weiß, was sie interessiert. Sie liebt das absurde Theater – Genet, Ionesco, Beckett. *Warten auf Godot* findet sie großartig, von der ersten bis zur letzten Zeile. »Ich habe meine Ideen in der Praxis überprüft, er nicht, und darum beneidet er mich«, sagt sie matt.

Ich finde, sie urteilt zu hart über Ahmed; unwillkürlich tut er mir leid. Warum gönnt sie ihm nicht den mühsamen Versuch, sie aus dem Gefängnis heraus zu beeinflussen? Aber andererseits verstehe ich sie auch. Nach all den Jahren des Alleinseins ist sie nicht mehr bereit, seine Einmischungen hinzunehmen.

»Was wäre passiert, wenn er damals nicht eingesperrt worden wäre?« habe ich sie einmal gefragt.

»Er hätte mich kaputtgemacht«, erwiderte sie, ohne zu zögern. »Er konnte es nicht ertragen, daß ich gut bin, daß ich Erfolg habe.«

Salim kommt eine Viertelstunde zu spät, und Asma ist immer noch nicht fertig. »Dieses Getrödel nimmt allmählich bedenkliche Formen an«, sagt Hala. Salim steht mit unbeteiligter Miene in der Tür. Sooft ich ihn auch sehe – er bleibt mir ein Rätsel. Immer wieder staune ich über den Kontrast zwischen Halas Klarheit und seiner Unbestimmtheit. Im Auto sitze ich neben ihm. Hinten schläft Asma auf Halas

Schoß sofort ein. Der dichte Verkehr auf dem Weg zum Gefängnis macht Salim fuchsteufelswild. »Syrien ist ein sinkendes Schiff«, wettert er, »nicht nur, was den Verkehr betrifft.«

»Was meinst du, in welchem Land der arabischen Welt ist es besser?« Ich habe diese Frage auch Ghassan in Latakia gestellt und mir vorgenommen, es öfter zu tun.

Salim denkt lange nach. Ich versuche seinen Gedanken zu folgen. In Ägypten oder vielleicht in Tunesien?

»In Katar, denke ich.«

»In Katar! Aber das ist doch gar kein richtiges Land!«

Angestrengt überlegt er weiter, als handelte es sich um eine Prüfungsfrage. »Da fällt mir doch wieder nur Syrien ein.« Ich gebe es auf. Syrien und Katar, andere Länder kennt er nicht.

Wir sind in eine Sandpiste eingebogen. Da ist das ärmliche kleine Dorf, das wir vom *hob-hob* aus gesehen haben, in einer farblosen Landschaft aus Staub und Steinen, die von der Straße teilweise durch eine Mauer getrennt ist. »Ein Lepradorf«, sagt Hala. Ein Stück weiter liegt das Palästinenserlager, das 1972 nach dem Anschlag auf die israelischen Athleten bei den Olympischen Spielen in München bombardiert wurde. Hala spricht gedämpft – die Gefängnisstimmung hat sie erfaßt.

»Hier hat man wohl alle Ausgestoßenen zusammengesteckt«, sage ich.

»Oh, das ist noch längst nicht alles. Hinter dem Gefängnis ist ein Irrenhaus. Salim wird es dir nachher zeigen.« Nicht lange nachdem Ahmed hierher verlegt worden war, ist sie einmal dort gewesen. Sie wollte seine neue Umgebung erkunden. »Es war im Winter, alle Fensterscheiben waren zerbrochen, und in den Räumen war es eiskalt. Die Pfleger haben mir versichert, die Irren würden keinen Unterschied zwischen warm und kalt spüren, aber das hab ich ihnen nicht geglaubt. Bestimmt hatten sie das Heizöl verschwinden lassen. Es hätte keinen Sinn, neue Scheiben einzusetzen, haben sie behauptet, die Patienten würden sie doch wieder einwerfen.«

Salim ist in einen Seitenweg eingebogen. *Damascus Prison* steht über dem eisernen Tor, auf das neben der syrischen Flagge eine große Taube aufgemalt ist. Auf der Innenseite des Tores, sagt Hala, traben zwei Pferde der Freiheit entgegen. Am Eingang stehen Besucher in Gruppen beisammen. Die meisten sind Frauen und Kinder, alle mit Taschen bepackt. Ein Taxifahrer sitzt wartend auf einem Badetuch im Schatten seines Wagens.

Hala und Asma steuern auf eine Frau zu, die uns aus der Entfernung zulächelt. »Ahmeds Mutter«, sagt Salim. Ich hätte sie in ihrem braunen Regenmantel und dem Kopftuch nicht wiedererkannt, ebensowenig wie die beiden Mädchen in den schwarzen *abayas* neben ihr.

Salim und ich bleiben am Auto stehen. Es ist, als würde uns eine unsichtbare Wand von den anderen trennen. Nur Asma kommt noch einmal zurück, um die Blinklichtermütze zu holen, die sie ihrem Vater zeigen will.

Besuchernamen werden aufgerufen. Das Tor öffnet sich und gibt den Blick auf eine Baumreihe und mehrere niedrige Gebäude frei. In einem davon sitzt Ahmed. Näher werde ich ihm nicht kommen. Hala geht mit schnellen Schritten hinein, und Asma folgt ihr – zwei kleine, ängstliche Gestalten.

Die ummauerte Anstalt, an der Salim und ich dann vorbeifahren, wirkt völlig verwahrlost. Unkraut wächst hoch oben auf den Mauern, und was dahinter in der Sonne flimmert, sieht aus wie eine Ruine. »Unser *Kuckucksnest*«, sagt Salim, der sich an seinen freien Abenden in Dauha wahrscheinlich häufig Videofilme ansieht. Auf arabisch heißen Verrückte *asfiyya*, sagt er, von *asfur* – kleine Vögel, in ihrem Kopf.

Die Luft ist voller Staub, die Hügel in der Ferne verschwinden im Dunst. Es ist, als hätte die Sonne, die heute morgen in Damaskus so strahlend geschienen hat, in dieser Landschaft keine Kraft. Wir passieren Zementwerke und Ziegeleien, eine Schule für palästinensische Waisenkinder, einen Lagerplatz mit militärischen Gütern, einen Autofriedhof. Mit Sand beladene Lastwagen fahren vorbei, eine Schafherde überquert die Straße. Eine entnervende Gegend, und Salims Nähe ist nicht weniger entnervend. Er verbreitet sich über die Raserei auf den Straßen und springt von einem Thema zum anderen, als würden die Gedanken in seinem Kopf wild durcheinanderwirbeln.

Gerade haben wir einen verrosteten Wegweiser nach Bagdad passiert, ein leeres Versprechen, denn die Grenze am Ende der Straße ist geschlossen. »Saddam hat aus den Arabern die Indianer dieser Welt gemacht«, sagt Salim kryptisch. Er meint wohl, daß Saddam den Amerikanern einen Vorwand geliefert hat, die Iraker wie Indianer abzuschlachten. In Katar hat Salim den Golfkrieg auf CNN verfolgt und ist eines Tages unversehens in eine Sendung über San Francisco geraten, in der die Stadt das »Mekka der Homosexuellen« genannt wurde. »Das Mekka der Homosexuellen! In Mekka dürfen auch normale Menschen nicht miteinander ins Bett, wenn sie nicht verheiratet sind!«

»Aber so ist das doch nicht gemeint, das ist ein Ausdruck, der bedeutet ... «

»Mir egal! Was denken die Amerikaner eigentlich – daß wir alle Barbaren sind? Die haben überhaupt keinen Respekt vor uns.« Und daran, sagt er, sei unter anderem Saddam Hussein schuld.

Ich bin froh, als wir zum Gefängnis zurückfahren, wo vor dem grauen Tor zwei Pünktchen auf uns warten.

Schweigend steigen Hala und Asma ein. Beide haben geweint. »Ich erzähl's dir gleich«, flüstert Hala, als ich sie fragend ansehe. Asma schmiegt sich an sie, eine Plastiktüte mit Schokolade in der einen Hand, die Mütze in der anderen. Salim sagt nichts.

Zu Hause verziehe ich mich ins Schlafzimmer. Im Wohnzimmer redet Hala auf die schluchzende Asma ein. Das Essen verläuft schweigend. Asma wirft Hala warnende Blicke zu; sie darf mir unter keinen Umständen verraten, was im Gefängnis vorgefallen ist. Zum ersten Mal fühle ich mich in diesem Haus als Eindringling und wünsche, es gebe einen Ort, an den ich mich in solchen Augenblicken zurückziehen kann.

Doch nach dem Essen kommt eine Freundin von Asma vorbei, und nach kurzem Zögern läuft Asma mit ihr auf die Straße hinaus, den Fußball unterm Arm, um den Hals ihre Trillerpfeife. Schweigend räumen Hala und ich den Tisch ab. In der Küche stößt sie ein so abgrundtiefes »Ufff!« aus, daß wir beide lachen müssen. Ich lege den Arm um sie. »Was war denn los?«

»Wir hatten eine schreckliche Szene.« Ahmeds Familie weiß seit einiger Zeit über ihre Eheprobleme Bescheid. Eines der Mädchen, die Ahmeds Mutter heute morgen begleitet haben, war eine unverheiratete Kusine, die Ahmeds Mutter ursprünglich als Frau für Ahmed vorgesehen hatte. Die Botschaft war deutlich: Sollte Hala sich scheiden lassen, steht schon Ersatz bereit.

Anfangs hielt Hala sich im Hintergrund, während Ahmed mit seiner Mutter und seinen Kusinen redete. Asma stand in der Nähe und hörte, wie er zu seiner Mutter sagte, Asma dürfe nicht bei Hala bleiben, falls ihm im Gefängnis etwas zustoßen sollte. Als Asma ihrer Mutter davon erzählte, brach Hala in Tränen aus und lief, von Asma gefolgt, hinaus. Ahmeds Mutter holte die beiden zurück und hielt sich für den Rest der Besuchszeit abseits. Anfangs überschütteten Ahmed und Hala sich gegenseitig mit Vorwürfen, aber bald weinten sie alle drei. Ich versuche mir den Aufruhr vorzustellen, den diese Szene im Besucherraum des Gefängnisses hervorgerufen haben muß. »War dir das nicht peinlich, vor all den Leuten zu weinen?«

Hala sieht mich mitleidig an. »Da wird so viel geweint, das interessiert keinen mehr.«

Unter Tränen hat Ahmed sie angefleht, bei ihm zu bleiben: »Du zerbrichst mich, wenn du mich verläßt!«

»Du bist doch kein Gewehr, das man mittendurch brechen kann«, hielt sie ihm entgegen. »Vielleicht würde es dir sogar guttun. Es würde dich menschlicher machen.«

Wir sind ins Schlafzimmer umgezogen, wo es um diese Tageszeit am kühlsten ist. Als wir einen Moment schweigen, höre ich draußen auf der Straße Asmas Trillerpfeife. »Also habt ihr die ganze Zeit nur gestritten und geweint? Und so habt ihr ihn dann zurückgelassen?«

»Nein, nein, am Schluß hatten wir uns wieder beruhigt und haben über alles mögliche geredet.« Asma hat von dem Zeltplatz in Banias erzählt, Ahmed hat gefragt, ob sie *Layal al-Halmiyye* gesehen und bei der Szene, als Ali ins Gefängnis kommt, an ihn gedacht hätten. »Er wird allmählich kindisch«, seufzt Hala. Einmal hob sie ihren nackten Arm, und er spähte ihr mit funkelnden Augen in die Achselhöhle. Er fragte sie, ob sie ihn noch liebe. »Was sollte ich sagen? Ich krieg das Wort nicht mehr über die Lippen. Ich hab's probiert, aber es geht nicht.«

Als sie wieder draußen waren, beruhigte Ahmeds Mutter sie. Sie hätten in der Familie über Asma gesprochen und beschlossen, sie bei Hala zu lassen, solange Ahmed im Gefängnis sei. Für Ahmed hätten sie eine Wohnung gekauft, in die er nach seiner Freilassung sofort einziehen könne.

Wieder seufzt Hala. Seit Ahmed im Gefängnis sitzt, hat er viel mehr Kontakt mit seiner Familie als früher. Als sie ihn geheiratet hat, waren seine Leute arm, aber inzwischen sind sie ziemlich reich geworden, und in den vergangenen elf Jahren hat er regelmäßig Geld von ihnen bekommen. Nach seiner Freilassung könnte das zum Problem werden, fürchtet Hala: Er ist von ihnen abhängig geworden. Wenn sie mit ihm allein ist, versucht Hala das Thema manchmal anzuschneiden, aber er sagt immer nur, seine Familie sei das wahre Volk, von ihr habe er nichts zu befürchten. Hala schüttelt besorgt den Kopf. »Die und das wahre Volk! Ein Sumpf ist das, der dich hinunterzieht. Sie stellen sich dir in den Weg, um ihr eigenes Leben zu führen – du kannst sie nicht ändern, sie ändern *dich*.«

Und jetzt haben sie ihm auch noch eine Wohnung gekauft. Als seine Mutter ihr die Straße nannte, ist Hala erschrocken. Es ist ein geschlossenes Viertel: Die Frauen kommen nicht ohne Kopfbedeckung hinaus, die Kinder spielen nicht auf der Straße. Je länger sie darüber nachdenkt, desto unmöglicher erscheint es ihr, je wieder mit Ahmed zusammenzuleben. Soll sie aus Mitleid mit ihm schlafen, wenn er freikommt? Wäre das nicht Prostitution? »Hoffentlich bist du noch da, wenn er entlassen wird«, sagt sie leise, »damit du mir helfen kannst.«

Asmas helle Stimme im Innenhof weckt uns. Hala spitzt die Ohren. »Sie redet mit sich selbst«, flüstert sie. Asma hat ein Bild an ihre Tafel gemalt, ein Haus mit einem Ziegeldach, wie man es hier nirgends sieht, mit rauchendem Schornstein und Vorhängen an den Fenstern. Der Kummer von heute morgen scheint vergessen. Sie zieht mich mit ins Wohnzimmer, wo ein Geschenk von Ahmed für mich liegt: ein Anhänger aus Palmharz mit der Moschee von Jerusalem auf der einen und einer Palme auf der anderen Seite – Hala hatte ihm erzählt, daß ich in Afrika gewesen bin. Für Asma hat er einen Anhänger aus den zwei Hälften eines Pfirsichkerns gemacht, auf deren Innenseite sichelförmig angeordnet in kunstvoller Schrift drei Namen stehen. »Das sind wir drei«, sagt Hala traurig, »verloren in einem Boot auf dem Meer schaukelnd.«

Die Pralinen, die Asma bekommen hat, versprechen auf dem bunten Einwickelpapier Frucht- und Nußfüllung, doch die ersten beiden, die ich aufmache, haben überhaupt keine Füllung und schmecken genau gleich. Befremdet forsche ich weiter und probiere nacheinander Walnuß, Kirsch und Haselnuß, habe aber durchweg nur den bittern Geschmack reiner Schokolade im Mund.

Als wir am Abend einen Spaziergang machen, hängt Asma sich an Halas Arm. Sie will wissen, wo sie hinsoll, wenn Hala stirbt. Zu Ahmeds Familie will sie nicht, zu Tété auch nicht. Ob Hala einen Brief schreiben könne, in dem steht, daß sie zu Onkel Salim möchte?

»Woran so ein Kind alles denkt«, sage ich und streiche ihr übers Haar. Sie lacht mich an, schmiegt sich an Hala und sagt: »*Ana wa mama* – ich und Mama«, Worte, die sie in den folgenden Tagen noch oft wiederholt und nach der Melodie von Fayruz' neuestem Hit *Kiefak enta* sogar singt.

In der Nacht träumt Hala von ihrem Vater. Er sitzt über einen Brief gebeugt, den er für sie schreiben muß. Was darin steht, weiß sie nicht, nur daß es nichts mit Ahmed zu tun hat. »Ich brauche ihn«, sagt sie, »er hätte gewußt, was ich tun soll.«

Tété ruft an. Morgen abend kommt Farids Familie aus Qirdaha zur Verlobungsfeier, und es werden noch Stühle gebraucht. Hala überlegt. Im Innenhof stehen fünf alte Stühle, soll sie die neu herrichten lassen? Sie sind von Spinnweben überzogen und in einem beklagenswerten Zustand, doch wenig später hat Hala sie saubergeschrubbt, und ein kleiner Mann aus der Nachbarschaft holt sie ab, mit dem Versprechen, sie bis zum Abend neu zu beziehen.

Als wir bei Einbruch der Dunkelheit in die Werkstatt kommen, rührt sich dort nichts. Im Halbdunkel entdecken wir schließlich den Mann vom Vormittag. Er kniet auf dem Boden und verabfolgt einem stöhnenden dicken Mann, der sein Chef sein muß, eine kräftige Rückenmassage. Die Stühle stehen unberührt in der Ecke.

Am Nachmittag des nächsten Tages halten wir ein kleines Suzuki-Taxi mit offener Ladefläche an und bringen die fünf Stühle zu Tété. Der dunkelbraune Kunstlederbezug ist an der Unterseite des Sitzes angetackert – Hala ist hocherfreut.

Shirin liegt mit dem Kopf voller Lockenwickler schmollend in ihrem Zimmer. Sie hat eine medizinische Creme benutzt, und jetzt hat sie einen Ausschlag im Gesicht. Als Hala hört, daß sie am Abend ein geliehenes weißes Kleid anziehen will, wird sie böse. »Ein weißes Kleid! Das ist doch keine

Hochzeit! Du darfst dich nicht so an Farid klammern, du weißt doch noch gar nicht, ob seine Familie dich überhaupt will.«

In der Küche dreht Tété Fleisch für die *kibbe* durch, Fleischbällchen mit Weizenschrot. Ihre Beine sind beängstigend angeschwollen. »Selber schuld«, murrt Hala, »was geht sie auch zu Fuß zum Schneider, um ihr neues Kleid anzuprobieren.« Kilometerweit ist sie gelaufen, um das Geld für das Taxi zu sparen. Als ich sie umarme, legt sie ihren verschwitzten Kopf an meine Schulter. »Kannst du mich nicht mit nach Holland nehmen? Hier lassen mich alle im Stich!« Gleich darauf aber ruft sie aus, ihre Kinder würden wie die Kletten an ihr kleben, sie sei froh, wenn sie endlich verheiratet seien und sie, Tété, die Tür hinter sich zumachen könne. Auch Wadi al-Nakhla taucht kurz in ihrem Klagelied auf.

Hala läßt alles über sich ergehen. »Meine Mutter ist wie die Regierung hier«, sagt sie. »Sie behauptet, sie tut alles für uns, aber in Wirklichkeit tun wir alles für sie.«

Bei Tisch hat Tété keinen Hunger. Sie schiebt ihren Teller weg: Wie sie essen solle, jetzt, da Salim und Shirin sie verließen? Verzagt läßt sie den Kopf auf die Arme sinken und fängt an zu weinen. »Wenn Zahra und ich allein zurückbleiben, wozu lebe ich dann überhaupt noch? Ich will sterben, ich will zu meinem Mann!«

Salim zieht einen Stapel arabischer Brote unter ihrem Kopf hervor. »Dann kommst du in die Hölle«, sagt er kühl.

»Schäm dich«, weist Hala ihn zurecht. Jeder weiß, daß Salim keinen Respekt vor seinem Vater hatte.

Zahra sitzt beklommen auf der anderen Seite des Tisches. Auch sie fürchtet die Zeit, wenn Salim und Shirin nicht mehr da sind, denn dann wird sich Tétés ganzer Groll allein über ihrem Haupt entladen.

Hala und Shirin warten schweigend, bis die Szene vorbei ist. Tété trocknet ihre Tränen, zieht ihren Teller wieder heran, bricht ein Stück Brot ab und beginnt von den öltriefenden rohen *kibbe* zu essen. Hala zwinkert mir zu. Auf dem

Weg zu dem Geschäft, wo wir vier Kilo Eis kaufen sollen, platzt sie los: »Hast du das mitgekriegt? Manchmal komm ich mir vor wie unter lauter Behinderten. Und um alle muß ich mich kümmern.« Vor allem Zahra tut ihr leid. Nach dem Essen hat ihre Schwester sie besorgt gefragt, was aus ihr werden solle, wenn Tété stirbt. Ich muß lachen. Shirin heiratet und alles redet vom Sterben!

»Und was hast du geantwortet?«

»Daß ich sie dann zu mir nehme.«

»Im Ernst?«

»Ja, natürlich, wo soll sie denn sonst hin?«

Ich denke an zu Hause und frage mich, was passiert wäre, wenn ich geblieben wäre. Dann wäre auch ich immer wieder in den Strudel familiärer Emotionen hineingezogen worden. Aber will Hala es überhaupt anders? Ist es nicht der einfachste Weg, ihrem Leben einen Sinn zu geben? Das perfekte Alibi auch, um sich nicht ernsthaft mit anderen Dingen beschäftigen zu müssen? Solche ketzerischen Gedanken spuken mir schon seit einer Weile im Kopf herum.

»Manche Leute brauchen einfach Probleme«, sage ich, »und in der Familie findet man immer welche.«

»Und wenn es nicht die Familie ist, die Probleme macht, dann ist es der Staat oder der Beruf.« Zornig trippelt sie neben mir her und hält nach dem Eisladen Ausschau, den ihr jemand empfohlen hat. »Sogar in der Wüste hätte man hier Probleme! Dann lieber gleich in der Familie.«

Sie hat recht, denke ich zerknirscht. An wen sollte sie sich wenden, wenn sie sich von ihrer Familie lossagen würde? Im Libanon hätte sie sich vielleicht ein eigenes Leben aufbauen können, oder in Frankreich. Aber eben deshalb bin ich ja gekommen: weil sie nicht weggegangen ist. Wie kann ich ihr das jetzt zum Vorwurf machen?

Ich selbst habe mich zwar von meiner Familie gelöst, aber habe ich nicht teuer dafür bezahlt? Seit wir aus Latakia zurück sind, träume ich wieder von Bomma. Wahrscheinlich kommt das von Tété, von der Art, wie Hala mit ihr umgeht, den widerstreitenden Gefühlen, die sie in mir hervorruft.

Ich war neunzehn, als ich nach Amerika ging. Bomma hatte sich meiner angenommen, als ich klein war, ich hatte mich um sie gekümmert, als ich größer wurde, und jetzt flog ich aus, und sie blieb wie ein flügellahmer Vogel zurück. Als sie ins Krankenhaus kam, machte sie alle Türen auf: Sie suchte das Büro meines Vaters. Beim Abschied begleitete sie mich bis ans Ende des Flurs. Wir weinten beide. Sie steckte mir noch etwas Lakritze für unterwegs zu. Wie unbesonnen, wie leichtfertig war ich in diesem Augenblick! Ich glaubte, sie würde auf mich warten, ich wußte noch so wenig von der Vergänglichkeit der Dinge. Ein Dreivierteljahr später starb sie. Als mich die Nachricht in Amerika erreichte, war sie schon unter der Erde.

Aber in meinen Träumen ist sie nicht tot. Ich höre sie in dem Raum hinter der Küche Kohlen schaufeln, ich gehe durch ihr Haus und sehe, daß sie neue Möbel gekauft hat, zierliche Sessel, auf die ich mich nicht setzen darf, ein kleines Sofa aus Kristall, dem Kristall der Zuckerdose. Immer bin ich mir der Endlichkeit unseres Zusammenseins bewußt, und immer geht von ihr etwas Vorwurfsvolles aus. Es ist eine Traurigkeit, die ich überall mit mir herumtrage, die jeden Moment wieder aufbrechen kann und die ich mit meinem übrigen Leben nicht in Einklang zu bringen vermag.

Hala und ich reden nicht über solche Dinge. Ich wüßte nicht, wie ich einen Kummer mit ihr teilen sollte, der im Vergleich zu ihren Problemen so gering ist. Wie lange hat es in ihrem Leben keinen Mann gegeben, und wie kurze Zeit liegt der Tod ihres Vaters zurück. Aber nachts scheinen wir aufeinander zuzugehen. Während ich in meinen Träumen Bomma wieder zum Leben erwecke, begräbt Hala immer aufs neue Tété.

Am Abend ist alles anders, so als hätte ein neuer Akt des Theaterstücks begonnen. Aus dem Chaos ist etwas Festliches entstanden, eine Illusion von Harmonie. Das Haus ist spiegelblank, Hala hat neue Schuhe für Zahra gekauft, Tété schreitet in einem blauen Kleid durch die Räume und weint vor Rührung über die Blumen, die ich ihr mitgebracht habe. Sie würde mir ja auch gern etwas schenken, sagt sie, wenn ich nur nicht so weit weg wohnen würde. Die Blumen verschwinden samt Folie und allem Drum und Dran in einer Vase ohne Wasser, wo sie ein ruhmloses Ende nehmen werden.

Shirins langes Haar liegt glatt am Kopf und läuft in spraystarren Locken aus. Sie trägt ein glänzendes grün-schwarzes Kleid mit breiten Schulterpolstern und einem durchscheinenden schwarzen Vorhang vor dem Dekolleté. Das kleine Persönchen in dem großen Kleid – ein eindrucksvoller Anblick.

Ein entfernter Vetter bringt eine Stereoanlage, Salim holt den Ventilator aus Tétés Zimmer, und Halas frühere Schulfreundin Noura hilft in der Küche. Die Haustür, die sonst immer einen Spaltbreit offensteht, ist geschlossen. Als es klingelt, flüchtet sich Shirin kreischend in ihr Zimmer.

Gleich darauf ist das Wohnzimmer voller Menschen. Sie tauschen Höflichkeitsfloskeln aus und nicken einander aufmunternd zu. Farids Eltern merkt man das Unbehagen der Landbewohner an, die gerade erst in der Stadt angekommen sind. Ihre anderen Kinder wohnen ebenfalls in Damaskus, sind aber mit Alawiten verheiratet. Nach meinem Eindruck betrachten sie das Abenteuer, in das ihr Sohn sich da gestürzt hat, mit einiger Zurückhaltung.

Farids Vater in seinem cremefarbenen Anzug und den weißen Schuhen und Socken sieht aus wie die Alawiten, die Hala mir beschrieben hat. Farids Mutter mustert Shirin aus den Augenwinkeln, wirft aber auch mir, dem ausländischen Gast, neugierige Blicke zu. »Sie interessiert sich brennend für dich«, flüstert Shirin mir zu, als sie mit dem Johannisbeersaft vorbeikommt.

Tété hat mich mit theatralischen Worten als Familienmitglied vorgestellt, und so fühle ich mich an diesem Abend auch. Als die Augen von Farids Mutter an zwei häßlichen Löchern in der Wand hängenbleiben, verfluche ich Salim insgeheim, weil er unbedingt das Bücherbord tiefer setzen mußte. Auch als der Standventilator wie eine Sonnenblume einknickt, ein Vorfall, der bei den Gästen unbändiges Gelächter hervorruft, fühle ich mich sofort verantwortlich. Der alte, rostige Ventilator, der daraufhin herbeigeholt wird, brummt wie ein aufsteigendes Flugzeug.

Für Hala ist es kein einfacher Abend. Am Nachmittag hat sie gestöhnt, sie würde am liebsten verschwinden und mit mir ins Kino gehen, aber als ältester Tochter fällt ihr eine besondere Rolle zu: Sie muß dafür sorgen, daß sich alle wohl fühlen. Sie trägt ein rotgeblümtes Kleid und hat sich die Augen ummalt und die Lippen grellrot nachgezogen. An ihr blondgefärbtes Haar habe ich mich inzwischen gewöhnt, aber so, wie sie jetzt aussieht, ist sie mir wieder fremd. Der Lippenstift läßt ihren Mund größer erscheinen und verleiht ihr ein ähnliches dramatisches Aussehen wie Shirin.

Bald setzt Hala sich neben Farids Mutter, bald neben seine Schwester und seinen Schwager. Sie unterhält sich so angeregt mit ihnen wie mit dem Busfahrer im *hob-hob* nach Banias. Alles scheint ganz in Ordnung, doch als wir uns in der Küche treffen, funkeln ihre Augen unheilverkündend. »Das sind Rifat-Anhänger!« zischt sie mir zu. Farids Schwager hat ihr erzählt, daß er als Sergeant in Rifats Armee gedient hat, und Farids Bruder hat Rifats persönlichem Ordnungsdienst angehört. »Alles Leibwächter!« Sie haben noch Kontakt zu Rifat, bekommen regelmäßig die Zeitschrift, die er in Paris herausgibt, und hoffen auf seine Rückkehr. Hala sieht mich trotzig an. »Wenn die für Rifat sind, dann bin ich für den anderen, das ist ja wohl klar.«

Farids Schwester hat sie gefragt, warum sie nur ein Kind hat. »Tja«, antwortete Hala, aber die Schwester drängte weiter: ob sie keinen Sohn wolle oder ob sie geschieden sei? Da sagte Hala: »Nein, mein Mann ist politischer Gefangener.«

Hala lacht böse. »Die hat vielleicht einen Schreck gekriegt!« Sie hat das arabische Eis aus dem Kühlschrank genommen und schneidet dicke Scheiben davon ab. Ich lege sie auf Schälchen und stecke Mandelplätzchen hinein.

Aus dem Wohnzimmer sind freudige Rufe und Applaus zu hören. Farids Mutter hat die Schächtelchen ausgepackt, die sie mitgebracht hat. Stück um Stück legt Shirin die goldenen Ringe und Armreife an, die Farid ihr gekauft hat. Mit Tränen in den Augen drückt Farids Mutter ihre zukünftige Schwiegertochter an sich, während Noura in schrille *youyou*-Schreie ausbricht.

Noura hat heute schon eine Verabredung mit einem neuen Freund gehabt, den sie in einer Moschee aufgegabelt hat. Die Spannung dieser Begegnung ist ihr noch anzumerken. Das Tuch, das normalerweise ihren Kopf bedeckt, ist herabgeglitten. Beim Reden spielt sie damit, windet es um die Finger, hält es sich scheinbar verlegen vors Gesicht – Verführungskünste, die sie den Schauspielerinnen in ägyptischen Filmen abgeschaut hat. Die Männer aus Farids Familie sind dafür nicht unempfänglich. Sie werfen ihr verstohlene Blicke zu und lachen, wenn sie eine zweideutige Bemerkung macht.

Nach dem Eis wird Musik gespielt. Farids Schwester tanzt durchs Zimmer und schleift die widerstrebende Shirin mit, die anderen klatschen in die Hände. Noura stößt einen erschrockenen Schrei aus, als jemand sie vom Sofa hochziehen will. Auch Asma hat sich verlegen in eine Ecke verkrochen. Tété sitzt regungslos auf dem Sofa, zwischen den Fingern eine Zigarette, auf den Lippen ein Lächeln. Es will keine rechte Stimmung aufkommen. Als Farids Schwester aufgehört hat zu tanzen, sitzen im ohrenbetäubenden Lärm der Musik alle wieder verloren da.

Jetzt steht Hala auf. Sie tritt zu Noura, nimmt ihr das Tuch aus den Händen und schlingt es sich um die Hüften.

Dann sieht sie sich um, wirft den Kopf zurück und beginnt zu tanzen. Armeschwenkend und hüftenschwingend dreht sie sich, von Rufen und Klatschen angespornt, im Kreis, und ihre Wangen werden immer röter. Ich klatsche unbehaglich mit. Es rührt und bedrückt mich zugleich, wie sie sich diesem Familienritual unterwirft – ich wäre nicht dazu imstande, ich habe so etwas verlernt. Einen Moment lang begegnen sich unsere Blicke. Mir klopft das Herz bis zum Hals, und in meinen Augen kribbeln Tränen. Ich sehe sie vor mir, wie sie in Bagdad getanzt hat, vor zwölf Jahren, in einem Saal voller Kronleuchter und Spiegel: ein zierliches, graziöses Mädchen. Wie wenig wußte ich damals von ihr.

In der Nacht träume ich wieder von Bomma. In ihrem Haus findet ein Fest statt. Ich nehme nicht daran teil, sehe aber von ferne zu. Luftschlangen hängen von der Decke, und Bommas Brüder sind vollzählig erschienen. Sie stehen in ihren Soutanen um sie herum: der Onkel aus Kongo, der Onkel aus Brasilien, Onkel Phil und sogar der verstorbene Onkel Gerard, den ich nie kennengelernt habe. Bomma sieht jung aus mit ihrem hochgesteckten Haar und den vollen Wangen. Sie lacht, sie braucht mich nicht, sie ist auch ohne mich glücklich. Und ich? Ich bin ungefähr sieben Jahre alt und laufe auf sie zu, umklammere ihre Beine, drücke mein Gesicht in ihren Schoß und weine. Sie sagt, das sei der Preis für das Leben, für das ich mich entschieden hätte: ich würde nie wieder dazugehören, ich hätte sie verloren. Ich weine so bitterlich, daß ich aufwache.

Hala liegt im Bett und starrt an die Decke, als ich mit dem Kaffee ins Zimmer komme. Sie ist niedergeschlagen, als hätte sie die Bedeutung des gestrigen Abends erst jetzt erfaßt. Sie hat einen schlechten Traum gehabt, an den sie sich nicht mehr erinnern kann. »Meine Familie ist wie ein Fußball ins Dorf des Präsidenten gerollt«, sagt sie. Ihre Augen zeigen noch Spuren von Wimperntusche, und ihre Lippen sind hellrosa. Neben ihr schläft Asma, in einem Meer von Kissen versunken.

»Hast du gesehen, wie Farids dicker Schwager sich bei Tété umgeschaut hat?« flüstert Hala. »Als ob er im Lager des Feindes gelandet wäre! Ein typischer Sergeant: dick, dumm und aufgeblasen.«

»Aber Farids Eltern waren doch ganz sympathisch«, sage ich vorsichtig.

»Ja, die scheinen ganz in Ordnung zu sein.« Farids Vater hatte erzählt, wie er einmal bei einem früheren Besuch in Damaskus einen Offizier in ein Restaurant eingeladen hatte. Sechshundert Pfund hatte er berappen müssen, er war zu Tode erschrocken. »Reich sind die jedenfalls nicht«, sagt Hala. »Sechshundert Pfund, das finde nicht mal ich zuviel.« Das Problem sei, daß viele Alawiten um sie herum reich geworden seien. Vor allem Farid benehme sich, als sei ihm die Welt etwas schuldig.

Über Shirin hat Hala sich den ganzen Abend geärgert; sie rede schon wie Farid. Shirin hat mit einem blinden Onkel geprahlt, der einmal von Assad persönlich empfangen worden ist. Auch sie selbst hat den Präsidenten schon zweimal gesehen, als er den Betrieb besichtigte, in dem sie arbeitet.

Farid hatte Hala beim Abschied zum Spaß an den Haaren gezogen, und sie hatte sich irritiert abgewandt. »Wenn der einen mag, wird er grob«, sagt sie mißmutig. »Irgendwann bringt er meine Schwester noch um!«

Wir müssen los, denn Tété hat Farids Familie zum Mittagessen eingeladen. Als wir ankommen, ist der Eßtisch bereits ins Wohnzimmer gebracht worden, und eine Aushilfe läuft mit Schüsseln voll Fleisch und Salat hin und her. Es war Salims Idee: Einmal wenigstens wollte er seiner Mutter die Mühe des Kochens ersparen.

Tété, Shirin und Zahra sind vollauf mit ihrer Toilette beschäftigt, und auch Hala verschwindet in Tétés Zimmer, um sich zurechtzumachen. Ich bleibe allein im Wohnzimmer zurück. Als ich zum ersten Mal hier war, glich das Haus einer farblosen Kulisse, in der eine Mutter unter der Fotografie ihres verstorbenen Mannes saß und ihre Kinder tyrannisierte. Wer hätte gedacht, daß dieser Raum noch einmal vor Leben summen würde, daß jemand darin tanzen, daß ein festlich gedeckter Tisch darin stehen würde?

Farids Eltern betreten das Haus wie alte Bekannte. Der Vater hat eine Videokassette mitgebracht, die beim Essen abgespielt wird: ein Auftritt der ägyptischen Sängerin Samira Tawfiq. Farid und seine Brüder sehen sich das Video mit strahlenden Augen an. Tété schaut höflich mit, und auch Hala hat ihre wohlwollende Miene aufgesetzt, aber unter dem Tisch stößt sie mich an: Samira erfreut sich unter Armeeangehörigen besonderer Beliebtheit.

Jetzt erscheint eine Bauchtänzerin auf dem Bildschirm. Salim, der neben mir sitzt, schluckt. Der Bauchtanz sei keine arabische Tradition, er komme aus der Türkei, merkt er an. Auch der Auftritt der libanesischen Madonna, einer üppigen Dame mit einer Federboa und einem langen, bis zum Gesäß geschlitzten grünen Glitzerkleid, scheint ihm ganz und gar nicht zu behagen. Ich muß insgeheim lachen. Bei den Alawiten sind die Sitten lockerer als bei den Sunniten – einer der Gründe, weshalb sie den Westen oft auf ihrer Seite haben: Islamischen Fundamentalismus werden die Alawiten bestimmt nicht propagieren. Viele Sunniten aber bezichtigen sie der Zügellosigkeit, und es kursieren Gerüchte über die Anhänger des alawitischen Wundertäters Suleiman al-Murshid, auf deren Festen sich ganze Dörfer animistischen Ritualen und Orgien hingegeben haben sollen.

Shirin legt mit den Fingern große Stücke *kebab* und *kifta* – Fleischbällchen aus Lammfleisch – auf die Teller. Farids Mutter bekommt so viel, daß sie protestiert und einen Teil auf die Platte zurückschiebt, was zu einem kleinen Handgemenge zwischen ihr und Shirin führt. Farids Mutter gewinnt. Ich nehme mir vor, bei nächster Gelegenheit ihrem Beispiel zu folgen.

Gegen zwei Uhr machen Farids Eltern Anstalten aufzubrechen. Der Bus nach Qirdaha geht in einer Stunde. »Aber die Haltestelle ist doch ganz in der Nähe!« ruft Salim. »In fünf Minuten seid ihr dort!« Als sie trotzdem aufstehen, drücken Tété und Shirin sie auf ihre Stühle zurück, wo sie wie Geiseln sitzen bleiben und beklommen auf die Uhr sehen, überzeugt, daß sie den Bus verpassen werden.

Hala rümpft die Nase, als Tété am Abend die Reste des Mittagessens auf den Tisch stellt. »Komm, wir gehen irgendwo essen«, flüstert sie mir zu. Wir lassen Asma bei Tété und schlüpfen hinaus.

Tétés Haus liegt in einem der besseren Viertel von Damaskus. Diplomatenfrauen machen hier in Begleitung ihrer Dienstmädchen aus Sri Lanka Einkäufe, man hört englische und französische Gesprächsfetzen. In den Geschäften bekommt man alles, vom französischen Champagner über tropische Früchte bis hin zu belgischen Pralinen. Die syrischen Kunden sind sichtlich wohlhabend. Auch Hala kauft hier manchmal ein, wenn sie in Zeitnot ist, erschrickt aber jedesmal über die Preise.

»Gehen wir durch den Park?« schlägt sie vor. Die Laternen dort verbreiten zartgelbes Licht. Kinder drängen sich um den Kugelbauch einer Popcornmaschine, Mädchen in Kleidern wie für Puppen spielen im Gras, ein alter Mann sammelt leere Flaschen und alten Kram in einen ramponierten Kinderwagen. Auf einer Bank sitzt eine Gruppe verschleierter Frauen. Sie knabbern *bizr* – ein kompliziertes Unterfangen, da sie für jeden Happen erst den Schleier lüften müssen. In der Ferne blinken die roten Lichter des Ladens, in dem Asma sich immer ihre Milka-Riegel kauft.

Wir essen auf der Terrasse eines Restaurants im amerikanischen Stil – viel Hähnchenkeulen und Schnitzel, Pommes frites und Krautsalat. Ringsum herrscht reger Betrieb. Gäste stehen plaudernd am Eingang, junge Männer fahren in offenen Sportwagen langsam vorbei und beäugen die Mädchen auf der Terrasse. Am Nebentisch sitzen vier gutgekleidete Syrerinnen, und zu meiner Freude stelle ich fest, daß Hala sie gekonnt belauscht. »Sie reden über Lacoste-Kleider«, flüstert sie mir zu. »Das sei nichts mehr, das trägt heute jeder.« Alle vier machen Diät. Eine berichtet stolz, daß sie den ganzen Tag erst eine einzige Banane gegessen habe, eine andere hat einen Becher Joghurt zu vermelden. Hala lacht. »Tja, das ist eben ein Reicheleuteviertel!«

Keine von uns beiden hat Lust, zu Tété zurückzugehen. »Wollen wir noch was trinken, im Café des Al-Sham-Hotels?« Ich bin erst einmal dort gewesen. *Café Brésil, le rendez-vous de l'élite intellectuelle*, steht auf der Speisekarte. An einigen Tischen saßen Männer und schrieben, wie in den Kairoer Cafés, aber es waren auch Golf-Araber da, die sich mit leeren Blicken umsahen.

Hamid, dessen Buchhandlung ein paar Straßen weiter liegt, hatte sich über die Golf-Araber in dieser Gegend beklagt. Manchmal kaufen sie eine Zeitung bei ihm und fragen ihn ganz nebenbei, ob er ihnen nicht eine Frau besorgen könne. Als ob jeder Syrer ein Zuhälter wäre! Eines Tages wurde es ihm zuviel, und er sagte zu einem Saudi: »Eine Syrerin kann ich Ihnen nicht besorgen, aber saudische Frauen gibt's hier genug, und die sind so scharf drauf, daß sie's gratis machen.«

Arrogant findet Hamid die Golf-Araber – die Art, wie sie ein Bündel Banknoten aus ihren blütenreinen Gewändern ziehen, um eine Zeitung zu bezahlen! Ich selbst ertappe mich manchmal dabei, daß ich sie ein bißchen mitleidig betrachte. Zu Hause beziehen sie ihre Würde aus dem Ölreichtum, der ihnen in den Schoß gefallen ist, und aus den hohen Positionen, die sie innehaben. Hier aber sind sie den Tücken des Sextourismus ausgeliefert, und das gibt ihnen etwas Ängstliches, Verschrecktes.

Es kostet einige Mühe, Hala zu überreden. Wir kommen an Hamids Buchhandlung vorbei, und ich werfe einen Blick hinein, aber Hamid ist nicht da. Im Café Brésil studiert Hala argwöhnisch die Speisekarte.

»Was ist los?«

»Hundert Pfund für ein Glas Orangensaft! Da vergeht mir schon gleich die Lust.«

»Na, komm, ich lad dich ein.«

Am Fenster sitzt ein Mann, der auch bei meinem ersten Besuch hiergewesen ist. Er hat halblanges Haar und einen Bart, und an seinem Tisch lehnt eine große Zeichenmappe. Andere Gäste begrüßen ihn und plaudern eine Weile mit ihm. Ich beobachte ihn aus den Augenwinkeln, nicht ohne Neid auf die lässige Sphäre, in der er sich zu bewegen scheint und von der ich mich so weit entfernt fühle. Ich zeige diskret in seine Richtung. »Weißt du, wer das ist?«

Hala dreht sich um und fängt an zu lachen. »Ein ziemlich schlechter Maler. Warum fragst du?«

»Ach, nur so.«

»Bestimmt ein *mukhabarat*-Mann.«

Schon wieder! Ich möchte den Unbekannten in Schutz nehmen, doch Hala kommt mir zuvor. »Man muß schon eine Menge Geld haben, um jeden Tag hier sitzen zu können. Mit seinen Bildern verdient er garantiert nicht so viel.« Sie sieht mich an und lacht. »So etwas wissen wir einfach. Es ist genauso bekannt wie die Lage des geheimen Flugplatzes zwischen Damaskus und Homs.«

»Ein geheimer Flugplatz?«

Wieder lacht sie. Man erzählt sich, daß in der Nähe des Flugplatzes eine Bushaltestelle gewesen sei. Immer wenn der Bus hielt, rief der Fahrer: »Haltestelle geheimer Flugplatz!«

»Wo soll man dann hin, wenn man Freunde treffen will?«

»Früher waren wir oft im Étoile, im Laterna oder im Al-Rawaq, aber jetzt...« Im *Al-Rawaq* – der Gang –, einem Club für bildende Künstler, sind wir einmal gewesen. Ein von einer Mauer umgebenes Terrassencafé, in dem es ziemlich voll war. Zu Halas Überraschung wurde neuerdings kein Alkohol mehr ausgeschenkt. »*Arrak* und Bier lösen die Zunge«, sagte sie verärgert, »da braucht man zu viele *mukhabarat*-Leute, um die Gäste zu belauschen.«

Laut Hala hat die Regierung generell etwas gegen Versammlungen von Intellektuellen. Einige Jahre nachdem Ahmed und seine Genossen verhaftet worden waren, organisierte eine Gruppe ein monatliches Treffen, auf dem jeweils eines der Mitglieder einen Vortrag über ein Thema aus seinem Spezialgebiet halten sollte. Keine Politik, so wurde vereinbart, sonst würde man sofort Schwierigkeiten bekommen. Am ersten Abend ging es ums Theater, am zweiten um Öl. Beim dritten Mal saßen unter den Zuhörern zwei Unbekannte. Alles sah sich an: Woher kamen sie, wer hatte sie mitgebracht? Zum vierten Treffen lud ein Außenstehender sich selbst ein und hielt einen Vortrag über ein politisches Thema. Da wußten alle, daß sie beobachtet wurden und daß es Zeit war, die Veranstaltungen aufzugeben.

Hala sitzt im Schneidersitz auf dem Wohnzimmersofa, vor sich einen Spiegel und eine blaue Masse, die sie mit einem Pinsel über ihr Gesicht verteilt. »Was machst du denn da?« Das Zeug sieht ziemlich übel aus. »Keine Angst«, lacht sie unter der Maske. Das blaue Pulver, das sie mit Wasserstoffsuperoxyd angerührt hat, färbt nicht nur die Gesichtshaare heller, sondern auch die Haut.

Shirins Widerstand gegen eine Hochzeitsfeier ist unter dem Druck der Familie zusehends geschwunden, und inzwischen sind die Vorbereitungen in vollem Gange. Salim und Hala haben den Festsaal des Ingenieursclubs gemietet, an die hundert Einladungen verschickt und dreißig Kilo Eis bestellt. Shirin verbringt ihre Tage mit Freundinnen im Suq, und abends näht sie mit Engelsgeduld kleine Perlen auf ihr Hochzeitskleid und die Schuhe aus Satin. Farid ist jeden Tag da. Hala behandelt ihn zuvorkommend, was sie aber nicht hindert, ihn in der Küche heimlich nachzuäffen: Sie bläst sich auf wie ein Leibwächter und marschiert stramm von der Anrichte zum Herd.

Farid hat Shirin eine Haarspange aus Golddoublé gekauft, ein Schmuckstück, das sie voll Stolz präsentiert. Als Asma am Abend gedankenlos damit spielt, zerbricht es zum allgemeinen Schrecken, und Zahra holt nach vielem Hin und Her den Klebstoff hervor, den sie unter ihrer Matratze versteckt hat.

Beine enthaaren, Fußpflege, Haare färben – das Treiben um mich herum wirkt so ansteckend, daß ich ebenfalls einen Termin bei der Pediküre ausmache. Und warum nicht auch gleich mit Hala zum Friseur? Asma trippelt geduldig hinter uns her und schaut interessiert zu, wie meine Füße eingeweicht und meine Zehennägel im rosa Farbton meiner neuen Slipper lackiert werden. So rebellisch sie zu Hause reagiert, wenn Hala und ich uns auf französisch unterhalten, so gelassen ergibt sie sich in diese Rituale. Für Fußball und Herumtoben hat sie keinerlei Interesse mehr – jetzt wird sie in die Welt der Frauen eingeführt. Als ich beim Friseur unter der Trockenhaube sitze, baut sie sich vor mir auf und zeigt mir ihre Arme: Ob ich nichts merke, fragt sie und fährt sich über die kaum sichtbaren hellblonden Härchen, die Shirin mit der blauen Masse bearbeitet hat.

Tété hat sich die Haare schwarz gefärbt und eine Dauerwelle machen lassen. Sie hängt stundenlang am Telefon und bewegt sich in einer Aura der Gewichtigkeit durchs Haus, erteilt Befehle und duldet keine Widerrede, von niemandem. Doch als sie am Vorabend der Hochzeit aufs Sofa sinkt und ich ihr die Hand auf die Schulter lege, fällt sie einen Moment aus der Rolle. Sie sieht mich flehentlich an und sagt: »Nimm mich mit nach Holland!«

Halas und Asmas Festkleider hängen schon bei Shirin im Schrank, und so muß ich am nächsten Tag allein nach Hause, um mich umzuziehen. Als ich aus dem Bad komme, klingelt das Telefon. Es ist Asma. Ob ich bald fertig sei? Im Hintergrund höre ich Reden und Lachen. »Wer ist denn alles da?«

Ich sehe sie vor mir, wie sie, den Hörer zwischen Schulter und Ohr geklemmt, auf dem Sofa liegt und den Blick durchs Zimmer schweifen läßt, um mir die Gäste aufzuzählen, die ich kenne. »Noura, Sahar und Aisha, Onkel Jassim... «
»Und du, bist du schon angezogen?«
Sie kichert. »Ja, komm her, dann siehst du's!« Es ist noch genug Zeit, Farids Eltern kommen erst in zwei Stunden, aber ich höre das Drängen in ihrer Stimme. Sie will, daß wir vollzählig sind, sie erträgt es nicht, daß in diesem Moment jemand von der Gruppe ausgeschlossen ist.
»Also, kommst du?«
Als es zu dämmern beginnt und ich die Tür hinter mir zuziehe, wird mir zu meinem Schrecken klar, daß ich an den Zigarettenverkäufern vorbei muß. Ich fühle mich verletzbar in meinem Satinkleid, den hochhackigen Schuhen und mit dem kurzgeschnittenen Haar. Ein Blick zum Eingang der Straße: Sie sind nicht da. Vielleicht plaudern sie um die Ecke mit dem *ful*-Verkäufer? Bestimmt werden sie mir etwas zurufen, wenn ich vor ihrer Nase auf ein Taxi warte. Dann lieber durch eine Seitenstraße.
Doch auch das bleibt nicht unbemerkt. Inzwischen kennt man mich hier, und aus schwach erleuchteten Winkeln folgen mir neugierige Blicke. Da ist das Haus, in dem eine Gasexplosion fünf Todesopfer gefordert hat. Die Tür geht auf, und ein hochgewachsener Junge in Jeans und einem zerknitterten T-Shirt tritt heraus. Der Zigarettenverkäufer! Er sieht verschlafen aus. Ohne seine Lederjacke wirkt er ebenso schutzlos wie ich in meinem rosa Abendkleid. Einen Sekundenbruchteil sehen wir uns an, erstaunt, ertappt. Sein Haar, das er sonst glatt zurückgekämmt trägt, ist zerzaust. Abrupt dreht er sich um und geht in der anderen Richtung davon.

Shirin steht neben mir in der Wohnzimmertür und kneift mich kräftig in den Arm. Auf den Samtsofas sitzen die Männer und stoßen auf ihre Heirat an. Salim erklärt, er gebe Farid seine Schwester für fünfundzwanzigtausend Pfund, Farid erklärt, im Falle einer Scheidung werde er hunderttausend Pfund zahlen. Der Standesbeamte schreibt die Beträge in ein dickes Buch, in das er soeben die Namen eingetragen hat. Es sind imaginäre Zahlen, flüstert Hala mir zu, das islamische Gesetz schreibt es so vor; in Wirklichkeit hat Farid nichts bezahlt. Ich muß an die zehntausend Pfund denken, die Ahmed sich von seinem Bruder Raschid leihen wollte, um sich von Hala scheiden zu lassen.

Der Beamte hält eine erbauliche Ansprache, klappt sein Buch zu, klemmt es sich unter den Arm und empfiehlt sich. Es ist Donnerstag abend, das Wochenende beginnt, er hat noch mehr Eheschließungen zu registrieren.

Zum Ingenieursclub ist es nicht weit, wir können zu Fuß gehen. Asma hat ihre feuchte Hand in meine geschoben. Mit ihrem in Locken gelegten Haar, dem Rouge auf den Wangen und ihrem himmelblauen Kleidchen sieht sie aus wie eine Puppe. In Shirins Zimmer hat sie mir mit spitzbübischem Blick gezeigt, was sie darunter anhat: Hemd und Schlüpfer, auf denen Captain Majed mit Wucht den Ball tritt.

Aus dem Festsaal plärrt uns ägyptische Discomusik entgegen. Wir sind die ersten, und nach und nach treffen die Gäste ein. Viele von ihnen habe ich schon in Tétés Wohnzimmer gesehen, aber es sind auch neue Gesichter darunter. Farid und Shirin nehmen auf den verzierten Stühlen Platz, die zwischen Blumenarrangements aus roten Gladiolen und weißen Nelken auf dem Podium stehen. Shirins Lachen wirkt verkrampft. Der Friseur hat ihr Haar dreißig Zentimeter hoch toupiert, alles nach einer Seite, wie eine wilde Meereswoge. Vor dem Schlafzimmerspiegel hat sie es noch herunterzudrücken versucht, was ihr jedoch nicht gelungen ist. Zahra sitzt mit einer bescheideneren Variante derselben Frisur ebenso verkrampft neben ihr.

Sahar trägt Ohrringe, die ihr Mann im Gefängnis für sie gemacht hat, ebenso wie das dazu passende Täschchen. Ich habe Hala zu überreden versucht, ebenfalls ein Täschchen von Ahmed mitzunehmen, aber sie ist nicht in Feststimmung. Sie trägt ein einfaches weißgeblümtes Kleid, und ihre Miene ist besorgt: Nehmen die beiden Familien auch genügend Kontakt miteinander auf, sitzt keiner der Gäste allein da, ist die Musik nicht zu laut?

Im selben Saal hat sie auch ihre eigene Hochzeit gefeiert. Das Fotoalbum von damals habe ich schon ein paarmal durchgeblättert. Sie sieht in ihrem langen weißen Kleid wie eine Fee aus, federleicht neben dem gewichtigen Ahmed im dunklen Anzug und Pullover. Die beiden Väter – der distinguierte Ex-Militär und der feiste Sägewerker, die sich so wenig zu sagen hatten – stehen unbehaglich nebeneinander, und Hala lacht ihnen aufmunternd zu.

Auch die Familie von Salims zukünftiger Frau ist erschienen. Nihal trägt statt des Plastikschmucks jetzt goldene Armreifen, die Salim ihr gekauft hat. Die gemietete Videokamera auf dem Stativ bleibt einen guten Teil des Abends auf sie gerichtet, und Hala fragt ihren Bruder giftig, ob das hier seine Hochzeit sei. Als Salim ihr im Vorbeigehen zuflüstert, sie habe zuviel Lippenstift aufgetragen, schnauzt sie ihn an: »Kümmer dich lieber um deine Verlobte!«

Auch an diesem Abend gibt es Augenblicke, in denen außer der Musik alles verstummt und man sich forschend ansieht, um herauszufinden, wie es weitergehen soll. Das Eis wird spät serviert, und die Stunden ziehen sich endlos hin. Alle tanzen, nur Asma tobt mit ihren Vettern durchs Haus und kümmert sich nicht um die Musik. Nach aller Mädchenhaftigkeit der vergangenen Tage gewinnt der Junge in ihr wieder die Oberhand.

Noura hat sich eigens für diesen Abend ein schwarzes Kleid mit Rosetten nähen lassen. Es macht dick, aber das scheint ihr nicht bewußt zu sein. Wie ein schwerer Schmetterling flattert sie durch den Saal. Anfangs saß sie neben einem unansehnlichen kleinen Mann mit Brille, laut Hala der Besitzer einer Olivenölfabrik, inzwischen aber hat sie ein Auge auf eine Gruppe geworfen, die auch mir nicht entgangen ist: drei gutaussehende und gutgekleidete Männer, dem

Aussehen nach Brüder, die sich mit taxierenden Blicken umsehen. Die Frau in dem roten Kleid, mit der sie zusammen sind, hat pechschwarzes Haar und feurige Augen. Die vier wirken weniger konservativ als die Onkel und Tanten in ihrem üppigen Feststaat. Ich stoße Hala an. »Weißt du, wer die sind?« Sie lacht: Verwandtschaft väterlicherseits, drei Vettern, von denen zwei am Golf arbeiten. Der jüngste ist Zollbeamter, und die rote Furie an seiner Seite ist seine Frau. Der älteste und hübscheste der Brüder hat viele Frauen gekannt, ist aber Junggeselle geblieben. Er ist auf der Suche nach einem sechzehnjährigen Mädchen – älteren Frauen könne man nicht trauen, meint er. »Der muß es ja wissen!«

Noura ist an seinen Tisch getreten. Sie hat sich ihre durchscheinende rosa Stola kokett um die Schultern drapiert und scheint unaufgefordert Platz zu nehmen. Hala steht auf. »Mal eben guten Tag sagen«, zwinkert sie mir zu.

Ich sehe mir die Szene aus der Ferne an. Noura ist bei den Männern an der richtigen Adresse: Bald huschen die Augen hin und her, und alle am Tisch lachen und plaudern angeregt. Auch Hala lacht, aber als sie meinen Blick auffängt, schüttelt sie bedenklich den Kopf. Nouras Stola ist zu Boden geglitten, und einer der Männer hebt sie auf und legt sie ihr behutsam um die Schultern. Die rote Furie sieht stirnrunzelnd zu, steht auf und geht zur Tanzfläche. Ihre Art zu tanzen wirkt seltsam hölzern, sie schwenkt Arme und Beine und wirft energisch den Kopf in den Nacken. Sahar, die neben mir sitzt, muß über meinen erstaunten Blick lachen. Fatma gibt an einer höheren Schule paramilitärischen Unterricht, sagt sie – eine überzeugte Baathistin, die jungen Mädchen beibringt, wie man marschiert und ein Gewehr auseinandernimmt. Für sie ist alles Marschmusik.

Fatmas psychologische Kriegführung gegen Noura scheint Erfolg zu haben. Die drei Brüder haben sich zur Tanzfläche umgedreht und applaudieren enthusiastisch. Noura schickt mir ein kräftiges Augenzwinkern herüber. Der älteste der

Brüder ist ihr Favorit, soll das heißen, aber den mittleren findet sie auch nicht übel.

Die ersten Gäste verabschieden sich. Gegen Mitternacht gehen wir mit den Blumenarrangements die Treppe hinunter. Sie sind auf kreuzförmigen Holzgestellen angebracht und scheinen mir eher für eine Beerdigung geeignet als für eine Hochzeit.

»*Kafi* – vorbei«, sage ich zu Salim, der vor mir geht. Beunruhigt dreht er sich um. »Woher hast du das Wort? Es heißt *kifaya*, nicht *kafi*.« Zum Teufel mit deiner Überkorrektheit, denke ich, ich höre hier den ganzen Tag nichts anderes als *kafi*.

Unten steht ein Pick-up für die Blumen. Sie werden zu Tété gebracht, hat Hala entschieden, es wäre ein Jammer, sie wegzuwerfen. Als wir sie auf die Ladefläche legen, flüstert Hala mir ins Ohr: »Fatma und ihr Mann Hassan haben uns in ein Straßencafé auf dem Quassyun-Berg eingeladen. Hast du Lust?«

»Jetzt noch?«

»Ja, warum nicht? Früher haben wir so was doch auch gemacht.«

Früher, ja, aber das ist lange her. Andererseits sind wir, seit ich hier bin, noch kein einziges Mal auf dem Quassyun-Berg gewesen. »Wenn du auch willst, gern.« Der Gedanke an die kühle Luft oberhalb von Damaskus ist sehr verlockend.

Kurz darauf sitzen wir auf dem Rücksitz des Autos, Asma mit glühenden Wangen zwischen uns. Bald liegt die Stadt zu unseren Füßen. Wir halten an einem Café am Straßenrand, und Hassan verschwindet, um die Bestellung aufzugeben. Ich wüßte gern mehr über Fatmas Lehrtätigkeit, aber sie behauptet, sie unterrichte Psychologie, und ich weiß nicht, wie ich es anstellen soll, das Gespräch auf die Marschmusik und das paramilitärische Training zu bringen. Sie erkundigt sich interessiert nach Halas Arbeit und spricht über das neue Buch eines Soziologen, den beide kennen.

Hassan bringt Tee und kleine Teller mit *ful*. Als ich ihn

frage, warum er nicht wie seine Brüder an den Golf gegangen sei, um Geld zu verdienen, lacht er. »Hier kann man genausogut Geld verdienen. Ich kann mich nicht beklagen!« Es gebe hier zwar keine Demokratie, aber Syrien sei ohnehin noch nicht soweit. »Was war denn hier, bevor die Baath-Partei an die Macht kam? Ein anarchistischer Haufen!« Ich merke, wie Hala neben mir erstarrt, aber sie sagt nichts.

»Hast du gehört, was Hassan gesagt hat, von wegen Demokratie und so?« wettert sie los, als wir wieder zu Hause sind. »Eine Unverschämtheit! Er weiß doch, daß mein Mann im Gefängnis sitzt!« Daß er mit seinem Leben zufrieden ist, wundert sie nicht. Früher war er bettelarm, aber seit er in der steuerfreien Zone außerhalb von Damaskus Zollbeamter ist, hat er ein hübsches kleines Vermögen angesammelt. Er besitzt zwei Häuser und auch noch eine Farm auf den Hügeln um Damaskus.

»Ich wußte gar nicht, daß du so wohlhabende Verwandte hast.« Hala grinst. »Frag mich nicht, wie sie zu ihrem Geld gekommen sind. Aber ich gönn's ihnen ja. Ich bin stolz darauf, daß diese Art von Reichtum mich nicht interessiert.« Sie ist nicht gern mit ihnen zusammen. Ob ich mitbekommen hätte, daß Fatma sich partout mit ihr über Soziologie unterhalten wollte? Anderen gegenüber prahle sie mit ihren Freundschaften unter hohen Militärs und wichtigen *mukhabarat*-Leuten.

»Worüber habt ihr denn so gelacht, als Noura bei euch am Tisch saß?«

»Ach, Noura hat gesagt, sie will Schach spielen lernen, und die Brüder haben alle drei angeboten, es ihr beizubringen; da wollte sie das Los entscheiden lassen.« Hala zuckt die Schultern. »Aber das führt alles zu nichts. Am Ende bleibt sie doch immer allein.«

Nouras Verhalten befremdet Hala. Sie gebe sich so religiös, aber sie sei es gar nicht. Hala fragt sich, warum sie so oft in die Moschee geht. Ob jemand sie spionieren schickt?

Asma hat sich in Kleidern aufs Bett geworfen. Sie stöhnt,

als Hala sie auffordert, sich auszuziehen. »Na, komm schon, morgen kannst du ausschlafen.« Im Nachthemd setzt Hala sich auf meine Bettkante. »Das wäre geschafft«, sagt sie müde, »beinahe jedenfalls.« Farids Eltern erwarten einen Gegenbesuch an ihrem Wohnort. Qirdaha, das Heimatdorf des Präsidenten! Mein Herz schlägt höher. »Meinst du, ich kann mit?«

Hala lacht. »Ohne dich geh ich da nicht hin!«

»Schau mal, wie mein Schwager sich breitmacht!« zischt Hala mir ins Ohr. Farid sitzt, den Arm um Shirin gelegt, breitbeinig auf dem Rücksitz von Salims Auto, so daß Hala und ich ziemlich in Bedrängnis geraten.

Heute morgen um sechs sind wir losgefahren. Kurz vor Latakia haben wir die Küstenstraße verlassen und kommen jetzt in die alawitischen Berge. Tété war noch nie in dieser Gegend, und ihre Kommentare nehmen kein Ende: es sei hier viel feuchter als in Damaskus, sie spüre es in den Beinen, ihr Rheuma mache sich wieder bemerkbar.

Seit einigen Tagen liegen sich Tété und Farid heftig in den Haaren. Farid ist mehr oder weniger bei Tété eingezogen und hat an allem etwas auszusetzen, vor allem an dem Essen, das sie auftischt. Seine Mutter koche viel besser, behauptet er. Ich kann mich des Eindrucks nicht erwehren, daß Tété es ihm heute heimzahlen will. Als wir uns Qirdaha nähern, reibt sie sich fortwährend die schmerzenden Beine und zählt die Vorzüge von Wadi al-Nakhla auf.

Farid stellt sich taub. Ich merke, daß er sich wohler fühlt als in der ersten Zeit. Kommt das daher, daß er Salim vor kurzem einen Dienst erweisen konnte? Als er hörte, daß sein neuer Schwager Probleme mit dem Ausreisevisum hat, meinte er, ein Freund von ihm, der für den *mukhabarat* arbeitet, könne die Sache bestimmt regeln. Niemand glaubte so recht daran, doch eines Tages kam er hereinspaziert und schwenkte triumphierend das Papier, nach dem Salim sich wochenlang vergeblich die Hacken abgelaufen hatte. Seitdem geriert er sich als der Mann im Haus, an den man sich ruhig wenden soll, wenn man Probleme hat.

Seit wir die Küstenstraße verlassen haben, ist Farid ganz in seinem Element. Wir befinden uns auf seinem Territorium, hier ist er zu Hause. Stolz zeigt er uns, was es an der Strecke Besonderes zu sehen gibt. Die Villa, an der wir gerade vorbeigekommen sind, gehört einem Vetter Assads, im Haus daneben wohnt ein hoher Offizier. Farid hat seine Sonnenbrille aufgesetzt, und wie er so neben mir sitzt, breitschultrig und mit Beinen, die für den schmalen Rücksitz viel zu lang sind, kommt auch mir der Gedanke an einen Leibwächter.

Salim hält an, um ein Foto zu machen. Tété bleibt stur im Auto sitzen, aber wir anderen steigen aus, froh darüber, die Beine ausstrecken zu können. Atemlos sehen wir uns um: goldgelber Ginster, violette Heide, sanft gewellte Hügel und in der Ferne Wälder, die sich im Dunst verlieren. Die Luft ist von würzigem Tannenduft erfüllt.

»Dieses Volk ist von Gott auserwählt«, flüstert Hala. »Sie haben alles: eine schöne Natur, Macht, Geld.« Wie König Hussein von Jordanien und König Hassan von Marokko hat auch Assad seinen Stammbaum zurückverfolgen lassen, um eine Verwandtschaft mit dem Propheten aufzuspüren. Über das Ergebnis ist allerdings nie etwas verlautet.

Farid lacht selbstgefällig, als sei die Landschaft sein persönlicher Besitz. Doch als ich etwas in mein Notizbuch schreibe, wird er argwöhnisch und fragt Shirin, was ich da mache. Ich murmle etwas von Naturbeschreibung und stecke das Heft schuldbewußt weg. Ich muß es mir abgewöhnen, in der Öffentlichkeit Notizen zu machen. Bei Menschen wie Farid weckt das geschriebene Wort falsche Assoziationen, sie denken sofort an Berichte für den *mukhabarat*.

Wir passieren eine ummauerte Festung, die von Bewaffneten bewacht wird – Rifat Assads früherer Wohnsitz, klärt

Hala mich auf. Die Wächter passen auf, daß nichts gestohlen wird. Auf dem gegenüberliegenden Hügel stehen graue Lattenzäune verloren in der Landschaft. Rifat hatte dort mit dem Bau einer Stadt für seine Anhänger begonnen. Auch Farids Eltern sollten dort ein Haus bekommen, doch nach Rifats Verbannung wurde das Projekt gestoppt.

»Erinnert dich das nicht an die Mafia?« fragt Hala. »Die ziehen sich mit ihrem Anhang doch auch immer in solche Bastionen zurück.« In Damaskus hat Assad sich einen bunkerartigen neuen Palast errichten lassen, auf dessen Gelände auch seine Vertrauten wohnen. Er liegt, von Stacheldraht umzäunt, auf einem Hügel und beherrscht die ganze Stadt.

Über den Reichtum Qirdahas kursieren die wildesten Gerüchte, aber das Dorf, in das wir kommen, wirkt auf den ersten Blick wenig spektakulär. Die dörfliche Struktur ist erhalten geblieben, nur hier und da stehen Villen zwischen den einfachen Häusern, was in den Straßen einen Eindruck von Enge erweckt. Hala zeigt mir die Moschee, die der Präsident für seine Mutter baut. Ein lächerliches Projekt, meinen manche, denn bei den Alawiten ist es nicht üblich, in der Moschee zu beten. Die einzigen für sie bedeutsamen Orte sind die Grabmäler religiöser Würdenträger, weißgetünchte kleine Häuser mit anmutigen Kuppeln, die wir unterwegs überall gesehen haben. Manchmal werden sie zu Wallfahrtsorten, so wie die Wohnstätten der Marabuts in Nordafrika.

Farids Eltern wohnen im Zentrum. In ihrem Wohnzimmer spielen sich genau die gleichen Rituale ab wie bei Tété. Während Farids Schwester Kaffee, Obst und Gebäck serviert, sitzt seine Mutter auf der Sofakante und erkundigt sich nach Tétés Befinden. »*Tsalla* – amüsier dich«, nickt sie mir aufmunternd zu und zeigt auf meinen Teller, auf den ihre Tochter vier pappsüße Gebäckstücke gelegt hat. Sie bewegt sich mit der Nervosität eines Menschen, der weiß, daß alles, was er tut, hinterher durchgehechelt wird.

Shirin gibt sich als vorbildliche Schwiegertochter: Sie hilft beim Servieren und trägt jeden leeren Teller sofort in die Küche. Während Salim die Hochzeitsfotos zeigt, sehen Tété, Hala und ich uns so diskret wie möglich um.

»Wie ruhig es hier ist«, sagt Tété beifällig.

»Warte bis heute abend, dann redest du anders!« lacht Farids Vater. Hala lenkt meinen Blick auf die drei Fotos über der Tür. Nach einigem Rätselraten erkenne ich Rifat, Assad und dessen Sohn Basil. In Damaskus gilt diese Dreieinigkeit längst als Blasphemie, aber hier scheinen andere Regeln zu gelten.

»*Ahlan wa sahlan* – willkommen, willkommen«, sagt Farids Mutter zum x-ten Mal. »*Allah yikhaliki* – Gott behüte euch«, antwortet Tété. Als Farids Schwester die Balkontür öffnet, sehen Hala und ich uns an, stehen auf und schlüpfen hinaus. Auf dem Platz unten sitzen zwei Männer plaudernd vor einem Laden. Eine Frau mit einem Kind bleibt bei ihnen stehen, und der Händler erhebt sich, um sie zu bedienen. Eine ganz normale Dorfszene, nur daß der Blick darauf durch ein imposantes Standbild Assads mit vier Löwen zu seinen Füßen behindert wird.

Ein grüner Mercedes hält vor dem Laden. Der Fahrer ruft dem Händler etwas zu, zischt dann davon und braust gleich darauf noch einmal vorbei. »Der Wagen ist bestimmt aus dem Libanon eingeschmuggelt«, sagt Hala. Das Quietschen von Reifen zerreißt die Stille.

An den Hauswänden sieht man da und dort mit roter Farbe aufgedruckte Bildnisse Assads. Bisher habe ich so etwas nur in den Bergen des vom Bürgerkrieg heimgesuchten Libanon gesehen; die örtliche Miliz tat damit kund, in wessen Hand das jeweilige Dorf sich befand. Jeder Berg hatte seinen Führer, jede Gruppierung ihren Berg. All diese Männer mit den dunklen Brillen, die in Assads Kielwasser aus dem Gebirge herabgekommen sind und in Autos mit getönten Scheiben durch Latakia und Damaskus rasen – müssen sie nicht glauben, daß sie sich alles erlauben können, weil einer der Ihren Herr des Landes ist? Ich kann mir gut vorstellen, daß es so ist, auch ohne daß Assad es will. Genauso haben übermütige junge

Leute und ihre Führer es im Libanon getrieben. Rifat war derjenige, der solchen Ambitionen Richtung und Sinn gab – vielleicht wollte sein Bruder ihn deshalb loswerden.

An das Haus grenzt ein unbebautes Grundstück, das mit Papierfetzen, leeren Dosen und anderen Abfällen übersät ist. Gegenüber inspiziert ein Mann die Weinranken auf seiner Dachterrasse und schneidet da und dort eine verfaulte Traube ab. Stört es ihn nicht, von seiner makellosen Terrasse auf all den Müll hinabzuschauen? Anscheinend nicht. Es ist wie überall in diesem Teil der Welt: Die Leute haben wenig Sinn für öffentliche Angelegenheiten. Tété hat auf der Fahrt hierher an einer Ampel das Fenster heruntergekurbelt und eine leere Cola-Dose hinausgeworfen. Ich erschrak, aber niemand im Auto reagierte, auch Hala nicht, die doch mit ihren eigenen Sachen so penibel ist.

Asma hat sich zu uns gesellt. Die Bedeutung des Ortes, an dem wir uns befinden, ist ihr nicht entgangen. Sie zupft Hala am Ärmel und will wissen, wer der reichste Mann Syriens sei, Assad oder Akram, ein bekannter Waffenhändler. Hala lacht. »Ich weiß es nicht!« Jetzt kommt auch Salim heraus, um frische Luft zu schöpfen. Es sei zu warm drinnen, stöhnt er. Zu viert lehnen wir uns über das Geländer. Ein Stück entfernt parken drei glänzende Autos am Straßenrand. Eine Kusine von Assad wohnt dort, wie wir von Farid wissen. In einem der Wagen wartet ein Chauffeur. »So wie er hat hier jeder eine offizielle Funktion«, sagt Salim.

»Die Präsidentenfamilie liebt Autos und Doktortitel«, fügt Hala sarkastisch hinzu. Rifat hat einen Titel der speziell für Studenten aus der dritten Welt gegründeten Patrice-Lumumba-Universität in Moskau. Jedermann weiß, daß es nicht schwer ist, dort einen Titel zu bekommen, und manche behaupten, Rifat habe sich wie Elena Ceausescu seine Abschlußarbeit von jemand anderem schreiben lassen.

Bei Shirins Verlobungsfeier hatte Farids Schwager sich in Tétés Haus umgesehen wie im Lager des Feindes. Aber ist es umgekehrt nicht genauso? Selbst ich komme mir hier wie eine Spionin vor – dem Assad-Standbild, dem Haus von Assads Kusine so nahe zu sein, geschützt durch das freundliche Geplauder im Zimmer hinter uns, und dabei so negativ über alles zu denken, was sich hier abspielt!

Ich muß an meinen Besuch in Gbadolite denken, dem Heimatdorf von Mobutus Mutter. Breite Straßen mit schwarzen Mercedes-Karossen, Paläste im Urwald. Nach Mobutus Tod würde das Dorf geplündert werden, prophezeite jemand, alle Türen und Fenster und selbst die Lichtschalter würden verschwinden.

»Was meinst du, was hier passiert, wenn Assad gestürzt wird?« frage ich Hala.

Sie sieht mich zweifelnd an. »Keine Ahnung. Aber wenn man an Präsident Marcos und die Philippinen denkt... So etwas wäre hier auch möglich.« Früher waren die meisten Alawiten arm, sagt sie. Sie bebauten das Land, und viele mußten sich in den nächstgelegenen Städten ihren Lebensunterhalt verdienen. Alawiten arbeiteten auf den Feldern reicher sunnitischer Landbesitzer, und ihre Töchter gingen als Hausangestellte wohlhabender Sunniten nach Latakia, Homs und Damaskus. Jeder weiß, daß diese Mädchen ausgebeutet und nicht selten vom Hausherrn vergewaltigt wurden. Das ist einer der Gründe, warum die Situation in Hama damals so außer Kontrolle geraten ist: Die Alawiten wollten ihre Mütter und Schwestern rächen. Aber auch ihre Morde werden eines Tages gerächt werden, meint Hala.

Farid ruft nach uns. Seine Eltern möchten uns zum Essen in ein nahegelegenes Dorf einladen. Sie selbst haben zwar kein Auto, aber soeben ist ein Bekannter eingetroffen, der sie mitnehmen will.

Über schattige, tannengesäumte Wege fahren wir Richtung Slenfe. »Das ist Ghazi Kanaan«, flüstert Hala kaum hörbar, als uns ein grauer Mercedes überholt. Kanaan ist der Kopf der militärischen Sektion des *mukhabarat* im Libanon.

»Was macht der denn hier?« frage ich verwundert.

»Wahrscheinlich gehen sie in Slenfe essen, genau wie

wir.« Es ist Freitag, der islamische Sonntag, und mit einem solchen Wagen ist die Entfernung zwischen Beirut und Slenfe leicht zu überbrücken.

Der Parkplatz des Gartenlokals, das Farids Vater ausgewählt hat, ist voll. Viele Autos mit saudischen, kuwaitischen und libanesischen Nummernschildern und da und dort ein wartender Chauffeur, der sich mit dem Polieren der Motorhaube die Zeit vertreibt. Nur mit Mühe finden wir einen freien Tisch. Eine Band spielt, und auf der Tanzfläche drängen sich die Paare. Man ist hier auf große Gesellschaften eingerichtet, und bald steht unser Tisch voll von *arrak*-Flaschen, Halbliterflaschen Bier und Schälchen mit kleinen Gerichten.

Die Musik macht eine Unterhaltung nahezu unmöglich, und vielleicht ist das auch besser so, denn nachdem man die nötigen Höflichkeitsfloskeln ausgetauscht hat, gibt es anscheinend nicht mehr viel zu sagen. Farids Vater gibt Anekdoten von seiner Arbeit in Latakia zum besten, Tété spart nicht mit Komplimenten über die schöne Gegend. Die Klagen über ihr Rheuma sind verstummt.

»Ist das nicht schrecklich, in eine Familie einzuheiraten, in der man nicht sagen kann, was man will?« fragt Hala nachdenklich.

»Vielleicht warten sie ja nur darauf, daß sie den Mund aufmachen können.«

Sie lacht. »Ja, um von Rifat zu reden!« Von Shirin hat sie gehört, daß ein Vetter von Farid zur Zeit des Aufstandes als Soldat in Hama stationiert war. Seitdem hat er sexuelle Probleme mit seiner Frau. »Das geht vielen Männern so, die bei Folterungen oder Massenmorden dabei waren«, sagt sie.

Shirin lehnt den Kopf an Farids Schulter, und er legt ungeschickt den Arm um sie. Sie fangen meinen Blick auf und lächeln. Sie haben etwas Hilfloses an sich, wie sie da sitzen, beide bereits über dreißig, aber den Kopf voller romantischer Zukunftsträume. Wie wenig hat ihre Ehe, von diesen

Festtagen abgesehen, bisher an Inhalt gewonnen. Bei Tété schlafen sie in getrennten Zimmern; der einzige Ort, an dem sie allein sein können, ist Farids Wohnung im Slum. Vor ein paar Tagen ist Shirin mit einem dunkelroten Fleck am Hals nach Hause gekommen, und als Hala eine Bemerkung darüber machte, wurde sie verlegen. »Es ist alles noch neu«, sagte Hala später, »aber was bleibt, wenn der erste Überschwang dahin ist?« Eine Wohnung haben sie noch nicht gefunden, und inzwischen ist davon die Rede, daß Shirin fürs erste zu Farid ziehen soll. In einen Slum! Tété und Hala sind kürzlich dort gewesen. Auf dem Rückweg hat Tété geweint: Sie hatte gar nicht gewußt, daß es so etwas in Damaskus gibt! Auch Hala war schockiert. »Ich weiß nicht, wie ich dir das erklären soll«, sagt sie. »Du warst ja in Afrika, aber das hier ist schlimmer, glaube ich. Es gibt keine Straßen, keinen Strom, keine Heizung, und im Winter tropft bestimmt das Wasser von den Wänden.«

Aber heute scheint das alles vergessen, und nach dem Essen hat Shirin sogar einen kleinen Schwips. Als wir zusammen zur Toilette gehen, kommt sie auf ihren hohen Absätzen in dem lockeren Sand kaum vorwärts. Kichernd stützt sie sich auf mich und sagt: »*Today I'm swimming in the sea of honey.*«

Nach dem Essen fahren wir nach Qirdaha zurück und verabschieden uns dann. Nicht weit von dem kleinen Platz mit dem Assad-Standbild sehen wir den grünen Mercedes wieder, zu dem sich inzwischen noch einige andere Autos gesellt haben. Ich glaube zu verstehen, was Farids Vater gemeint hat, als er sagte, abends sei es hier keineswegs so ruhig.

Als wir aus dem Dorf hinausfahren, schaut Hala aus dem Fenster und sagt: »Ich seh gar keine Wegweiser nach Homs und Hama. Überall geht es direkt nach Damaskus.« Farid lacht zufrieden; Halas geringschätziger Unterton ist ihm entgangen.

Auf der Rückfahrt ist Hala bedrückt. »Ich rede, ich lache, ich esse, ich spiele den ganzen Tag Komödie«, sagt sie, »aber am liebsten würde ich vor dem allem davonlaufen. Aber wo soll ich hin? Das einzige Land, in dem ich sicher wäre, ist Frankreich.«

Was wäre, wenn sie mit Asma nach Paris ginge? Wieviel Geld müßte sie verdienen, um überleben zu können? Und wo sollten sie wohnen?

»Hast du Verwandte in Paris?« frage ich.

»Verwandte?« Sie sieht mich ungläubig an. »Ich will ja gerade von der Verwandtschaft weg!«

Wir müssen beide lachen. »Das Schlimmste hast du doch jetzt hinter dir«, tröste ich sie.

»Ja, stimmt«, seufzt sie. In ein paar Tagen fährt Salim nach Dauha zurück, und dann fängt auch die Schule wieder an. Dieses Jahr muß Asma erstmals eine paramilitärische Uniform tragen – Hala fragt sich, wo man die bekommt. Während der Schulzeit ist das Leben viel geregelter, dann geht sie morgens zur Universität, kommt mittags zum Essen nach Hause und hilft Asma danach bei den Hausaufgaben.

Asma muß wieder zur Schule! Und was ist mit unseren Reisen in den Osten und nach Aleppo? Die Familienangelegenheiten der vergangenen Wochen haben mich so mit Beschlag belegt, daß ich mir kaum Gedanken darüber gemacht habe, was danach werden soll. Irgendwo war mir zwar klar, daß die Ferien bald vorbei sein würden, aber ich habe es die ganze Zeit verdrängt.

Was hindert mich eigentlich daran, allein auf Reisen zu gehen? Ich habe schon früher daran gedacht, aber immer hat der angenehme Gedanke an den Schutz, den ich durch Halas Begleitung genießen würde, wieder die Oberhand gewonnen. Ich habe Angst bekommen, das Minenfeld des *mukhabarat* zu betreten, das uns zu umgeben scheint.

Es ist Abend geworden. Fayruz singt *Kiefak enta*, und alle im Auto summen mit. In Homs halten wir, um etwas Süßes aus der Gegend für Zahra zu kaufen, die zu Hause geblieben ist.

Kurz darauf passieren wir *Deir Atiyah,* das Heimatdorf von Assads Privatsekretär Abu Salim. Als das beleuchtete Assad-Standbild aus dem Dunkel auftaucht, muß ich an das Lenin-Denkmal denken, das ich vor ein paar Tagen auf einem Zeitungsfoto hilflos in der Luft baumeln sah. Assad aber steht noch fest auf beiden Beinen. Steif streckt er die Hand hoch, und Asma bringt alle zum Lachen, als sie ihm zuwinkt.

An einer unbeleuchteten Straße in einem Vorort von Damaskus steigt Farid aus. »Was hat er denn vor?« frage ich.

»Psst... er wohnt hier«, flüstert Hala. Er tut mir leid: Was für ein Abschluß dieses Familienausflugs! Ich kann mir gar nicht vorstellen, wie er sich in diesem undurchdringlichen Dunkel zurechtfinden soll. Aber er geht mit raschen Schritten davon, und gleich darauf hat ihn die Nacht verschluckt.

IV

»ICH fahre nach Tadmur!« Strahlend stehe ich vor Hala. Sie runzelt die Stirn. Tadmur – dort liegt das gefürchtetste Gefängnis Syriens, dort haben Rifats Leute 1980 über tausend Moslembrüder umgebracht.
»Was willst du denn da?«
»Durch die Wüste wandern, zu einem Schloß aus der Zeit der Omayyaden.«
Sie ist die Skepsis in Person. »Aber da ist es heiß, das ist viel zu anstrengend!«
»Macht nichts, das soll es ja gerade sein!« Nach den Worten des Schweizer Paters, der die Tour organisiert, sind unter den achtzig Teilnehmern auch viele aus Aleppo. Vielleicht kann ich danach mit ihnen weiterreisen? »Nein, nein«, widerspricht Hala entschieden, »nach einer Wüstenwanderung bist du fix und fertig, da mußt du erst mal ein paar Tage nach Hause kommen und dich ausruhen.«
Ich atme auf. So gern ich mich auch selbständig mache – die Aussicht, mit einem Rucksack in Aleppo anzukommen, reizt mich nicht übermäßig. Aleppo ist für sein Nachtleben bekannt, und ein Koffer mit Abendkleidung wäre passender.
Am Abend vor meiner Abreise schauen Hala und Asma zu, wie ich meinen Rucksack packe: einen Schlafanzug von Shirin, Tennisschuhe von Salim, einen Schlafsack von den Patres. Die beiden sind mindestens so aufgeregt wie ich. »Ihr könnt ja mitkommen!« Hala lacht, und auch ich muß lachen, als ich mir die beiden Persönchen im Wüstensand vorstelle. Wie die meisten Frauen hier geht Hala keinen Schritt mehr als unbedingt nötig zu Fuß.

Ich werde nur ein paar Tage fort sein, aber wir holen die Wodkaflasche aus dem Gefrierfach, legen uns aufs Bett und reden, als würden wir uns länger nicht sehen. Das ist Halas Art, mit mir zu reisen.

Am nächsten Morgen schwirrt sie um mich herum wie an einem Schulmorgen um Asma. Ob ich auch alles habe? Kleider, Proviant, Paß? Sie hat von mir geträumt. Der *mukhabarat* forderte sie auf, meinen Paß zu suchen, denn es war ein Mord geschehen, und ich war die Hauptverdächtige. »Und ich hab die ganze Zeit gerufen, daß du so was nie tun würdest.« Sie lacht, aber ich sehe, wie sie besorgt die Hände verschränkt. Die Nachbarin meint, ich sei abgemagert. Das bedrückt sie: Ob sie nicht gut genug für mich sorgt? Und in der Wüste werde ich noch dünner werden!

Erst eine halbe Stunde sitze ich mit Pater Léon im Auto, und schon steht die Welt Kopf. Das Regime in diesem Land, meint er, sei gar nicht so schlecht. Die Alawiten seien im allgemeinen umgänglicher als die Sunniten und den Christen gegenüber toleranter. Viele von ihnen haben blondes Haar und helle Augen, weshalb jemand sie einmal die Bastarde der Kreuzfahrer genannt hat. So abwegig ist das gar nicht, denn die Kreuzfahrer waren mehr als anderthalb Jahrhunderte hier. Hoch oben im Küstengebirge bauten sie die berühmte Burg Krak des Chevaliers.

Noch 1940 kamen im Gefolge der Franzosen Patres in zwei alawitische Dörfer und bekehrten die gesamte Einwohnerschaft zum Christentum. Nach dem Abzug der Franzosen gaben die Menschen den neuen Glauben wieder auf, aber die Häuser, die die Patres bauten, stehen noch, und niemand stört sich daran.

In seiner Cordhose und dem karierten Hemd würde man Léon kaum für einen Ordensmann halten, bis auf sein gutmütiges Lachen vielleicht, in das er alle Augenblicke ausbricht, auch wenn es nichts zu lachen gibt – als wollte er schon im voraus alles ins Lot bringen.

Ibrahim, der christliche Geschäftsmann, in dessen Auto wir nach Tadmur fahren, redet nicht viel. Seine Augen sind auf die Straße gerichtet, einen schmalen Asphaltstreifen, über dem die Luft flimmert. Ringsum erstreckt sich eintönige Wüstenlandschaft, soweit das Auge reicht. Als das Taxi mich heute morgen vor Ibrahims Haus am Stadtrand von Damaskus abgesetzt hat, war ich überrascht: Ich hätte nicht gedacht, daß Pater Léon so wohlhabende Bekannte hat. Ein Gärtner im blauen Overall öffnete das Tor der von einer Mauer umgebenen Villa, und auf der Veranda erwartete mich Ibrahim, ein alerter Fünfziger in Sportkleidung.

»Du meinst also nicht, es wäre besser, wenn der Präsident Sunnit wäre?«

Pater Léon lacht hintergründig. »Vielleicht würden die Probleme dann erst richtig anfangen!« Ob ich nicht gehört hätte, was die Moslembrüder in den achtziger Jahren hier angerichtet hätten? Überall hatte es Aufstände gegeben, in Homs, Aleppo und Damaskus. Kein alawitischer Amtsträger konnte seines Lebens mehr sicher sein.

»Und dann kam Hama«, sage ich.

»Ja, aber wie hätte die Regierung anders darauf reagieren sollen? Der Aufstand mußte einfach niedergeschlagen werden, sonst hätten wir jetzt einen fundamentalistischen Staat.«

Ibrahim wirft mir im Spiegel einen forschenden Blick zu. Er scheint zu merken, daß ich solche Reden nicht gewöhnt bin. »Siehst du das auch so?« frage ich ihn. Er lacht ein wenig, und seine Hände gleiten zögernd übers Steuer. Präsident Assad sei ein kluger Mann, sagt er, und populärer, als ich vielleicht glaube. Wenn morgen Präsidentschaftswahlen wären, würde er mit Sicherheit mehr als die Hälfte der Stimmen bekommen, denn er habe die Minderheiten – etwa dreißig Prozent der Bevölkerung – und jene Sunniten, die er durch Privilegien an sich gebunden habe, auf seiner Seite.

Pater Léon meint, die Alawiten seien weitblickender und weniger religiös als die Sunniten. »Die waren jahrhundertelang vor allem mit Gott beschäftigt und haben dadurch einiges verpaßt.« Mit Gott beschäftigt – solche Worte aus dem Mund eines Paters erstaunen mich, aber Léon ist eben kein gewöhnlicher Geistlicher. In der Schweiz würde er vielleicht mit Drogenabhängigen oder Obdachlosen arbeiten.

Früher, so erzählt er, bildeten die Alawiten die unterste Schicht der Bevölkerung, ähnlich den Unberührbaren in Indien. Ihre Religion hielten sie aus Angst vor Verfolgung weitgehend geheim. Sie besaßen keine Moscheen und hielten sich nicht an den Ramadan, so daß es ihnen leichtfiel, sich an andere Sitten und Gebräuche anzupassen. Während des französischen Mandats traten alawitische Männer in die Armee ein – im Gegensatz zu den Sunniten und Christen, die sich freizukaufen versuchten –, und dieser Rückhalt ermöglichte es Assad, die Macht zu ergreifen.

»Und wenn Assad stirbt?«

Pater Léon lacht verschmitzt. »Dann ist da ja noch sein Sohn, Basil. Ein prima Kerl, gegen den ist nichts einzuwenden. Warum sollte er nicht sein Nachfolger werden?«

Ibrahim nickt zustimmend. »Ich habe mein Leben lang mit Moslems zusammengearbeitet«, sagt er. »In meiner Nachbarschaft wohnen viele Moslems, und ich betrachte sie als meine Freunde. Aber wenn die Moslembrüder an die Macht kämen, wäre ich mir nicht so sicher, ob diese Freunde nicht plötzlich zu Feinden würden.«

Ich hatte zwar gewußt, daß die Christen in diesem Land sich bedroht fühlen – sie stellen fünfzehn Prozent der Bevölkerung, und das auf eine Minderheit gestützte alawitische Regime hat alles Interesse daran, latente Ängste anderer Minderheiten wachzuhalten –, aber daß es so schlimm ist, war mir nicht klar gewesen. Ich führe meinen überzeugendsten Gegenbeweis gegen das, was ich gerade gehört habe, ins Feld: Hala, die zwar Sunnitin ist, die Moslemfundamentalisten aber genauso fürchtet wie Ibrahim und Pater Léon.

Pater Léon bleibt unbeeindruckt. »Solche Leute sind die Ausnahme«, sagt er.

»Aber nein! In Halas Umgebung denken alle so!«

Wieder schaut Ibrahim prüfend in den Rückspiegel. Früher habe auch er so gedacht, räumt er ein, aber seit Hama... Anfangs waren die Moslembrüder im ganzen Land überzeugt, daß sie siegen würden. In Aleppo sammelten sie unter islamischen Geschäftsleuten Geld, um ein berühmtes Restaurant aufzukaufen, in dem Alkohol ausgeschenkt wurde. Keiner der Geschäftsleute war besonders gläubig, aber binnen weniger Stunden hatte man das Geld zusammen.

Gestern abend beim Packen hat Hala gesagt: »Du wirst dort wahrscheinlich mit lauter Christen zusammensein.« Unter diesem Aspekt hatte ich meine Reise noch gar nicht betrachtet. Wußte sie, daß ich mit solchen Ideen in Berührung kommen würde, klang ihre Stimme deshalb so beunruhigt? Ich habe zwar gesagt, daß sie die Fundamentalisten ebenso fürchtet wie Pater Léon und Ibrahim, aber so, wie sie von ihnen spricht, hat man nicht den Eindruck, als sähe sie in ihnen eine wirkliche Gefahr. Für sie ist der Fundamentalismus eine Form der Ablehnung des Regimes, nicht anders als der Kommunismus. Aber hat sie mit dem Islam wirklich so wenig im Sinn, wie sie vorgibt? Vor ein paar Tagen hatte Asma schulfrei. »Jetzt schon?« rief ich. »Das Schuljahr hat doch gerade erst angefangen!«

»Es ist der Geburtstag des Propheten«, sagte Hala etwas pikiert.

»Na, und?«

»Das ist wie Weihnachten bei euch«, brauste sie auf, »da habt ihr doch auch frei!« Sie hatte natürlich recht, aber ihre heftige Reaktion wunderte mich – als hätte ich den Propheten mutwillig beleidigt.

Im Auto ist es still geworden. Die Sonne steht im Zenit, ein schwüler Wind weht durch die Fenster herein, Ibrahim kämpft mit einem kräftigen Kopfschütteln gegen den Schlaf an. Pater Léon neben ihm nickt immer wieder ein; er hat schon in aller Herrgottsfrühe die Messe zelebriert.

Als wir nach Tadmur kommen, schlägt er die Augen auf und blickt verwirrt um sich. »Sind wir schon da?« Über den Straßen der Wüstenstadt liegt die Totenstille der Mittagsstunde. In der Ferne tauchen die berühmten Ruinen von Palmyra auf, einer griechisch-römischen Stadt, die sich kilometerweit in die Wüste erstreckt.

Das Hotel Zenobia, in dem wir übernachten werden, liegt in der Nähe der Ruinen und ist nach der Königin benannt, die hier einst das Zepter schwang. Die Halle ist leer; der Rest unserer Gruppe wird erst gegen Abend mit dem *hob-hob* eintreffen. Pater Léon und Ibrahim müssen zum *mukhabarat*, um unsere Wüstentour anzumelden. Entschlossen steige ich mit ihnen ins Auto. Seit Monaten höre ich vom *mukhabarat*, jetzt will ich ihn auch einmal sehen.

In dem Gebäude riecht es nach Staub und langen Stunden des Stillsitzens. An einem Schreibtisch voll schmuddeliger Akten trinkt ein Mann im Pyjama Mate. Kaum hören sie unsere Stimmen, strecken zwei weitere Pyjamaträger den Kopf zur Tür herein. Ihren Vorgesetzten hat der unerwartete Besuch sichtlich erschreckt, und er ist aufgestanden. Er bietet uns Stühle an, und seine Mitarbeiter nehmen uns gegenüber Platz.

Pater Léon sorgt für eine entspannte Atmosphäre, er macht Witze und kokettiert mit dem Akzent von Aleppo, den er während seiner ersten Jahre in Syrien aufgeschnappt hat. Er wohne schon seit zwanzig Jahren in Syrien, sagt er, für kein Geld der Welt wolle er in die Schweiz zurück. Damit nimmt er die Männer restlos für sich ein. Bald haben sie sich in interessierte Gesprächspartner verwandelt, die sich über die Langeweile auf diesem Außenposten beklagen.

Einer von ihnen steht auf, um Kaffee zu kochen. Im Hinausgehen nimmt er seine Kleider vom Garderobenständer und kommt in Hemd und Hose zurück. Die anderen folgen seinem Beispiel. Ich werfe einen Blick auf die Aktenmappe, die anfangs aufgeschlagen auf dem Tisch lag und inzwischen zugeklappt worden ist. Was für undurchsichtige Machenschaften mögen sich darin verbergen?

Pater Léon nimmt einen Schluck von seinem Kaffee und zwinkert mir zu. Der Ort, an dem er sich befindet, scheint ihn nicht im geringsten einzuschüchtern. Als ich ihm unterwegs von Halas schwieriger Situation erzählte, hatte er sich plötzlich umgedreht und gefragt: »Hat sie denn keine *wasta*?« Ich schüttelte ein wenig erstaunt den Kopf. *Wasta?* Nein, ich glaube nicht. Ihre Arbeit an der Universität vielleicht, aber das scheint ihr nicht viel zu nützen. »Tja, das ist Pech«, erwiderte er, »denn so laufen die Dinge hier nun mal. Ohne *wasta* kommt man nicht weiter.« Vermutlich könnte er diese Wandertouren gar nicht veranstalten, wenn er nicht alle möglichen Leute hätte, die ihn unterstützen. Die Regierung hat Angst: Als nächstes wollen auch die Moslems Wüstenwanderungen machen, und ehe man sich's versieht, haben sie ein Trainingslager für Fundamentalisten eingerichtet. Seit Hama sind nur noch Ferienlager für baathistische Pioniere zugelassen.

Der Mann hinter dem Schreibtisch studiert das Dokument, das Pater Léon aus Damaskus mitgebracht hat, und setzt seine Unterschrift darunter. Kurz darauf stehen wir wieder draußen, in unserem Kielwasser drei dienstbeflissene Herren. »Die können gar nicht verstehen, daß wir so eine Tour machen«, grinst Pater Léon. »Sie selber bewegen sich bei dieser Hitze so wenig wie nur irgend möglich.«

Als die Sonne untergeht und Palmyra in zartrosa Glut taucht, machen Ibrahim und ich einen Spaziergang durch die Ruinen. Palmyra, einst eine Oase an der Handelsroute zwischen der Levante und Mesopotamien, ist eine jener Städte aus vorchristlicher und christlicher Zeit, die sich hinter dem islamischen Syrien verbergen. Der kühle Wind, der durch die Säulenreihen weht, wirbelt den Wüstensand auf und hüllt den Triumphbogen in der Ferne in Dunst.

Auf dem Treppenabsatz in Ibrahims Haus ist mir am Morgen eine Marmorstatue aufgefallen: eine Frau mit geschlossenen Augen und über der Brust gekreuzten Armen. Sie strahlte eine solche Heiterkeit aus, daß ich stehenblieb: »Ja, schau sie dir nur an, sie ist echt«, sagte Ibrahim stolz.

Ich sehe ihn von der Seite an. »Diese Figur in deinem Haus... « Er lacht unbekümmert. »Die stammt von hier, ja. Vielleicht aus einem der Grabtempel.« Er scheint sich keiner Schuld bewußt zu sein. Ebensowenig übrigens wie der Eigentümer des Hotels Zenobia: Die Tische auf der Terrasse sind korinthische Kapitale.

Für Hala ist Palmyra nur das schwache Echo einer längst versunkenen Vergangenheit, doch als ich mit Ibrahim hier herumlaufe, merke ich, daß er die Stadt als einen wichtigen Teil seiner eigenen Geschichte betrachtet. Bald sind wir wieder bei unserem Thema von heute morgen. Ich war über die Ansichten, die er und Pater Léon geäußert hatten, erschrokken, und der beunruhigte Unterton, den ich jetzt in Ibrahims Stimme wahrnehme, läßt mich von neuem aufhorchen.

»Die Christen in dieser Region sind verunsichert, was ihre Zukunft anbelangt«, sagt er. »In den letzten zehn Jahren hat sich hier alles verändert.« Zehn Jahre – das ist auch der Zeitraum, von dem Hala immer spricht. Davor war anscheinend noch alles möglich. Dann wurde Ahmed verhaftet, und nicht viel später kamen die Ereignisse von Hama.

»Die Sunniten glauben, das Land gehört ihnen allein. Wenn sie an die Macht kommen, werden die Christen zu Bürgern zweiter Klasse.« Mit seinem Sportschuh kickt Ibrahim einen Stein vor sich her. »Immer mehr syrische Christen wandern in den Westen aus. Sie fühlen sich hier nicht mehr zu Hause, sie haben den Eindruck, daß sie ihren Kindern nichts mehr bieten können. Frankreich, Australien, Kanada – in Montreal gibt es ganze Straßenzüge, in denen man nur den Akzent von Aleppo hört.«

Es dämmert, die Farben verblassen, und ich kann Ibrahims Gesichtsausdruck kaum noch erkennen. »Und du, möchtest du nicht auswandern?«

»Nein, ich nicht«, sagt er zögernd. Wie auf Verabredung sind wir umgekehrt. In der Ferne schimmern sanft die Lichter des Hotels.

»Weißt du, warum Pater Léon diese Wanderungen organisiert?« Ibrahim wartet die Antwort gar nicht erst ab. »Er will den Christen das Gefühl der Verbundenheit mit ihrem Land zurückgeben, er will nicht, daß sie fortgehen.«

»Also machen hier nur Christen mit?«

Wieder zögert er. »Nicht nur, aber größtenteils.«

Ein überfüllter, wie ein Christbaum geschmückter *hob-hob* fährt hupend in Richtung Hotel, und gleich darauf springt eine Schar junger Leute heraus. Pater Léon steht strahlend auf dem Treppenabsatz. Sie laufen auf ihn zu, klopfen ihm auf den Rücken, fallen ihm um den Hals. Sie nennen ihn *abuna* – unser Vater.

Die Jungen, die auf dem Dach mitgefahren sind, werfen die Rucksäcke herunter. Ich sitze mit Ibrahim an einem Tisch und beobachte die Szene. Plötzlich werde ich auf eine junge Frau aufmerksam, um die sich eine ausgelassene kleine Gruppe schart. Breite Wangenknochen, mandelförmige Augen, dichtes, zu einem Pferdeschwanz gebundenes Haar. Auf der Gesäßtasche ihrer Jeans steht in schrägen roten Lettern: *Gloria Vanderbilt*. Sie strahlt etwas Lässiges aus – eine Führernatur, wie ich sie aus den Ferienlagern meiner Jugend kenne. Als noch ein zweiter Bus kommt, aus dem weitere junge Leute herausströmen, wird sie ebenso überschwenglich begrüßt und umarmt wie Pater Léon.

Arm in Arm kommen die beiden später auf uns zu. »Das ist Louise«, sagt Pater Léon. »Ihr werdet euch bestimmt eine Menge zu sagen haben.« Ibrahim hat die Kühlbox aus dem Auto geholt, die seine Frau uns mitgegeben hat. Sorgfältig deckt er den Tisch mit Servietten, Tellern und Besteck und öffnet eine nach der anderen die Plastikdosen mit dem Essen. Ein korinthisches Kapitell als Tisch – ich muß mich erst daran gewöhnen, aber die anderen stützen ungeniert ihre Füße darauf.

Ich habe einen Bärenhunger, doch Pater Léon ist aufgestanden und begrüßt Neuankömmlinge, und Ibrahim macht keine Anstalten, ohne ihn anzufangen. Ich muß an seine Villa mit der Gartenmauer denken, an den Garten selbst mit den antiken Statuen, das Empfangszimmer mit den polierten Möbeln und den Vitrinen voller Antiquitäten. Das einzige, was Ibrahim aus dieser Umgebung mitgebracht hat, ist die Kühlbox, und er behandelt sie, als enthalte sie seine gesamte Existenz. Erst als Pater Léon sich wieder zu uns gesellt, legt er mit umsichtigen Bewegungen Fleisch, Tomaten und Brot auf unsere Teller.

Drei Männer sind auf die Terrasse gekommen. Sie sehen sich suchend um. Als sie Pater Léon entdecken, leuchten ihre Augen auf. Erfreut steuern sie auf ihn zu. Habe ich sie nicht schon irgendwo gesehen? Als sie sich zu uns setzen, fällt es mir ein: Es sind die *mukhabarat*-Leute von heute nachmittag. Neugierig sehen sie sich um, breitbeinig auf ihren Stühlen sitzend, die Arme bequem auf den Lehnen. Sie bestellen Tee, winken dem Hotelbesitzer zu und lachen über Pater Léon, der wieder seinen Aleppo-Akzent hervorkramt.

Louise spricht fließend Französisch, und während das Dunkel zwischen den Ruinen von Palmyra sich verdichtet, kommen wir wie alte Bekannte miteinander ins Gespräch. Diese rasche Vertrautheit – ich vermisse Hala, auch wenn ich vermute, daß sie das alles hier ziemlich seltsam finden und gegenüber einer Frau wie Louise sehr viel mehr Zurückhaltung an den Tag legen würde als ich.

Louise gehört zu den weitgereisten Christen, von denen Ibrahim gesprochen hat. New York, Florida – überall, wo sie hinkommt, hat sie Verwandte. Ihre Eltern wohnen teils in Toronto, teils in Syrien. Ein enormer Tatendrang scheint in den Menschen zu stecken, von denen sie erzählt. »Die Christen in diesem Land haben ein großes Bedürfnis, sich zu beweisen«, hat mir einmal jemand gesagt. »Das kommt daher, daß sie eine Minderheit sind. Politische Macht ist ihnen verwehrt, das einzige, was sie erreichen können, ist geschäftlicher Erfolg.« Louises Bruder hat mit dem Verkauf von Brot und Törtchen in der elterlichen Garage angefangen; jetzt besitzt er eine Konditorei.

»Geht das so einfach? Macht die Regierung ihm keine Schwierigkeiten?«

Louise lacht. Vor einiger Zeit bekam ihr Bruder aus Rußland eine Bestellung über hundert Tonnen kandierte Früchte. Den ganzen Sommer hat er daran gearbeitet. Doch dann geriet Sand ins Getriebe: Alle Exporte nach Rußland wurden gestoppt. Früher war die Ausfuhr von Gütern das Mittel der Wahl, um Importschulden zu bezahlen, aber seit Rußland in Schwierigkeiten ist, sind die Handelsbeziehungen zwischen den beiden Ländern zum Erliegen gekommen. Ein Teil der kandierten Früchte verrottet inzwischen im Hafen von Tartus. »Verstehst du jetzt, warum mein Bruder nach Kanada auswandern will?«

Sie selbst würde gern in Syrien bleiben. »Aber das wird mir nicht gelingen, fürchte ich.«

»Warum nicht?«

»Ich bin in einen Moslem verliebt«, flüstert sie.

Ich muß lachen. »Und wen stört das? Moslems, Christen...«

»Dich nicht, aber die Leute hier schon. Alle sagen, er wird mich unglücklich machen. Wenn ich ihn heirate, kann ich unmöglich weiter hier leben.« Ein dunkler Unterton hat sich in ihre Stimme eingeschlichen. »Vielleicht können wir in Kanada eine Zeitlang ohne Trauschein zusammenleben, dann könnte ich sehen, ob es gutgeht.«

Wenn alle in einer solchen Situation in den Westen flüchten, denke ich, wie soll sich dann in dieser Region jemals etwas ändern?

»Das könnt ihr doch auch in Damaskus ausprobieren.«

Louise schüttelt den Kopf. »Zusammen wohnen? Nein, unmöglich. Und wenn ich ihn heirate... du hast ja keine Ahnung, was das für Folgen hätte. Meine Kinder müßten Moslems werden, und das würden meine Eltern nie akzeptieren.«

»Sind deine Eltern dir denn so wichtig? Wichtiger als er?«
Louise lächelt nachsichtig. Eine Bekannte ihrer Eltern ist mit einem Moslem verheiratet. Eines Tages sagte ihre siebzehnjährige Tochter zu ihrem christlichen Großvater, er müsse sich vor seinem Tod zum Islam bekehren, sonst komme er in die Hölle. »Das ist ein Schreckgespenst für mich, so etwas könnte ich meinen Eltern nie antun.« Leise fügt sie hinzu: »Schon gar nicht nach dem, was mit meiner Schwester passiert ist.«

»Was denn?«

Louise streicht sich eine Locke aus der Stirn. Sie betrachtet die drei *mukhabarat*-Leute an unserem Tisch und dann ihre Freunde, die in einiger Entfernung ihre Schlafsäcke ausrollen. »Das ist eine lange Geschichte«, sagt sie zögernd. »Ich weiß nicht, ob das jetzt der richtige Moment dafür ist.« Aber dann erzählt sie sie doch.

Es geschah vor zehn Jahren. Eines Nachmittags ging ihre Schwester von der Universität nach Hause. Plötzlich rannte ein Mann an ihr vorbei, ein entsprungener Sträfling, wie sich später herausstellte. Der Polizist, der ihn verfolgte, schoß. Der Mann lief weiter, die Schwester aber sank zu Boden. Sie war sofort tot.

»Seitdem ist in unserer Familie nichts mehr, wie es einmal war.« Louise starrt über die volle Terrasse hinweg in die Dunkelheit. Ihre Mutter war vollkommen verzweifelt. Es war ihre Lieblingstochter gewesen, und sie wußte in ihrem Kummer nicht mehr ein noch aus. Jemand riet ihr, einen Brief an den Präsidenten zu schreiben und um eine Audienz zu bitten. Doch der Präsident wollte sie nicht empfangen, ebensowenig wie ihren ältesten Sohn. Louise schweigt einen Moment, dann sagt sie: »Ich bin die jüngste Tochter, ich durfte kommen. Vor mir hatte er keine Angst.«

Siebzehn war sie damals, und in den Tagen vor dem Besuch wurde sie von allen Seiten mit Vorschlägen überschüttet, um welche Vergünstigungen sie den Präsidenten bitten sollte. Als sie ihm jedoch gegenüberstand, hatte sie so viele leere Säle mit Marmorfußböden durchquert und so viele Türen waren hinter ihr zugefallen, daß sie sich unendlich klein vorkam und keinen einzigen Gedanken mehr fassen konnte.

»Der Präsident war sehr nett«, sagt sie, »wie ein Vater. Er bat mich, Platz zu nehmen, winkte den Boten weg, der mich hergebracht hatte, und fragte, was er für mich tun könne.« Langsam kehrten die Gedanken, die Ratschläge, die Worte wieder. Sie sagte, sie sei Mitglied der Baath-Jugend – eine Lüge –, und überhäufte ihn mit einstudierten Lobreden. Dann bat sie ihn um ein Stipendium für ihren Bruder, der in Frankreich studieren wollte. Doch der Präsident schüttelte den Kopf. Frankreich sei den Kindern hoher Amtsträger vorbehalten, sagte er, aber wenn ihr Bruder nach Osteuropa wolle, könne er etwas für ihn tun. Und als sie sagte, sie wolle reisen, lautete seine Antwort ähnlich: nach Rußland ja, aber nicht nach Amerika.

»Sonst noch etwas?« Seine Stimme klang ein wenig ungeduldig; ihre Zeit war fast um. Fieberhaft durchforschte sie ihr Gedächtnis nach weiteren Gefälligkeiten, um die sie ihn bitten sollte. »Meine Mutter hätte gern ein Telefon«, sagte sie schließlich, und der Präsident versprach, daß sein Privatsekretär Abu Salim sich darum kümmern werde. Dann stand sie wieder draußen.

»Das Telefon haben wir bekommen, aber das war auch das einzige.« In ihrem Elternhaus hängen noch überall Fotos von ihrer Schwester. »Meine Mutter hat sich seitdem ganz auf die Religion gestürzt. Jeden Tag geht sie in die Kirche, und die übrige Zeit verbringt sie in Bibelkreisen und Wohltätigkeitsvereinen. Nur so scheint sie mit dem Verlust leben zu können.« Louise sieht mich an. »Da kannst du dir vorstellen, was passieren würde, wenn ich sage, ich will einen Moslem heiraten.«

Aus einem Winkel der Terrasse, wo die ersten Wanderer sich inzwischen schlafen gelegt haben, kommt ein lauter Ruf. Louise lächelt entschuldigend. »Ich muß rüber, meine Freunde warten auf mich.«

Ich sehe ihr nach, wie sie in der Dunkelheit verschwindet. Bei ihrer Ankunft hatte sie so sorglos zwischen ihren Freunden gestanden, daß ich unwillkürlich gedacht hatte: Warum kann Hala nicht so sein? Toronto, New York, Florida – wie schnell ist die kosmopolitische Illusion, die diese Namen wachgerufen haben, wieder zerstört worden, wie schnell die Welt wieder in sich zusammenklappt.

Abuna Léon geht an der Spitze, groß, munter, ein kariertes Taschentuch um den Hals gebunden, auf dem Kopf eine komische Strickmütze, die mindestens ebensoviel Heiterkeit hervorruft wie sein Aleppo-Akzent. Am frühen Morgen haben wir uns in geschlossener Formation auf den Weg gemacht, inzwischen aber ziehen wir eine unregelmäßige, gut zwei Kilometer lange gepunktete Linie durch die wellige Wüstenlandschaft, und ab und zu verschwindet ein Teil davon hinter einem Hügel. Ich hatte mir Sorgen wegen meiner Kondition gemacht, aber Pater Léons Wanderer sind keine Fanatiker, und ich brauche mich kaum anzustrengen, um unter den ersten zwanzig zu bleiben.

Ein Dozent der Universität Damaskus, der in Leipzig studiert hat, kommt an meine Seite. Er ist groß und wirkt kräftig, aber das Tempo macht ihm schwer zu schaffen. »So hab ich mir das nicht vorgestellt«, murrt er und wischt sich den Schweiß von der Stirn. »Die Juden sind nach der Vertreibung aus Ägypten vierzig Jahre durch die Wüste gezogen, stell dir das mal vor! Die Armen!« Biblische Bezüge! Ich selbst sehe ständig Lawrence von Arabien vor mir, wie er – bisweilen sterbenskrank – auf seinem Kamel durch die Wüste reitet und am Abend vom Fieber geschüttelt im Sand einschläft.

Der Dozent ist fünfunddreißig, wohnt aber noch bei seinen Eltern. »Es ist nicht einfach, eine Frau zu finden«, sagt er, »das Angebot ist begrenzt.« In Leipzig hat er verschiedene Freundinnen gehabt. Er kann sich nicht mehr vorstellen, ein

Mädchen zu heiraten, das er kaum kennt, aber hier ist das der Normalfall. »Man kann nicht einmal Hand in Hand auf der Straße gehen, die Leute wären empört!«

»Hast du in Leipzig keine Frau kennengelernt, die du heiraten wolltest?«

»Nein. Die deutschen Frauen...« Er seufzt. »Die syrischen Frauen sind doch anders.« Er macht zum ersten Mal so eine Wanderung mit. Will er hier vielleicht eine geeignete Partnerin finden? Möglich wäre es. Als Louise sich zu uns gesellt, hellt seine Miene sich auf. Louise hat mit solchen Touren sichtlich Erfahrung: die richtigen Wanderschuhe, Mütze auf dem Kopf, Radrennfahrer-Tasche um die Taille. Ihe Kümmernisse von gestern abend scheinen wie weggeblasen. Sie schreitet kräftig aus, doch als Pater Léon merkt, daß einige ziemlich weit zurückbleiben, verlangsamt sie ihre Schritte. Kurz darauf sehe ich sie ganz am Ende der Reihe, den Arm um ein Mädchen gelegt.

Ibrahim geht vor mir. Er scheint viele der Teilnehmer zu kennen, nimmt aber nicht an ihren Gesprächen teil. Er ist mit seinen eigenen Gedanken hierhergekommen und geht lieber allein.

Pater Léon führt sein Gepäck mit sich, die meisten anderen haben ihre Sachen im Bus zurückgelassen, der uns unterwegs mit Wasser versorgen soll. Als er gegen Mittag auftaucht, steigt ein erleichterter Seufzer auf. Wir trinken und setzen uns eine Weile in den Schatten. Der Dozent plumpst mit seinem vollen Körpergewicht neben mir auf den Boden.

Etwa zehn der Wanderer steigen in den Bus und bleiben trotzig darin sitzen. Sie haben die Nase voll. Hinter der Scheibe sehe ich das Mädchen weinen, um das Louise den Arm gelegt hatte. »Sie hat gerade eine Depression hinter sich«, sagt Louise, »und als sie losging, kam alles wieder hoch.« Pater Léon hatte schon davon gesprochen: Die Stille in der Wüste bringt viele Menschen aus dem Gleichgewicht. Halb lachend, halb ernst zerrt er ein paar junge Leute aus dem Bus. Sie protestieren lauthals, aber er läßt sich nicht erweichen. Das weinende Mädchen und ein Vater mit seiner kleinen Tochter dürfen sitzen bleiben.

»Die Leute hier sind nicht daran gewöhnt, ihre Reserven zu mobilisieren«, sagt Pater Léon, als wir weitergehen. »Sobald sie müde werden, geben sie auf. Ich möchte erreichen, daß sie dagegen ankämpfen, denn im täglichen Leben machen sie es genauso.« Immer wieder muß ich seine Äußerungen an meinen eigenen Erfahrungen überprüfen. Gibt Hala nicht auch zu schnell auf? Aber liegt das nicht daran, daß alles um sie herum so entmutigend wirkt? Würde ich hier auf die Dauer nicht genauso werden?

Wir laufen und laufen, und mit der Zeit werden wir schweigsamer. Die gleichförmige Landschaft, das Säuseln des Windes zwischen den Hügeln, die erbarmungslose Sonne – bald hat die Stille auch mich in ihrem Griff. Mein Körper bewegt sich wie ein Roboter, Gedanken strömen mir ohne erkennbaren Zusammenhang durch den Kopf, wie bei einem Konzert in einem mucksmäuschenstillen Saal.

Stunden müssen vergangen sein, als ich mich plötzlich neben Ibrahim wiederfinde. »Hast du eine Ahnung, wie weit es noch ist?« Es fängt schon an zu dämmern, und da und dort wird auf Pater Léon geschimpft. Er hat behauptet, wir hätten fünfundzwanzig Kilometer zu gehen, aber wir haben schon eine viel längere Strecke zurückgelegt, und noch immer ist Qasr al-Hair nicht in Sicht. Auch ich habe allmählich genug von diesem mechanischen Marschieren durch den Sand. Wo bleibt denn das verdammte Wüstenschloß?

»Typisch Pater Léon«, grinst Ibrahim. »Er stiftet gern Verwirrung. Der Weg ist immer länger, als er sagt.« Die jungen Leute vor uns haben ein Lied angestimmt. Die Melodie kommt mir bekannt vor, aber ich weiß nicht, wo ich sie unterbringen soll. Ein aktueller ägyptischer Schlager ist es jedenfalls nicht, den würde ich wiedererkennen.

»Weißt du, was die singen?«

Ibrahim lauscht. »Ein Kirchenlied, von Jesus und Maria.« Jesus und Maria, sieh an, und das ganz spontan, ohne daß *abuna* Léon in der Nähe ist! Der Gesang schwillt an, wird von den Leuten an der Spitze aufgenommen. Wenn Hala mich so sähe, unter dem Mond, der wie eine grelle Lampe am Himmel hängt, hinter einer Gruppe Syrer herziehend, die christliche Lieder singen – sie wäre mehr als befremdet. Trotzdem ist mir das alles irgendwie vertraut. So muß mein Vater früher im Pfadfinderlager gesungen haben, in kurzen Hosen und Kniestrümpfen, einen Schal um den Hals gewickelt.

»Woran denkst du?« fragt Ibrahim.

»An meinen Vater. Der hat in seiner Jugend bestimmt auch solche Lieder gesungen. Aber das ist mindestens fünfzig Jahre her.«

»Willst du damit sagen, daß die Menschen in Europa heute nicht mehr religiös sind?«

»Na, jedenfalls nicht übermäßig.«

Ibrahim hat andere Erfahrungen gemacht. Wenn er mit Pater Léon in der Schweiz ist, begegnet er vielen gottesfürchtigen Menschen. Ich muß an die Fernsehsendungen des evangelischen Rundfunks denken, die offenen Münder, das überschwengliche Geschmetter. »Wenn man sucht, findet man schon noch gläubige Menschen«, sage ich zögernd, »aber verglichen mit dem hier...«

»Das liegt daran, daß wir uns hier in einer spirituellen Region befinden. Die drei größten monotheistischen Religionen haben hier ihren Ursprung...«

»Sieh mal!« Der Gesang vor uns klingt plötzlich fröhlicher. In der Ferne ist ein Licht aufgetaucht. Mit schnellen Schritten steuern wir darauf zu.

Ein großer Topf mit Suppe brodelt auf einem Gaskocher. Ringsum sitzen etwa fünfzehn vergnügte Leute, die Gruppe, die sich nach unserer zweiten Pause kategorisch geweigert hat weiterzugehen und ungeachtet Pater Léons energischer Proteste im Bus zurückgeblieben ist. Hinter ihnen sieht man die Umrisse von Qasr al-Hair, dem Schloß, das in der Blütezeit der Omayyaden Anfang des achten Jahrhunderts hier erbaut wurde. Nicht lange davor hatten die Omayyaden Ali, den Schwiegersohn des Propheten, besiegt und Damaskus zum Zentrum des islamischen Reiches gemacht.

Wir holen unsere Sachen aus dem Bus, lassen uns an der Schloßmauer nieder und schmunzeln über die Wanderer, die in immer erbarmungswürdigerem Zustand angestolpert kommen. Pater Léon, der das Schlußlicht bildet, wird mit Gejohle empfangen. Strahlend gibt er zu, daß er sich verschätzt hat: Wir haben fündunddreißig Kilometer zurückgelegt. Morgen müssen wir die ganze Strecke wieder zurücklaufen, jammert jemand, und Pater Léon verspricht, daß wir das letzte Stück im Bus fahren dürfen.

Ibrahim hat eine Tischdecke mitgebracht. Er breitet sie auf dem Sand aus und streicht sie sorgsam glatt. Der Inhalt seiner Kühlbox riecht nicht mehr ganz frisch, aber er serviert die Tomaten, gekochten Kartoffeln und den Käse ebenso zeremoniell wie gestern. Ich leere meinen Rucksack aus und lege meinen kärglichen Beitrag dazu. Pater Léon erscheint mit drei Bechern dampfender Suppe. Ibrahim macht ihm Platz, doch kaum hat Léon sich auf die Fersen gekauert, wird er schon wieder weggerufen.

Ibrahim bleibt in tiefem Schweigen sitzen. »Fangen wir schon mal an?« schlage ich schließlich vor.

»Nein, er kommt bestimmt gleich wieder, seine Suppe steht ja noch da.«

»Na, komm schon, ich hab Hunger!« Ohne ihn anzusehen, beginne ich zu essen. Ibrahim läßt die Augen suchend durch das Dunkel schweifen, bis er Pater Léon entdeckt, der mit seiner Mütze auf dem Kopf neben dem dampfenden Kessel steht und einen Becher Suppe schlürft. »Der kommt nicht wieder«, sage ich, »der ist viel zu beschäftigt.« Zögernd folgt Ibrahim meinem Beispiel.

Wir schlafen zu Füßen des Schlosses, die Frauen in der Mitte, die Männer in einem großen Kreis um uns herum. Pater Léon hält noch eine Messe, aber da bin ich schon längst eingeschlafen.

Wie Gefallene auf einem Schlachtfeld liegen wir in der roten Glut der aufgehenden Sonne. Ich habe mich in meinem Schlafsack aufgesetzt und sehe mich um. Einige andere sind ebenfalls schon wach. Qasr al-Hair sieht bei diesem Licht wie ein Märchenschloß aus. Hohe Mauern, Türme mit Schießscharten und ein schmales Tor. Später gehen wir durch das Tor hinein, und ein paar ganz Übermütige klettern auf die Festungsmauer und winken uns von dort oben lachend zu.

Heute nehmen wir die Route direkt nach Süden, hat Pater Léon beschlossen. Sobald wir die Asphaltstraße nach Tadmur erreicht haben, können wir mit dem Bus weiterfahren. Mit frischen Kräften machen wir uns auf den Weg. Ich bin heilfroh über Salims Schuhe, einfache chinesische Turnschuhe, die sich als sehr viel brauchbarer erweisen als die teuren Sportschuhe vieler anderer Wanderer. Ein Junge hat so schlimme Blasen, daß er auf Strümpfen geht.

Für eine Weile gesellt sich eine italienische Nonne zu mir. Sie wohnt in Al-Hasaka, einer Stadt im Nordosten des Landes, nicht weit von den Ölfeldern, in deren Nähe Hala damals von dem alten Abu Talib bedrängt worden ist. Ihre Erzählungen von Kurden, Christen, Moslems und Beduinen in diesem Grenzgebiet zur Türkei und dem Irak bringen mich ins Träumen. Heute nachmittag, wenn wir an der Asphaltstraße angelangt sind, wird sie sich von uns verabschieden und mit ein paar jungen Leuten per Anhalter nach Al-Hasaka zurückfahren. Soll ich mich ihnen anschließen, ist das nicht meine einzige Chance, in diese Gegend zu kommen?

Den ganzen Vormittag wäge ich die Vor- und Nachteile einer solchen Kursänderung ab und bringe auf diese Weise einiges an Kilometern hinter mich. Doch immer wieder taucht Halas Wohnung vor meinem inneren Auge auf, der kleine

Schrank, den sie für meine Sachen freigemacht hat, das Bett, das immer voller Kleider liegt, die Abende, wenn wir alle drei gebadet haben und sich eine wohltuende Ruhe über das Haus senkt. Hat Hala nicht darauf bestanden, daß ich nach meiner Wüstenwanderung erst einmal nach Hause komme? Wenn ich zu lange wegbleibe, verliere ich sie womöglich. Außerdem hat Ibrahim mich eingeladen, demnächst mit ihm und seiner Frau nach Aleppo zu fahren, wo die beiden eine Wohnung haben.

Um zwei Uhr erreichen wir die Straße, aber von dem Bus ist weit und breit nichts zu sehen. Meine Wasserflasche ist leer und inzwischen habe ich auch die des Dozenten, der in Leipzig studiert hat, bis auf den letzten Tropfen ausgetrunken. Das Murren um uns herum wird immer lauter. »Wo bleibt denn der Bus!« »Du führst uns wohl mal wieder an der Nase herum, *abuna* Léon!«

Wir beschließen, auf einem kleinen Hügel haltzumachen. Menschliche Wracks kommen herangehumpelt: Da ist der Junge, der auf Strümpfen geht, weiter hinten hat jemand starkes Nasenbluten. Während wir noch überlegen, was zu tun ist, fällt ein Junge mit einem riesigen Sombrero, mit dem er die ganze Zeit herumgealbert hat, in Ohnmacht. Aus Stöcken und einem Mantel bauen seine Freunde ihm ein Sonnensegel, jemand schüttet ihm seinen letzten Rest Wasser übers Gesicht, und Louise fächelt ihm mit dem Sombrero Kühlung zu. Ich sehe mir diesen gefällten Baum an und bekomme es mit der Angst zu tun. Was soll aus uns werden, wenn der Bus nicht kommt? Der Dozent späht wie ich in die Ferne und sagt mißmutig: »Erinnerst du dich, wie durstig Jesus am Kreuz war? Das hier ist unser Kalvarienberg.« Aber ein Blick auf Pater Léon beruhigt mich wieder. Er liegt entspannt auf dem Rücken, die Arme unter dem Kopf verschränkt, ein schmutziges Taschentuch auf dem Gesicht. Ich traue ihm zu, daß er darunter lacht.

Aus der Ferne winkt uns jemand aufgeregt zu: Einer der Kundschafter, die wir ausgeschickt haben, hat den Bus entdeckt. Ächzend und stöhnend setzt sich die Gesellschaft wieder in Bewegung.

Gegen Abend kommen wir am Hotel Zenobia an. Pater Léon fährt mit dem *hob-hob* nach Damaskus zurück, Ibrahim bietet mir an, mich im Auto mitzunehmen. Wir haben Hunger, aber als wir die Kühlbox öffnen, schlägt uns der Gestank von gärenden Tomaten und zu warm gewordenem Käse entgegen, und wir klappen den Deckel schnell wieder zu.

Hinter Tadmur stoßen wir auf eine Straßensperre. Ein Soldat wirft einen desinteressierten Blick ins Wageninnere, ein zweiter bleibt auf seinem Stuhl unter dem Sonnensegel sitzen. »Die haben Angst vor Infiltranten aus dem Irak«, sagt Ibrahim. Wenig später springt uns erneut ein Soldat vor die Kühlerhaube und schwenkt sein Gewehr. Ibrahim hält mit quietschenden Reifen an. Der Soldat steckt Kopf und Gewehr durchs Fenster, und zu meiner Überraschung beginnt Ibrahim fürchterlich zu schimpfen. Erschrocken zieht der Soldat das Gewehr zurück, und Ibrahim braust davon.

»Was war denn das?« frage ich entgeistert.

»Ein trampender Soldat! Was bildet der sich ein? Glaubt, er braucht nur ein bißchen mit dem Gewehr zu fuchteln!«

»Hattest du denn keine Angst? Der hätte uns doch glatt über den Haufen schießen können!«

»Uns über den Haufen schießen? O nein«, sagt Ibrahim grimmig, »der wußte genau, was es geschlagen hat, als ich ihn angeschrien habe, er soll das Gewehr wegnehmen. Ein Blick auf mein Auto, und er wußte, daß mit mir nicht zu spaßen ist.«

Ich zittere noch eine ganze Weile. Wie anders ist es, wenn ich mit Hala unterwegs bin, wieviel ängstlicher ist sie Soldaten und *mukhabarat*-Leuten gegenüber. Schweigend setzen wir unsere Fahrt auf der unbeleuchteten Straße fort. Zwei Tage lang habe ich mich tapfer gewehrt – alles war besser als mir ein mitleidiges Lächeln von Pater Léon einzuhandeln –, aber jetzt bin ich plötzlich todmüde. Auch Ibrahim ist still und in Gedanken versunken.

Als wir nach Damaskus kommen, ist mir zumute, als würde ich nach der Freiheit der vergangenen Tage wieder eingesperrt. Es ist spät, und Ibrahim lädt mich ein, bei ihm zu übernachten. Ich schlafe wie in Abrahams Schoß, in einem Gästezimmer mit eigenem Bad, einem hohen Bett, geblümter Tagesdecke und dazu passenden Vorhängen. Am Morgen wache ich davon auf, daß der Gärtner frisches Wasser in den Swimmingpool einläßt. In der Küche ist Ibrahims Frau Amira mit der Putzfrau an der Arbeit.

Wir frühstücken auf der Veranda. Durch die Öffnungen in der Gartenmauer sehe ich Frauen in schwarzen *abayas*, die ihre Kinder zur Schule bringen – ein merkwürdiger Anblick, so als gehörten sie nicht in diese Umgebung. Eines der Kinder bleibt stehen und versucht einen Blick in den Garten zu werfen. Ich schäme mich, weil ich hier sitze, inmitten von so viel Reichtum, durch eine hohe Mauer gegen die Straße abgeschirmt.

Als Ibrahim und Amira mich nach Hause bringen, sehen sie sich ihrerseits unbehaglich um. Sie sind noch nie in dieser Gegend gewesen. Der Gemüsehändler schaut neugierig zu uns herüber, als der hellblaue BMW vor Halas Haus hält.

Amira bleibt im Auto sitzen, während Ibrahim meinen Rucksack aus dem Kofferraum holt. »Kommt doch kurz herein«, fordere ich sie auf. Amira zögert. »Na, kommt schon, nur einen Moment.« Hala und Asma sind nicht zu Hause. Ibrahim stellt meinen Rucksack ab, und Amira wirft einen raschen Blick ins Wohnzimmer. »Hier wohnt ihr? Zu dritt?« Mir wird bewußt, wie ärmlich unser Mobiliar in ihren Augen wirken muß: die karierte Polstergarnitur, die Vorhänge, der kleine Schrank mit den Glastüren und Ahmeds Foto darin – all die altvertrauten Dinge.

Ibrahim legt den Arm um Amira. »Gehen wir?«

V

IM Haus liegen fremde Sachen. Schulhefte, die nicht Asma gehören, eine Pappschachtel mit billigen Keksen, wie Hala sie nie kaufen würde, ein Flakon syrisches Parfüm. Mein Schränkchen ist mit allem möglichen Kram vollgestopft, und auf der Wäscheleine hängt ein Kleid, das ich nicht kenne.

Gegen Mittag kommt Hala, abgehetzt, in beiden Händen Plastiktüten mit Lebensmitteln. Sie sieht müde aus, und ihr Gesicht wirkt verquollen. »Ich dachte schon, du kommst überhaupt nicht mehr wieder!« Wir umarmen uns, befangen wie immer. »Wir haben Besuch«, sagt sie.

»Ja, ich hab's gesehen.«

»Sahar und Aisha, sie bleiben nicht lange.« Sahar ist Christin, fällt mir ein, und ihr Mann Moslem. Na, bitte, für Hala und ihre Freunde gelten die religiösen Unterschiede also nicht, von denen in den vergangenen Tagen so viel die Rede war.

»Hast du schon das Neueste gehört? Es sollen Häftlinge entlassen werden. Sahar läßt ihr Haus renovieren, deshalb wohnen sie im Moment hier.«

»Und Ahmed?«

Hala zuckt die Schultern. »Er hat gesagt, ich soll ihm seine Wintersachen bringen. Das heißt, er hat vor, noch eine Weile zu bleiben.«

In der Küche beginnt sie Kartoffeln zu schälen. Bald müssen die Kinder kommen. Ich hole den Klapptisch aus dem Flur, ziehe mir einen Plastikstuhl heran und nehme mich der Bohnen an. Hala sieht mich prüfend an. »Wie war's denn? Hast du was Interessantes erlebt?« Ihre Stimme klingt skeptisch.

Ich erzähle ihr von Pater Léons verrückter Mütze, dem Gejammer der Wanderer, Louises Liebesproblemen. Plötzlich muß ich daran denken, daß ich, als ich hierherkam, gar nicht wußte, ob Hala Christin oder Moslime ist. Damals haben wir über solche Dinge nicht geredet.

»Findest du, ich bin eine typische Christin? Hast du mich überhaupt je unter diesem Aspekt betrachtet?«

Hala lacht erstaunt. »Nein, wie kommst du denn darauf?«

»Ach, nur so, ich wollt's bloß wissen.«

Sie geht nicht weiter darauf ein. Sie scheint im Moment keinen Sinn für die Dinge zu haben, die mich so beschäftigen. Sie erzählt von Tété, Zahra, Shirin und Farid. Bei jedem Namen stößt sie ein abgrundtiefes »Ufff!« aus. Shirin ist zu Farid gezogen. »Und weißt du, was? Morgens wird sie von Kühen geweckt.« Hala verzieht das Gesicht. Von ländlichen Geräuschen aufgeweckt zu werden – etwas Schlimmeres kann sie sich als Städterin kaum vorstellen. »Farid ist das natürlich gewöhnt, aber Shirin...« Sie macht das Backrohr an, schiebt eine Schale mit Kartoffeln, Zwiebeln und Hackfleisch hinein und brummt: »Na ja, da kriegen sie wenigstens jeden Tag frische Milch.«

Tété hat eine Heidenangst, sie könnten über kurz oder lang wieder vor ihrer Tür stehen, denn wie sollen sie ohne Ofen über den Winter kommen? »Sie fleht mich an, für die nächsten Monate zu ihr zu ziehen.« Hala lacht. »Dich kann ich auch mitbringen, sagt sie!« Asma hätte es näher zur Schule, argumentiert Tété, und man würde Heizkosten sparen. »Das Heizöl ist schon wieder teurer geworden. Für hundert Pfund bekommt man gerade so viel, daß es für zwei Tage reicht. Wie soll eine Familie mit einem Monatseinkommen von zweitausend Pfund das bezahlen?«

»Aber hier hat doch jeder mehr als nur einen Verdienst«, rutscht es mir heraus. Pater Léon redet so, und er hat recht, denn irgendwie wursteln sich hier alle durch. Doch Hala ist Widerspruch von mir nicht gewöhnt, bisher war sie meine Hauptinformationsquelle über die Abläufe in diesem Land.

»Nein, nein«, sagt sie, »die meisten müssen mit einem Verdienst auskommen.« Immer mehr Kinder müßten Geld verdienen. Auf dem Weg zur Universität kommt sie jeden Morgen an einem achtjährigen Brotverkäufer vorbei, und wenn sie mittags nach Hause geht, steht er immer noch da.

Wie lange bin ich weg gewesen? Kaum drei Tage, aber Hala redet mit mir, als käme ich frisch aus dem Ausland, als hätte ich keine Ahnung, was hier los ist! Bevor ich etwas entgegnen kann, kommen Asma und Aisha hereingestürmt. Sie werfen ihre Schultaschen auf den Boden, ziehen sich um und schließen sich mit einer Madonna-Kassette im Wohnzimmer ein.

Hala wirft meine Wäsche in die Maschine, fegt den Hof sauber, schimpft auf die Nachbarn, die den Fernseher auf voller Lautstärke laufen lassen, läuft zwischen Küche und Schlafzimmer hin und her und beschwert sich zwischendurch über einen Kollegen an der Universität. Er verstehe nichts von seinem Fach, grollt sie, am liebsten würde er *mukhabarat*-Chef werden.

Ich merke, wie mein Widerspruchsgeist schwindet. Die Klarheit der letzten Tage, die Leere der Wüstenlandschaft, die breiten Flure in Ibrahims Haus, das kühle Gästezimmer mit dem hohen Bett – allmählich kommt mir das alles wie eine Fata Morgana vor. Ich bin in die rauhe Wirklichkeit zurückgekehrt.

Nach dem Essen liegen Hala, Sahar und ich im Nachthemd auf dem Bett. Im Wohnzimmer machen Asma und Aisha Hausaufgaben, durch die Wand schallt Madonna zu uns herüber. Sahar ist ganz aufgeregt wegen der Gerüchte über die Haftentlassungen. Aisha und sie waren schon beim Schneider, um sich neue Kleider machen zu lassen.

»Weißt du, wen ich heute morgen getroffen habe? Das errätst du nie!« unterbricht Hala sie. »Wen denn?« »Omayya!« Omayyas Mann ist vor einigen Jahren nach fünfzehnjähriger Gefangenschaft freigelassen worden. »Und?« fragt Sahar neugierig. »Was hat sie gesagt?« »Geweint hat sie, mitten auf der Straße. Wartet nicht auf eure Männer, hat sie gesagt, ich habe so lange auf meinen gewartet, und jetzt wär's mir am liebsten, sie würden ihn wieder einsperren.«

»Wieso?« frage ich.

Hala seufzt. »Er ist alt geworden, er kann sein Leben nicht mehr genießen. Die ganze Zeit denkt er nur daran, wie es seinen Freunden im Gefängnis geht.«

»Hast du das Gefängnis von Tadmur gesehen?« will Sahar wissen.

Ich schüttle den Kopf. »Nein, das hat *abuna* Léon weniger interessiert.«

Ich erzähle ihr von Louise. »Wie war das eigentlich damals bei dir? Waren deine Eltern nicht dagegen, daß du einen Moslem heiratest?«

Sahar überlegt. »Am Anfang schon, aber später nicht mehr.«

»Und wenn sie Schwierigkeiten gemacht hätten, was hättest du dann getan?«

Sie lacht. »Ich habe ihre Zustimmung nicht gebraucht, es war mein eigenes Leben. Wir waren in derselben politischen Bewegung, die Religion war uns egal, wir hatten andere Dinge im Kopf!« Ich muß daran denken, was ein libanesischer Bekannter mir einmal über die Linke in der arabischen Welt gesagt hat: Sie haben den Clangeist gar nicht erst in Frage gestellt, sie haben einfach einen neuen Clan gegründet: den der Kommunisten. Dort fanden sie die Geborgenheit, die sie bis dahin nur aus ihrem Familienclan kannten.

In dieser Nacht schlafen Hala und ich wieder im Schlafzimmer. Wir liegen in dem großen Bett, wälzen uns hin und her und träumen. In meiner Studentenbude in Utrecht finde ich drei arme Jungen vor, die bei mir eingezogen sind. Ich versuche, meinen Hausgenossen klarzumachen, daß ich mit den Jungen um mich herum nicht arbeiten kann, aber niemand versteht, weshalb ich mich aufrege.

Hala träumt, daß sie auf einem Empfang eine miserable ägyptische Schauspielerin kennenlernt. Während sie sich mit ihr unterhält, merkt sie, daß sie vergessen hat, sich Schuhe anzuziehen. Sie schämt sich: eine Mitarbeiterin der Universität Damaskus ohne Schuhe! Gleich darauf aber fühlt sie eine gewaltige Wut in sich aufsteigen. Sie wirft der Schauspielerin einen vernichtenden Blick zu und schreit sie an, sie wolle überhaupt nicht mit ihr reden.

Der heisere, kehlige Gesang des Muezzins einer nahegelegenen Moschee läßt mich aus dem Schlaf hochschrecken. Es ist noch dunkel. *Allahu akbar, Allaaaah...* Es klingt, als kämen die Laute aus der Zimmerecke. Wie habe ich in den vergangenen Monaten dabei nur schlafen können! Als meine Augen sich an das Dunkel gewöhnt haben, sehe ich, daß Hala ebenfalls wach ist. Sie schaut mich an und lächelt, sagt aber nichts.

Anfangs war Asma von ihrer paramilitärischen Uniform begeistert. Als Hala damit nach Hause kam, zog sie sie sofort an. Sie steckte sich eine Spielzeugpistole in den Gürtel, holte ihre Trillerpfeife aus dem Schrank und rannte auf die Straße hinaus. Am Abend wollte sie die Sachen gar nicht wieder ausziehen. Ich mußte mich erst daran gewöhnen; es war, als hätten wir einen kleinen Soldaten im Haus. Nach dem Baden lag sie mit ihrem Käppi auf dem Kopf im Schlafanzug vor dem Fernseher.

Doch an dem Morgen, als sie zum ersten Mal in Uniform zur Schule mußte, genierte sie sich. Endlos drehte sie sich mit dem Schulranzen auf dem Rücken vor dem Spiegel im Flur hin und her. An der Bushaltestelle gesellte sie sich verlegen zu ihren Klassenkameraden. Einige der Mädchen trugen weiße Kopftücher zu ihrer Uniform.

Inzwischen ist der Reiz der Neuheit dahin, nach der Schule schleudert Asma im Schlafzimmer die Khakihose von sich und schwingt Hemd und Käppi durch die Luft. Einige Wochen nach dem ersten Schultag, als Hala die Hose seufzend aufhebt, entdeckt sie einen Riß darin. »Sieh dir den Wildfang an! Die Hose muß noch sechs Jahre halten!« Überall liegen jetzt Schulbücher und Hefte mit Assad-Bildern herum. Schulangelegenheiten sickern ins Haus ein und beginnen sich auf unser Leben auszuwirken.

Asma würde gern in eine andere Klasse überwechseln, weil dort mehr Kinder aus ihrer früheren Klasse sind, aber als sie der Lehrerin ihren Wunsch vortrug, bekam sie zur Antwort: »Hast du denn eine *wasta*?« Dieselbe Lehrerin hat ein Mädchen angewiesen, sie über alles zu informieren, was hinter ihrem Rücken vorgeht. »So bringen sie den Kindern schon in diesem Alter bei zu spionieren«, seufzt Hala.

Manchmal holen wir Asma von der Schule ab. Im Taxi fragt sie eines Nachmittags: »Sind die *ikhwan muslimin* – die Moslembrüder – schlechte Menschen, Mama?« Hala wirft einen besorgten Blick auf den Fahrer, bedeutet Asma leiser zu sprechen und flüstert: »Warum fragst du das?« Asma erzählt, daß sie in der Schule ein neues Lied gelernt haben. Später, als wir am Küchentisch sitzen, singt sie es uns vor:

Wir schwören, den Imperialismus zu bekämpfen,
Den Zionismus und die Rückständigkeit,
Und ihre kriminellen Handlanger, die Moslembrüder,
Zu vernichten.

Jeden Morgen müssen die Schüler das Lied auf dem Schulhof singen. Besonders der letzte Satz geht Asma nicht aus dem Kopf. »Aber du weißt doch, wer die *ikhwan* sind«, sagt Hala. »Das sind die, die bei Papa im Gefängnis sitzen und die uns machmal guten Tag sagen kommen, wenn wir dort sind. Erinnerst du dich an Rafik? Sieht der denn aus wie ein schlechter Mensch?«

Nein, muß Asma zugeben, Rafik nicht. In Gedanken versunken löffelt sie ihre Suppe. Dann fragt sie noch etwas. Es hat mit mir zu tun, aber ich verstehe nicht gleich, worum es geht. Hala antwortet ruhig, doch Asmas Stimme wird immer lauter. Bei jedem Einwand schneidet sie Hala zornig das Wort ab. Ich höre verwundert zu. Dieser demagogische Unterton ist mir an Asma so fremd, daß es mir vorkommt, als säße noch eine vierte Person mit uns am Tisch.

»Worüber redet ihr denn?«

Hala ist sichtlich verlegen. »Asma will wissen, warum du nicht Moslime wirst.«

Ich muß lachen. »Wie kommt sie denn darauf?«

»Ach, was die Leute hier eben so erzählen... Für die Christen ist Maria die Mutter von Jesus, also die Frau von Gott, sagen sie, und das ist nach dem Islam unmöglich.«

»Woher hat Asma denn solche Geschichten?«

»Von ihrer Religionslehrerin anscheinend.«

Asma sieht mich böse an. Das Feuer der Religionsstunde von heute morgen glüht noch in ihr nach. Der Islam sei die jüngste Religion, hat die Lehrerin gesagt, und deshalb die beste.

»Und was hast du Asma geantwortet?«

»Was sollte ich sagen? Ich will ihr nichts erzählen, was sie in der Schule in Schwierigkeiten bringt, ich will nicht, daß sie zur Außenseiterin wird. Ich kann nur hoffen, daß sie die Wahrheit mit der Zeit selbst entdeckt, so wie ich.«

Asma ist aufgestanden, und Hala sieht ihr nach, wie sie mit ihrer Trillerpfeife um den Hals nach draußen läuft. Solche Diskussionen führen die beiden nicht zum ersten Mal. Im Frühjahr ist Asma einmal ganz verstört von der Schule nach Hause gekommen. Erst wollte sie nicht sagen, was passiert war. Sie wolle weinen, sagte sie, so traurig sei sie. Am Abend schlug Hala ihr vor, einen Spaziergang zu machen, wie zwei Erwachsene, die etwas Wichtiges zu besprechen hätten. Unterwegs kam dann nach und nach heraus, was Asma so zu schaffen machte. Eine Freundin hatte ihr gesagt, Mohammed habe sein Wissen nicht unmittelbar von Allah, wie die Religionslehrerin behauptete, sondern von *Bouhaira*, einem christlichen Mönch, dem er auf einer seiner Reisen begegnet sei. Unter Christen hört man diese Geschichte häufiger – Hala kannte sie schon. »Und wahrscheinlich stimmt sie auch. Natürlich hat der Islam einiges vom Christentum übernommen.«

»Hast du das Asma gesagt?«

»Nein, ich kann ihr nicht alles sagen, was ich denke. Für mich ist der Islam wie ein alter Teppich: schön anzusehen, aber eben alt. Aber wenn ich ihr das sage und die Lehrerin erfährt es, dann denkt sie, ich bin Kommunistin!« Sie starrt düster vor sich hin. »Vielleicht ist das, was Asma in der Schule mitbekommt, ja eine gute Vorbereitung auf später. Vielleicht ist hier für Ahmeds und meine Ideen bald kein Platz mehr.«

Der Fernseher ist an, der Kassettenrecorder spielt, der Klapptisch ist von der Küche ins Wohnzimmer umgezogen – Asma macht Hausaufgaben. Manchmal ruft sie Hala zu Hilfe. Sie streiten sich über das Gesetz der Schwerkraft. Asma versteht es nicht, und Hala kann es ihr nicht erklären. Abends muß Hala sie abhören. Wie eine Fremde erscheint Asma mir, wenn sie, im Schneidersitz und angespannt wie eine Feder, ihre Lektionen herunterleiert. Manchmal erkenne ich darin den hohlen, rhetorischen Stil der Reden arabischer Politiker wieder, dann wieder den beschwörenden Tonfall des Imams in der Moschee. Wenn sie guter Stimmung ist, darf ich sie in Französisch abhören. Ihr Lehrbuch stammt aus dem Jahr 1971 und enthält Bilder von französischen Kindern – jeden Sonntag gehen Delphine und Marinette mit ihren Eltern in die Kirche –, von Hunden und Katzen und von verschneiten französischen Dörfern.

Ich bin überrascht, was für komplizierte französische Sätze Asma auswendig hersagen kann. Erzählungen von Guy de Maupassant, Gedichte von Victor Hugo – fest verschnürte Päckchen, aus denen kein Wort entschlüpft. Doch als ich ihr später eine einfache Frage stelle, die nicht im Buch steht, lacht sie verlegen, und Hala muß die Frage übersetzen.

»Habt ihr früher auch alles auswendig gelernt?« frage ich Hala.

»Nein, jedenfalls nicht so. Aber Militärregierungen wollen eben nicht, daß man nachdenkt, man soll alles nur herunterleiern.«

Am Abend muß ich kurz zu Pater Léon, um ihm die geliehenen Sachen zurückzubringen. »Vielleicht lade ich ihn mal zu uns ein«, sage ich, »ihr fändet ihn bestimmt nett.«

Als ich wieder nach Hause komme, schläft Asma schon. Hala liegt im Bett und liest in einem Buch der marokkanischen Soziologin Fatima Mernissi: *Der politische Harem – Mohammed und die Frauen*. Schon wieder der Prophet! Vielleicht hat Pater Léon doch recht, wenn er sagt, die Sunniten würden in der islamischen Geschichte schwelgen.

Hala sieht auf. »Interessant?« frage ich. Die Ironie in meiner Stimme ist ihr nicht entgangen. Mit sicherem Gespür errät sie, was mir durch den Kopf geht, seit ich mit Pater Léon in der Wüste war. Sie nickt. »Obwohl ich nie gedacht hätte, daß ich so etwas je lesen würde.«

»Und warum liest du's?«

Sie legt das Buch weg und seufzt. »Du hast ja gehört, was Asma heute mittag beim Essen gesagt hat. Die Lehrerin erzählt den größten Blödsinn über den Islam, genau wie die Fundamentalisten. Ich will mich einfach verteidigen können, wenn man mich angreift, und das kann ich besser mit den Worten des Propheten selbst als mit denen von Marx oder Sartre. Glaubst du, die Leute haben Ahmed und seine Freunde verstanden, wenn sie vom Kommunismus geredet haben? Nein. Die einzige Sprache, die sie verstehen, ist die Sprache der Religion.« Das sei sogar den Kommunisten nach einiger Zeit klargeworden, aber gerade als sie eine Annäherung an die Moslembrüder gesucht hätten, um mit ihnen eine gemeinsame Front zu bilden, seien sie eingesperrt worden.

Sie findet das Buch gut. »Manches darin würde sogar dir gefallen.« Sie gibt eine Passage wider, in der Fatima Mernissi sagt, daß die Vergangenheit für die Menschen im Westen wie ein Dessert sei, für die Araber dagegen das Hauptgericht.

Hala hat sich aufgesetzt und lacht geheimnisvoll. »Als du weg warst, hatten Asma und ich noch ein interessantes Gespräch.«

»Worüber denn?«

»Wie kann Pater Léon zu uns kommen, wo er doch ein christlicher Pater ist?« fragte Asma, kaum daß ich die Tür hinter mir zugemacht hatte.

»Wieso sollte er da nicht zu uns kommen können?«

»Die Christen mögen uns doch nicht.«

»Wer sagt das? Wie kommst du denn darauf?«

»Das merke ich in der Schule«, erwiderte Asma. »Die christlichen Kinder spielen nie mit uns, die wollen nichts von uns wissen.«

»Und Sahar? Die hat doch nichts gegen uns.«

Asma denkt einen Moment nach. Sahar – das sei etwas anderes, sagt sie.

»Und Lieve – die ist doch auch Christin!«

Wieder dachte Asma nach. »Vielleicht nicht richtig«, sagte sie dann unschlüssig. Und als Hala ihr versicherte, daß es doch so sei, erklärte sie: »Nein, Lieve ist Lieve.«

Es wird kühler in den Straßen von Damaskus. Hala hatte mich gewarnt: Die Jahreszeiten wechseln hier ganz abrupt. In Tétés Gegend sind Stände aufgebaut worden, an denen Feigenkaktusfrüchte verkauft werden, und Tété macht schon seit Tagen Zitrusfrüchte und *makdous* ein, kleine, mit Walnüssen und scharfem Pfeffer gefüllte Auberginen. Zu Hause räumt Hala den Ventilator fort und legt dicke Decken auf das Bett. Auf dem Markt kauft sie frische Oliven, die sie in Salzwasser einlegt. Sie schmecken bitter, aber die Damaszener mögen sie – sie gehören zur Jahreszeit.

Der Duft des Herbstes hängt in der Luft, ein anheimelnder, behaglicher Duft, der mich mit der Zurückgezogenheit meines Damaszener Lebens aussöhnt. Der Jasminstrauch duftet nicht mehr, die Blätter des Feigenbaums im Innenhof beginnen sich zu verfärben, und in unserer kleinen Straße ist ein neues Geräuch zu hören. *Püüüpüüüp, püüüpüüüp!* Als Hala es zum ersten Mal vernimmt, spitzt sie die Ohren und läuft hinaus. Es ist der Heizölhändler. Auf dem Dach steht ein Tank, den er bis zum Rand füllt.

Die Zigarettenjungen kauern abends beieinander und wärmen sich am Feuer des Kastanienverkäufers die Hände. Immer wenn ich aus dem Taxi steige und sie in einiger Entfernung sehe, beginnt mein Herz schneller zu schlagen. Die Lederjacke ihres Anführers glänzt im Licht der Straßenlaterne. Seit ich ihn in seinem verknitterten T-Shirt verschlafen und zerzaust aus dem Haus kommen sah, fühle ich mich auf eigenartige Weise mit ihm verbunden. Er selbst scheint seit dieser Begegnung alle Forschheit verloren zu haben. Seine Freunde stoßen ihn zwar noch an, wenn ich komme, aber er ruft mir nichts mehr nach und wirft mir nur noch verstohlene Blicke zu.

Irgendwie verleiht seine Gegenwart unserer Straße etwas Melancholisches. Eines Abends, als er nicht da ist und ich enttäuscht nach Hause schlendere und dabei insgeheim nach seiner Jacke und dem stolzen Kopf mit dem zurückgekämmten Haar Ausschau halte, kommt mir Sihams Geschichte in den Sinn. Siham wohnte in einem ganz ähnlichen Viertel wie unserem im alten Bagdad. Als sie eines Abends nach Hause ging, kam ein junger Mann auf sie zugelaufen. Plötzlich spürte sie seinen Körper an ihrem und roch seinen Atem. Er hatte getrunken. Er preßte seinen Mund auf ihren und küßte sie wild und verzweifelt. Sie war zu perplex, um sich wehren zu können, und ehe sie überhaupt begriff, was geschah, murmelte er »*Sorry, sorry*« und rannte um die Ecke. Erst dann nahm sie den Geruch seines Parfüms wahr. Ein angenehmer, würziger Duft. Noch monatelang ging ihr der rätselhafte Vorfall im Kopf herum, immer wieder spürte sie den Körper des Mannes und roch sein Parfüm. In jedem jungen Mann, der ihr begegnete, suchte sie ihn. Der geraubte Kuß war das Bedeutsamste, was ihr je widerfahren war.

Hala und Asma baden zusammen. Sie plappern und lachen wie die Turteltauben. Mit einer Mischung aus Rührung und Eifersucht höre ich zu. Das Gespräch dreht sich darum, wer der beste Friseur von Damaskus ist, Georges oder Johnny. In ihren Bademantel gewickelt und mit einem Handtuch um den Kopf kommt Hala später ins Schlafzimmer. »Ach, du bist schon da?« Aus dem Badezimmer bittet Asma sie mit ihrem süßesten Stimmchen, ihr einen Bademantel zu bringen. »Kommt gleich, *ya habibi*!« Hala zwinkert mir zu. *Habibi* – Liebling – ist eine sonst nur von Männern gebrauchte Anrede.

»Meine Tochter wird groß«, flüstert Hala und muß lachen. Vor einiger Zeit stand Asma im Flur vor dem Spiegel und betrachtete sich. »Wann fangen denn die Jungen an, mir Sachen nachzurufen?« wollte sie wissen. »Bald«, sagte Hala. »Aber dann darfst du dich nicht mehr wie ein Junge anziehen. Wenn du immer in Jeans herumläufst, pfeift dir keiner nach.« Nicht viel später fragte Asma sie, was der Unterschied zwischen einem Mädchen und einer verheirateten Frau sei. Hala antwortete ausweichend: eine verheiratete Frau arbeite normalerweise mehr zu Hause und kümmere sich um die Kinder. Aber das hatte Asma offenbar nicht gemeint. Heute abend hat sie das Thema wieder aufs Tapet gebracht. »Stimmt das, Mama, daß Mädchen innen drin was haben, was ganz leicht kaputtgeht?« Sie hatte es von Leila, einer Schulfreundin, gehört. Wenn eine Frau heiratet, hatte Leila gesagt, zerreißt das zarte Häutchen. »Und wenn sie sich scheiden läßt und wieder heiratet, Mama, kriegt sie dann ganz von selber ein neues?«

Der Fluch der Jungfräulichkeit! Jener Fluch, dem Hala sich mit achtzehn zu entziehen beschloß. »Alles wiederholt sich«, sagt sie. Als Asma aus dem Bad kommt, wirft sie sich der Länge nach aufs Bett und sieht mich strahlend an, noch ganz im Bann des Dampfbadgeplauders. Ihr Haar ist naß, ihre Haut glänzt, sie duftet nach Seife, und als ich den Arm nach ihr ausstrecke, kuschelt sie sich behaglich an mich.

Durch den Vorhang ihrer Haare lugt sie zu Hala hinüber. »Erzähl Lieve von Rami«, sagt sie. Rami ist ein Mitschüler, in den sie seit Monaten verliebt ist. Ich weiß natürlich alles über ihn, aber Hala spielt das Spiel mit. Asma zeigt mir ein Foto von Rami, das sie zusammen mit dem ihres Vaters in ihrem Portemonnaie aufbewahrt. Ein pummeliger Junge mit dümmlichem Gesicht, nicht gerade ein Playboy. Aber Rami ist beliebt, und Asma ist nicht seine einzige Freundin: Unter fünfen nimmt sie Platz zwei ein. Während Hala ihre widerspenstigen Locken kämmt, kündigt Asma an, daß sie ihn nächste Woche einmal zum Mittagessen einladen wird. Aber Hala und ich dürfen dann nicht mit im Zimmer sein, erklärt sie streng.

Am Abend liegt sie vor dem Fernseher und singt bei den Werbespots für libanesisches Shampoo, Milchpulver und Maisöl lauthals mit. Mit dem Fuß schaltet sie zwischen den Kanälen hin und her. Plötzlich erscheint Assad auf dem Bildschirm. Eine blonde Journalistin sitzt ihm gegenüber, mit der er sich über die Friedenskonferenz in Madrid unterhält. Hala eilt aus der Küche herbei. »Das Gespräch ist in seiner neuen Residenz aufgenommen«, konstatiert sie. »Siehst du die riesigen Vasen? Wie in saudi-arabischen Palästen.«

»Was sagt er denn?«

»Warte, gleich wird es übersetzt.« Sie hat recht: Später sehen wir das Interview mit englischen und französischen Untertiteln. Assads Hemd ist bald blau, bald weiß, je nach Empfang. Die amerikanische Journalistin fragt ihn, wie es um die politische Freiheit in Syrien bestellt sei. Assad lacht liebenswürdig und weist darauf hin, daß es in den USA nur zwei Parteien gebe, in Syrien dagegen sieben. »Jetzt werden wir noch tagelang zu hören und zu lesen bekommen, wie fabelhaft die Amerikaner unseren Präsidenten finden«, murrt Hala.

Morgen muß sie zu Ahmed, und sie hat mit den Vorbereitungen alle Hände voll zu tun. Sie steht hoch oben auf der Leiter, und ihr Kopf verschwindet fast in dem Lederkoffer auf dem Schlafzimmerschrank. Sie holt einen schlabbrigen beigefarbenen Pullover hervor und betrachtet ihn liebevoll. »Den hab ich noch selbst gestrickt!« Resolut wirft sie ihn mir zu. »Leg ihn auf den Stapel. Schön ist er nicht mehr, aber Ahmed fände es komisch, wenn ich ihn nicht mitbringen würde. Er würde sich sofort fragen, was dahintersteckt.« Das blaue Hemd, das er bei seiner Verhaftung anhatte, trägt er heute noch, obwohl es inzwischen schon ganz ausgefranst ist.

»Wie wär's, wenn ich ein Hemd für ihn kaufen würde?« frage ich.

»Vielleicht bist du ja noch da, wenn er nach Hause kommt.« Hala hat sich umgedreht. »Oder? Du hast ja gehört, was Sahar gesagt hat: Die Gefangenen werden freigelassen. Assad muß den Amerikanern doch beweisen, daß er ein echter Demokrat ist!« Sie lacht. »Elf Jahre hat sich hier nichts getan, aber seit du da bist, passiert alles auf einmal. Im Dezember sind Präsidentschaftswahlen, du kannst also noch gar nicht weg.«

»Aber ich kann doch nicht warten, bis Ahmed entlassen wird! Wer weiß, wie lange das noch dauert. Ich kann nicht so lange von zu Hause wegbleiben. Was soll denn mein Freund sagen... «

»Der kann doch auch hierherkommen.«

»In diese kleine Wohnung?«

»Dann ziehen wir eben alle zusammen nach Wadi al-Nakhla.«

»Mit Ahmed?«

»Warum nicht? Vielleicht will Ahmed ja auch lieber hierbleiben.«

»Da müßte ich meine Wintersachen von zu Hause kommen lassen und meine Sommerkleider zurückschicken.«

»Die laß lieber hier, vielleicht bist du ja nächsten Sommer noch da.«

Es ist schön, sich auf der Woge ihrer Phantasie treiben zu lassen. Plötzlich knistert die Luft vor Spannung, und das

Ende meines Aufenthalts rückt in unbestimmte Ferne. Wer weiß, vielleicht stehen hier tatsächlich große Ereignisse bevor.

Hala ist die Leiter wieder heruntergestiegen. Unten im Schrank liegen, in Plastiktüten verpackt, noch mehr Sachen. Letzten Winter war Hala nach dem Tod ihres Vaters in Trauer, so daß sie ihre Winterkleider zwei Jahre nicht gesehen hat.

»Schau mal.« Sie sitzt im Schrank und hält mir eine zartrosa Puderdose hin. *Amour absolu* steht in zierlichen Lettern darauf. Ich öffne die Dose und hebe behutsam die Puderquaste hoch. »Die ist mindestens vierzig Jahre alt«, sagt Hala. »Meine Mutter hat sie zur Hochzeit bekommen.«

»Aber benutzt hat sie sie anscheinend nicht.«

»Nein, sie hat sie mir einfach so geschenkt.« Vorsichtig wickelt sie die Dose wieder in weißes Seidenpapier und wühlt weiter im Schrank. »Was soll ich mit dem ganzen Kram?« seufzt sie. Sie bringt eine Abendtasche mit Golddoublèketten zum Vorschein, stellt sich vor den Spiegel und hält sich die Tasche kokett an. »Na, was sagst du?« So etwas ist nicht ihr Stil. »Wenn Ahmed kommt, trag ich sie.« Aber wir wissen beide, daß sie es nicht tun wird.

Wieder taucht sie in den Schrank und bringt einen schwarzen Schal mit einer Abbildung der Peterskirche zum Vorschein. »Erinnerst du dich an die italienische Filmemacherin in Bagdad? Die hat mir den Schal geschenkt.«

»Und du hast ihn gleich weggepackt.«

»Klar, was sonst?« Ich erhasche einen Blick auf den Morgenrock und das T-Shirt mit dem Motorradfahrer, meine Mitbringsel für Asma. Hala ist inzwischen auf drei flache Kartons mit Satinnachthemden gestoßen. »Da, sieh mal, die hab ich gekauft, als ich dachte, Ahmed kommt nach Hause.« Hauchdünne rosarote und hellblaue Gebilde, mit Schleifchen verziert – sie hat sie nie getragen und fragt sich, ob sie noch in Mode sind.

»Warum gibst du sie nicht Shirin? Die würde sich bestimmt darüber freuen.«

Aus der Lücke in dem Kleiderstapel wirft Hala mir einen zutiefst verständnislosen Blick zu: »Aber Lieve, das sind meine Träume!«

»Wie sehe ich aus?« Sie steht startbereit in der Tür, angespannt von Kopf bis Fuß, in beiden Händen Taschen mit Winterkleidern und Büchern. »Diese Ohrringe...« Die silbernen Reifen mit den klingelnden Glöckchen und den blauen Steinen sind viel zu groß für ihr kleines Gesicht. »Ahmed mag sie«, sagt sie tapfer, »ich trage sie für ihn.«

Diesmal geht sie allein. Ich umarme sie – jetzt ist es, als hätte sie ihrerseits eine längere Reise vor sich. Doch schon kurz nach dem Mittagessen ist sie wieder zurück. Sie hat Ahmeds Sommersachen und ein Geschenk für mich mitgebracht: ein Schreibkästchen aus Holz und Palmharz, mit kupfernen Arabesken außen und rotem Samt innen.

Hala läßt sich aufs Sofa fallen. »War das wieder ein Streß!« Sie mußte endlos warten, bis sie aufgerufen wurde, und begann mit der Frau vor ihr, die sie noch nie gesehen hatte, ein Gespräch. »Ist Ihr Mann da drin?« Die Frau nickte. »Politik?« Sie rümpfte verächtlich die Nase. »Nein, Geld.« Sie sah Hala ohne die geringste Spur von Neugier an. »Und Ihrer?« Hala warf den Kopf zurück und sagte: »Politik.« Einen Moment schwiegen beide. Hala überlegte, was mit »Geld« wohl gemeint sein konnte. »Schmiergeld?« fragte sie. Die Frau warf ihr einen vernichtenden Blick zu: »Angeblich.«

Alle waren nervös wegen der Gerüchte über die Freilassung der politischen Gefangenen. Als sie endlich aufgerufen wurden, sahen sie, daß die Wächter einen Hund bei sich hatten, groß wie ein Esel, ein Drogenspürhund. Einige Frauen hatten Angst vor ihm und fingen an zu schreien, und auch Hala traute sich nicht an ihm vorbei. Eine Frau warf mit dem Zucker, den sie für ihren Sohn mitgebracht hatte, nach den

Wächtern. Es entstand ein solcher Aufruhr, daß der Hund entfernt werden mußte.

Aus Rache beschlagnahmten die Wächter die Lebensmittel, die die Frauen mitgebracht hatten. Ahmeds Mutter durfte ihre selbstgemachte *kibbe* nicht mit hineinnehmen, eine andere Frau mußte eine Schüssel mit Fisch zurücklassen. »Die haben Angst um ihre Macht«, sagt Hala. »Sie wollen uns zeigen, daß sie immer noch die Herren sind.« Doch die Frauen protestierten so resolut, daß die Wärter ein zweites Mal nachgeben mußten.

»Was sagt Ahmed?«

»Er weiß nichts. Er hofft, aber er will sich auch nicht zu große Hoffnungen machen.« Ein Lächeln gleitet über ihr Gesicht. »Er sagt, wenn er nach Hause kommt, lernt er kochen, und er will noch mindestens vier Kinder. Ich hab ihn reden lassen, ich hatte keine Lust auf Diskussionen.« Ihre Augen funkeln vergnügt. »Er hat gesagt, ich soll dich überreden, auch Kinder zu kriegen!«

Der jordanische Spion, mit dem er so viel zusammen war, ist ins Gefängnis von Tadmur verlegt worden. Ahmeds Leben ist dadurch sehr viel eintöniger geworden. »Im Grunde ist er verzweifelt. Wenn er ein Krimineller wäre, wüßte er wenigstens, wie lange er noch sitzen muß, aber so... Niemand weiß, wann es vorbei ist.« Einige der Gefangenen sind zum *mukhabarat* bestellt worden. Seitdem kursieren Gerüchte über eine Erklärung, die die Häftlinge vor ihrer Entlassung unterschreiben sollen.

»Würde Ahmed das tun?«

»Das kommt darauf an, was drinsteht«, sagt Hala niedergeschlagen. »Mit gesenktem Kopf das Gefängnis verlassen, nachdem er elf Jahre für seine Ideen gesessen hat – das wär nichts für ihn.«

Allmählich tauchen in den Straßen von Damaskus Wahlplakate auf. Am Eingang einer belebten Geschäftsstraße in der Neustadt hängt ein Transparent mit dem Slogan: *Die Geschäftsinhaber von Salhia sagen ja zu Präsident Assad, dem echten Damaszener.* Vor allem über den *echten Damaszener* muß Hala lachen. Autos mit Assad-Fotos rauschen vorbei, Amateurmaler lassen ihrer Phantasie freien Lauf. An einem Bankgebäude im Zentrum sieht uns Assads eckiger Kopf von einem zwanzig Meter hohen Tuch herab an, auf einem anderen Bild hat er ein Babygesicht und kurze, dicke Ärmchen – wie ein kleiner Cherub.

Unterdessen rückt die Friedenskonferenz mit Riesenschritten näher. Morgens im Bett höre ich BBC. Der Korrespondent fragt sich, ob es in Madrid auch genug *halal* – koschere – Restaurants gibt. Im Wohnzimmer hört Hala Radio Monte Carlo. Aus der syrischen Presse erfahren wir herzlich wenig, und das wird laut Hala auch so bleiben. Die Journalisten, die Syrien nach Madrid entsandt hat, seien notorische Dummköpfe. Andere Sprachen als Arabisch sprechen sie nicht, aber das ist auch nicht nötig, weil sie ohnehin treu und brav schreiben, was der Chefredakteur verlangt.

Am ersten Tag der Friedenskonferenz gehen Hala und ich für Tété einkaufen. Bilde ich es mir nur ein, oder ist es in der Stadt tatsächlich ruhiger als sonst? Im Taxi hört alles gespannt Radio. Niemand spricht. Ich muß an Sadat und das Camp-David-Abkommen denken – zwei Jahre später war er tot.

Auch im Suq haben die meisten Händler das Ohr am Radiogerät. Jetzt, da es endlich soweit ist, spüre ich eine leichte Erregung, doch als ich den Kopf wende, sehe ich, daß Hala Tränen über die Wangen laufen. »Jahrelang haben sie uns gegen Israel aufgehetzt, und jetzt hecken sie über unsere Köpfe hinweg etwas ganz anderes aus!« Sie holt ein Taschentuch hervor und wischt sich die Tränen ab. »Wir werden überhaupt nicht gefragt, die machen einfach, was sie wollen.« Ich kann mir vorstellen, wie ohmächtig sie sich fühlt. Ihr passiver Widerstand der letzten Jahre war vergeblich: Die Welt hat sich ohne sie weitergedreht.

»Das ist alles so verwirrend«, begehrt sie auf. »Wenn sie wenigstens sagen würden, was Sache ist, aber während unser Außenminister mit dem israelischen Ministerpräsidenten am Verhandlungstisch sitzt, reden die Zeitungen immer noch vom ›zionistischen Feind‹. Assad blinkt links und fährt nach rechts.«

Wir essen bei Tété zu Mittag. Farid und Shirin sind auch da. Plötzlich sagt Tété: »Möge Allah die Israelis strafen und alles, was heute in Madrid geschieht, wieder ungeschehen machen.« Der Satz fällt wie eine Waffe auf den Tisch und bleibt dort unberührt liegen. Farid tut so, als hätte er nichts gehört. Hala sieht mich verschwörerisch an – so radikal denkt sie jedenfalls nicht. »Meine Mutter hat den ganzen Vormittag Radio gehört«, wiegelt sie später ab. »Die Israelis setzen ihre Bombenangriffe im Süd-Libanon unvermindert fort. Für Tété ist die Konferenz unerträglich. Es ist, als ob ... « – sie sucht nach einem treffenden Vergleich – »als ob jemand sie auffordern würde, im Badeanzug auf die Straße zu gehen.«

Zu Hause schaltet Hala sofort den Fernseher an. »Vielleicht hat Assad in seiner unendlichen Güte beschlossen, uns den jordanischen Kanal zurückzugeben.« Hoffnungsvoll dreht sie am Knopf. Das jordanische Fernsehen ist wesentlich abwechslungsreicher als das syrische, wird aber seit dem Golfkrieg – in dem Jordanien für den Irak Partei ergriffen hat – boykottiert. Auch heute müssen wir uns mit den syrischen Nachrichten begnügen.

Die Kamera schwenkt vom Sprecher der Palästinenser zu al-Sharaa, dem syrischen Außenminister, und von ihm zur jordanischen Delegation. Da ist Schewardnadse, da ist Baker... Doch von den Israelis keine Spur. Drei Abende sitzen wir vor dem Bildschirm. Die Reden der arabischen Delegationsmitglieder werden in voller Länge übertragen, endlose, einschläfernde Monologe, die sich mit dem eintönigen Geleier von Asmas Lektionen vermischen.

Hala macht ein Wechselbad der Gefühle durch. In düsteren Momenten meint sie, die Gespräche würden die Alawiten teuer zu stehen kommen, der Schandfleck dieser ersten Kontaktaufnahme mit den Israelis sei nie mehr auszulöschen. Dann wieder beklagt sie sich darüber, daß wir die israelische Delegation nicht zu sehen bekommen. »Al-Sharaa sitzt mit Shamir im selben Saal!« ruft sie einmal verzweifelt aus. »Wieso darf ich das nicht sehen, was haben die zu verbergen?« Bis zum letzten Moment hoffen wir weiter, doch als die Konferenz zu Ende ist, haben wir von den Israelis kein Fitzelchen gesehen.

VI

»HAST du noch Lust, mit nach Aleppo zu kommen?« fragt Ibrahim, als ich ihn anrufe. »Morgen fahren wir.« Natürlich komme ich mit. Alles, was ich bisher über Aleppo gehört und gelesen habe, macht mich neugierig. Als Handelszentrum zwischen dem Mittelmeerraum und Asien hatte die Stadt über Jahrhunderte intensiven Kontakt mit der Außenwelt; die europäischen Kaufmannsfamilien, die dort lebten, haben ihren Charakter geprägt.

Hala hält nicht viel von Aleppo. Sie ist froh, daß ich bei Ibrahim und Amira wohnen werde – die Hotels dort seien nicht sicher. Vor Jahren mußte sie einmal in Aleppo übernachten. Der Mann an der Rezeption des Hotels, das sie sich ausgesucht hatte, brachte sie auf ihr Zimmer. Als er ihr zeigen wollte, wie die Tür abzuschließen sei, stellte er sich so ungeschickt an, daß der Schlüssel abbrach und sie eingesperrt waren. Es waren kaum Gäste im Hotel, und das Personal war schon nach Hause gegangen. Der Mann tat furchtbar verlegen, aber Hala war überzeugt, daß er den Schlüssel absichtlich abgebrochen hatte. Sie schimpfte wie ein Rohrspatz, und als das nicht half, riß sie das Fenster auf und rief um Hilfe. Kurz darauf wurden sie befreit, worauf sie resolut ihren Koffer nahm und sich ein anderes Hotel suchte. Seitdem hat sie nie wieder in Aleppo übernachtet. Wenn sie dort zu tun hat, fährt sie mit dem Nachtzug hin und richtet es so ein, daß ihre Arbeit vor dem Abend beendet ist.

»Eine komische Stadt«, sagt sie. »Die Leute dort sind viel lockerer als hier.« Die Christen in Aleppo seien sehr reich und hätten geschlossene Clubs, zu denen Moslems keinen

Zutritt hätten und in denen sich geheimnisvolle Dinge abspielten. »Du bist doch Christin«, sagt sie. »Versuch doch mal herauszukriegen, was da passiert.«

In anderen syrischen Städten werden die Einfallstraßen von Assad-Standbildern beherrscht, in Aleppo aber halte ich vergeblich danach Ausschau. Bei einem Park von den Ausmaßen des Pariser Jardin du Luxembourg entdecke ich schließlich eine bescheidene Büste. Ist das Assad? »Nein, nein, das ist ein Dichter«, klärt Amira, die in Aleppo geboren ist, mich auf. Dichter und hohe Geistliche, das sind hier die Helden. Ein Viertel der Einwohner sind Christen, großenteils aus der Türkei geflüchtete Armenier.

Blätter wehen durch die Straßen. Wir fahren an einem Café vorbei, in dem die Leute bei gedämpfter Beleuchtung zusammensitzen. In einem Restaurant ein Stück weiter werden einige späte Gäste bedient. Ein Mädchen im Minirock geht an einer Frau in einer schwarzen *abaya* vorbei. Ich drücke mir die Nase an der Scheibe platt, und die Augen gehen mir über. Konditoreien, Cafés, Restaurants – wie in Paris! Amira lacht. »Ich wußte, daß Aleppo dir gefallen würde. Das geht allen Europäern so.« Die Leute hier leben von der Industrie, sagt sie. Die Damaszener sind Händler – ein ganz anderer Menschenschlag. In Aleppo wirft man den Damaszenern vor, sie würden ihr Mäntelchen nach dem Wind hängen und mit jeder neuen Regierung Kompromisse schließen. »Weißt du, wie wir die Damaszener nennen? Tamerlans Bastarde.« Tamerlan war der Mongolenherrscher, der im Jahre 1400 in Damaskus einfiel.

Die Wohnung von Ibrahim und Amira liegt in einem besseren Viertel von Aleppo und ist hermetisch verschlossen. Drei Schlüssel braucht Ibrahim, um die massive Tür zu öffnen, den größten dreht er siebenmal um. Drinnen ist es stockdunkel. Als Ibrahim die Rolläden hochgezogen hat, sieht Amira sich zufrieden um. »Gott sei Dank, die Putzfrau war da.« Amira und ich falten die Tücher zusammen, mit denen die Möbel bedeckt sind. Ibrahim nimmt die schweren

Steine von der Toilette, der Spüle und allen sonstigen Abflußöffnungen fort; auch hier kann man nach langer Abwesenheit von einer Ratte überrascht werden.

Der einzige Nachteil des Wohnens in Aleppo ist der staubfeine Wüstensand, der durch alle Ritzen dringt, sagt Amira. Gleich am ersten Nachmittag kommt ein Sandsturm auf und verdunkelt den Himmel. Der Wind rüttelt an den Fenstern und den Bäumen, Menschen werden wie Papier durch die Straße getrieben, und bald kann man in der hauchdünnen Sandschicht auf dem Boden unsere Fußspuren sehen.

Amira ruft ihre Verwandten an, um ihnen zu sagen, daß wir angekommen sind. Die Nachricht scheint sich wie ein Lauffeuer zu verbreiten, denn von da an steht das Telefon nicht mehr still. Alle reden von dem Sturm. Der Sand komme aus der saudi-arabischen Wüste, weiß jemand. »Können die Saudis uns nichts Besseres schicken?« grollt Amira.

Am Abend sitzen wir im geräumigen Salon eines Onkels von Amira, des alten Maître Gaston, eines pensionierten Notars. Er ist ein renommiertes Mitglied der christlichen Gemeinde von Aleppo. An den Wänden hängen imposante Familienporträts, auf den Tischen mit ihren geschwungenen Beinen stehen Kleinodien aus Silber und Porzellan. Die mit Holzbrandmalerei verzierten Eßzimmertüren sind diskret geschlossen. Inzwischen ist der Sturm abgeflaut, und unten, im Zentrum von Aleppo, schlendern die Menschen an den erleuchteten Schaufenstern vorbei. Die Autos schieben sich Stoßstange an Stoßstange durch die Straßen.

Maître Gaston ist bei den Jesuiten in Aleppo zur Schule gegangen, hat an der Sorbonne in Paris studiert, als sie, wie er sagt, noch eine respektable Universität war, und ist in seinem Leben viel gereist. Trotz seines hohen Alters – er ist weit über achtzig – war er vor kurzem in der Schweiz; von dort stammen auch die Pralinen, die er uns mit einem Glas holländischen Likörs anbietet. Mit einem Blick hat er mich taxiert, und eine Frage von mir löst einen französischen Wortschwall aus. Ibrahim und Amira scheinen zu wissen, was jetzt kommt, und ziehen sich ins Nebenzimmer zurück, wo Gastons Frau mit ein paar anderen Gästen fernsieht.

Gegen Maître Gastons Ansichten über die Situation der Christen in Syrien sind die von Ibrahim und Pater Léon vergleichsweise harmlos. »Hast du gehört, daß in Kairo eine koptische Kirche in Brand gesteckt worden ist? Ein Priester ist vor Angst aus dem Fenster gesprungen und dabei ums Leben gekommen.« Maître Gaston sieht mich geradezu triumphierend an. Noch 1850 wurden Christen in dem ummauerten Stadtteil von Aleppo, in dem sie lebten, vergewaltigt und umgebracht. Die Türken mußten eingreifen, um diesem Zustand ein Ende zu machen. Danach blieb es lange Zeit ruhig, bis Ende der fünfziger Jahre – während der kurzlebigen Vereinigung mit Ägypten – die Verstaatlichungen einsetzten und viele Christen das Land verließen. Richtig bergab geht es laut Maître Gaston mit den Christen im Nahen Osten aber erst seit Khomeinis Machtantritt im Iran.

»In fünfzig Jahren wird man hier kaum noch Christen sehen. Dafür um so mehr schwarz verschleierte Frauen, und da die Moslems, wie du weißt, immer gleich zehn Kinder kriegen...« Ich denke an Hala und ihre Freunde, von denen wenige mehr als zwei Kinder haben, und widerspreche, aber Maître Gaston wedelt ungeduldig mit der Hand. »Das ist kein repräsentatives Milieu, bei solchen Leuten lernt man die syrische Realität nicht kennen.«

Ich höre zu und wundere mich. Auf der einen Seite so viel französische Kultiviertheit, auf der anderen diese groben Pinselstriche, mit denen Maître Gaston die Sunniten darstellt. Louises unmögliche Liebesgeschichte, aber auch ältere Erinnerungen an die Christen in den Bergen des Libanon kommen mir in den Sinn. Immer wieder stoße ich auf diese trügerische westliche Fassade, hinter der sich uralte Ängste verbergen.

Nein, nein, sagt Maître Gaston, ich dürfe ihn nicht mißverstehen, es gebe natürlich auch andere Moslems. In Aleppo lebten sehr anständige sunnitische Familien, von denen manche sogar im Club d'Alep seien, allerdings müsse er sagen, daß die Aufmachung der Damen... nun ja, wenn sie keine religiösen Fanatikerinnen seien, neigten sie mitunter zum anderen Extrem. Insgeheim muß ich lachen: Was für ein Puritaner!

Der Club d'Alep – das muß der geschlossene Club für Christen sein, von dem Hala so geheimnisvoll geredet hat. Im Sommer treffen sich die Mitglieder in einem Park am Stadtrand, erzählt Maître Gaston, im Winter in einem Gebäude in der Innenstadt.

»Und was machen Sie da?«

»Ach, nichts Besonderes – Karten spielen, Schach spielen, Billard spielen.«

Auf der Heimfahrt erzählt auch Amira vom Club d'Alep. Es sei der beste Ort, um neue Kleider vorzuführen. Jedes Jahr im Herbst schließt der Club für eine Weile, um den Damen von Aleppo Gelegenheit zu geben, sich eine neue Wintergarderobe zuzulegen.

Amira und ich sind unter einem steinernen Torbogen durchgegangen und stehen jetzt in einer Gasse, die so eng ist, daß wir unwillkürlich unsere Stimmen dämpfen. »Jetzt sind wir im Christenviertel«, flüstert sie. Reste des schweren Tors, das den Stadtteil früher nachts von der Außenwelt abschloß, sind noch zu sehen. Niemand setzte im Dunkeln einen Fuß vor die Tür; wollte man Nachbarn besuchen, nahm man den Weg über die Dächer. Erst als ab 1925 die Franzosen den Schutz der Christen garantierten, blieb das Tor geöffnet.

Amira betätigt einen kupfernen Türklopfer. »Hier wohnen entfernte Verwandte von mir«, sagt sie. Kurz darauf stehen wir in einem prächtigen Innenhof mit einem Brunnen und einem Zitronenbaum. Eine Außentreppe führt zu den Zimmern im ersten Stock hinauf. In einer Nische mit niedrigen Bänken und einer bemalten Holzdecke haben die Männer früher *nargileh* geraucht, Gäste empfangen und Musik gehört.

Die Frau des Hauses serviert Johannisbeersaft und die ersten eingemachten Zitrusfrüchte des Jahres. Dann führt sie uns über eine schmale Treppe in den kühlen Keller hinunter, der ganze Batterien von Einmachgläsern beherbergt. In Aleppo ist die Kultur des Konservierens von Nahrungsmitteln hoch entwickelt, sagt Amira. Jede Familie stellt hier eigenhändig Käse, Rauchfleisch, Marmelade, Obstsaft und Wein her.

Noch viele Türen öffnen Amira und ich auf unserem Spaziergang. Oft sind die früheren Bewohner in Wohnungen wie die von Ibrahim und Amira umgezogen und die Häuser werden anderweitig genutzt. Einmal finden wir eine Schule für Waisenkinder vor, in der Nonnen strickend an einem Kanonenofen sitzen, dann wieder ein von mehreren Familien besetztes Haus, an dessen Holzdecken Feuchtigkeit und Alter nagen. Die maronitische Kathedrale auf dem Platz aber ist frisch restauriert, und die armenische Kirche wird gerade umgebaut – eindrucksvolle Bauwerke mit einem reichen Schatz an Ikonen und Gemälden.

Ein Stück weiter, im Suq, liegen die Karawansereien, einstige Herbergen, um einen Innenhof gebaut, in dem nachts Pferde und Kamele untergebracht waren. Hier befanden sich früher die Konsulate von Aleppo und die Wohnungen der Ausländer, und auch hier schnitten abends schwere Holztore die Verbindung zum Rest der Stadt ab. In die meisten Karawansereien sind inzwischen kleine Betriebe eingezogen, nur das französische Konsulat operiert noch vom Suq aus. Einer der Mitarbeiter hat das Nachbarhaus der berühmten Familie Poche gemietet, die früher das Konsulat Österreich-Ungarns unter sich hatte. Abends, wenn die Läden schließen, machen auch die Karawansereien zu, und der

Mann kommt nur noch durch eine kleine Pforte im großen Tor hinaus.

In den ersten Tagen bewege ich mich wie im Traum, völlig im Bann des Reichtums dieser Stadt. Ich komme mir vor wie in einem anderen Land; mit einem Schlag sind die Sorgen der vergangenen Monate vergessen. Amira ist eine ideale Fremdenführerin, sie kennt überall Leute, hat überall Erinnerungen. Im Volkskunstmuseum bleibt sie vor einem bemalten Zauberkasten mit Spiegelchen und Perlen stehen und flüstert bewegt: »Das war früher unser Kino.« Sie sieht den alten Mann, der den Kasten auf dem Rücken durch die Straßen getragen hat, noch vor sich. Wo immer er haltmachte, kamen Kinder angelaufen und durften für ein paar Piaster durch die kleinen Fenster schauen, hinter denen zu der Geschichte, die der Mann erzählte, bunte Bilder vorüberzogen.

Törtchen, Sandgebäck, kandierte Früchte, Hagebuttensaft – überall müssen wir essen und trinken. Und unterdessen taxieren Amiras Freundinnen ihre Figur, machen ihr Komplimente zu ihren neuen Schuhen und klatschen über den italienischen Honorarkonsul Georges Antaki, der vor kurzem im großen Saal des türkischen Bades ein Fest gegeben hat. Adlige aus aller Welt kamen dazu nach Aleppo, und im Laufe des Abends verschwand ein Teil der Gesellschaft im Labyrinth der geheizten überkuppelten Räume, um sich einseifen und massieren zu lassen. In den Tagen nach dem Fest sah man viele der Gäste im Suq, wo sie Stoffe, Lederslipper und Satin-*gallabias* kauften.

Von solchen Geschichten können die Leute in Aleppo gar nicht genug bekommen. Im selben Atemzug erzählen Amiras Freundinnen von ihren Aktivitäten für die Femmes de la Flamme, eine kirchliche Organisation, die sich die Vermittlung der christlichen Botschaft in den umliegenden Dörfern zur Aufgabe gemacht hat. Gerade haben sie einen Basar für Behinderte abgehalten, auf dem allerhand Häkel-, Strick- und Näharbeiten verkauft wurden.

Ich werde in Aleppo überraschend zur Kirchgängerin. Maître Gaston hat zwar Verständnis dafür, daß ein Christ nicht jeden Tag in die Kirche geht, aber die Sonntagsmesse zu versäumen ist in seinen Augen eine Todsünde. Eines Abends wohnen wir einem Gottesdienst zu Ehren eines italienischen Priesters bei, der Aleppo demnächst verlassen wird. Die Geistlichen sind überwiegend lila gewandet, die Damen tragen Leinen- und Seidentoiletten. Amira, die in ihrem kupferfarbenen Kostüm auch nicht übel aussieht, stößt mich während der Kommunion verstohlen an: Die Frauen paradieren so überzeugend, daß man meinen könnte, man befände sich auf einer Modenschau.

Zum Abschluß findet am Eingang der Kirche ein Empfang statt. Ibrahim lauscht dem exaltierten Geschnatter ringsum eine Weile und erklärt dann plötzlich, er wolle weg. Wir lassen Amira zurück und gehen durch den Nieselregen zum Auto. »Pharisäer!« schimpft er.

»Wollen wir im Baron Hotel noch was trinken?« schlage ich vor. Schon lange möchte ich einmal dorthin. Seit Eröffnung des Hotels zu Beginn des Jahrhunderts haben alle wichtigen Persönlichkeiten, die nach Aleppo kamen, dort logiert. T. E. Lawrence tigerte durch die Halle, der britische General Allenby hielt nach dem Sieg über die Türken vom Balkon aus eine Ansprache, Agatha Christie arbeitete dort an ihrem *Mord im Orient-Expreß*.

Ibrahim sieht mich zweifelnd an. »Im Baron? Nein, lieber nicht...«

»Warum denn nicht?«

Er weiß nicht, was er sagen soll. »Hier wird so viel geklatscht. Ein andermal vielleicht, wenn Amira dabei ist.«

Ich muß lachen, und mir fällt ein, wie ängstlich er in der Wüste mit seiner Kühlbox umgegangen ist. Doch Ibrahim verzieht keine Miene. »Du kennst die Leute hier nicht. Wenn uns jemand sieht, redet morgen ganz Aleppo davon.«

Ibrahim und Amira essen oft mit Freunden in der Stadt zu Abend. Die besseren Restaurants erinnern mich an Ricks Café in dem Film *Casablanca*. Jedes hat seine eigene Musikkapelle, und der Besitzer – nicht selten im weißen Anzug – beaufsichtigt die Ober höchstpersönlich. Die Gäste kennen sich alle, sie nicken, lachen, verbeugen sich und statten einander im Lauf des Abends Höflichkeitsbesuche ab.

Meist ist Maître Gaston mit von der Partie, und bald ist er mir ans Herz gewachsen. Er ist immer für eine Unternehmung zu haben und einer Diskussion über die eine oder andere Periode der Geschichte Aleppos nie abgeneigt, selbst wenn er dabei Beatles-Songs und ägyptische Schlager überschreien muß. Wenn ich mich mit seinen Nichten und Neffen unterhalte, merke ich, wieviel hier innerhalb kurzer Zeit verlorengegangen ist: Außer für Autos, Kleider und Auslandsreisen scheinen sie sich für nichts zu interessieren.

In ein paar Tagen fahren Ibrahim und Amira nach Damaskus zurück. Sie laden mich herzlich ein, in ihrer Wohnung zu bleiben, solange ich will. Zu gern würde ich Hala und Asma übers Wochenende kommen lassen, aber nach allem, was ich hier über die Moslems gehört habe, wage ich nicht zu fragen. Amira und ihre Freundinnen nennen die Moslems wegen ihres Singsangs konstant *musiciens* statt *musulmans*. Die Frauen erkennen sie an ihrer Aufmachung. Christliche Frauen orientieren sich an der Pariser Mode, Moslemfrauen an ägyptischen Schauspielerinnen: viel Glitzer, üppige Rüschen, starkes Make-up.

Manchmal versuche ich mir vorzustellen, wie es wäre, wenn Hala hier wäre. Das einzige, was mir dabei in den Sinn kommt, ist der argwöhnische Blick, mit dem sie sich in fremder Umgebung umzusehen pflegt. Ihre Bekanntschaft mit Aleppo beschränkt sich auf ihr Erlebnis in dem Hotel. Wie leicht ist es für mich, in eine Welt vorzudringen, die ihr verschlossen geblieben ist! Manchmal habe ich deswegen Schuldgefühle – es ist schließlich ihr Land. Aber ich fürchte, sie könnte sich hier nicht entspannen. Asma, Tété, Shirin – in

Gedanken wäre sie doch immer woanders. Harmlosen Zeitvertreib hält sie nicht aus.

»Was hast du?« Ibrahim sucht meinen Blick.

»Nichts.« Ich fühle mich ertappt und lache. »In Damaskus gibt es solche Restaurants wie hier gar nicht«, sage ich.

»Doch, natürlich, die hat dir nur noch niemand gezeigt.« Vielleicht hat er recht. Woher sollte ich die Restaurants von Damaskus auch kennen? Damaskus ist Halas Stadt.

Am Abend vor ihrer Abreise nehmen Ibrahim und Amira mich mit in den Club d'Alep, der seine Pforten gerade wieder geöffnet hat. Die breite, majestätische Treppe kenne ich schon aus Maître Gastons Fotoalbum. Eines der Bilder zeigt ihn dort als jungen Mann, einen Fez auf dem Kopf, in der Westentasche die Uhr mit der Kette, um ihn herum junge Damen in glänzenden Abendkleidern.

Eine solche Treppe müßte man eigentlich hinaufschreiten, aber dazu sind wir nicht in der Stimmung. Amira und ich sind den ganzen Tag in der Stadt herumgelaufen, die Füße tun uns weh, und Ibrahim ist wie immer ein wenig in sich gekehrt – die Stille der Wüste liegt ihm mehr als der mondäne Trubel in dieser Stadt. Nur Maître Gaston geht mit energischen Schritten und erwartungsvollem Blick hinauf.

Drinnen ist es ruhig. Die Männer, die an den Tischen Karten spielen, grüßen Maître Gaston und mustern mich mit Kennerblick. Ein neues Gesicht – wer ist das? Der ganze Raum ist von Tabakdunst geschwängert. Das Podium, auf dem bei Festlichkeiten eine Band spielt, ist leer. Am Ende des Saals sitzt Ehrenkonsul Antaki in einem Kreis von Freunden beim Essen.

Ist das alles? Ich sehe Amira an. Man scheint mir die Enttäuschung anzumerken. »Es ist noch zu früh in der Saison«, sagt sie. Maître Gaston aber sieht sich zufrieden um und zeigt auf die Tanzfläche, wo er ab und an gern das Tanzbein schwingt. »Einen Tango oder einen Wiener Walzer natürlich, was dachtest du denn?«

Im Lauf des Abends setzen sich alle möglichen Bekannten zu uns an den Tisch. Sie unterhalten sich über Geschäfte und Reisen, so als würde sich ihr wahres Leben nicht hier, sondern anderswo abspielen. Paris, Toronto, Montreal – alles scheint nur einen Katzensprung entfernt. Sie halten es wie die Gastarbeiter in den Golfstaaten: Sie wohnen hier, ohne am politischen und öffentlichen Leben teilzunehmen. Doch auch die Länder, in die sie reisen, befremden sie. Der Maître erzählt von einem Arzt im Ruhestand, der seinen Sohn in New York besuchte. Er hatte vor, bei ihm zu wohnen, aber der Sohn hatte zu seiner Überraschung ein Hotelzimmer reserviert. Nach einiger Zeit beichtete er seinem Vater widerstrebend, daß er homosexuell sei und mit einem Mann zusammenlebe. »Einem Schwarzen noch dazu, und verheiratet waren sie obendrein!« Der alte Arzt kam entsetzt zurück und liegt seitdem mit einer Depression im Bett.

Maître Gaston schüttelt den Kopf. So viel Verrücktheit – da kommt er nicht mehr mit. Die anderen haben teilnahmsvoll zugehört: So etwas muß der Alptraum jeder Familie sein, die ein Kind im Ausland hat. Eine lebhafte Debatte über die Erbschaftsansprüche verheirateter Homosexueller entbrennt. Jemand ruft: »Ach Gott, ach Gott, jetzt kriegen sie auch noch schwarze Kinder!« Alles lacht.

In der Nacht träume ich, daß Hala nach Aleppo gekommen ist. Ihr Kleid ist voller Flecken. Ich versuche sie mit einem Waschlappen zu entfernen, aber je mehr ich reibe, desto größer werden sie. Zu meinem Schrecken verwandeln sie sich in Löcher, doch Hala findet das nicht weiter schlimm. Sie streicht darüber und sagt: »Von weitem sieht man's nicht.«

Kaum haben Ibrahim und Amira die Tür hinter sich zugemacht, rufe ich Hala an. Ihre Stimme klingt morgens noch höher als sonst.

»Du fehlst mir«, sage ich.

»Du mir auch. Sogar Asma vermißt dich. Wir haben uns so an dich gewöhnt.«

»Wollt ihr nicht hierherkommen?« Wir hatten schon einmal darüber gesprochen.

»Jetzt nicht. Später vielleicht.«

»Ich hab von dir geträumt.«

»Und ich von dir.«

»Was denn?«

»Ich hab in einem Secondhand-Laden einen BH und einen Unterrock anprobiert. Sie waren mir zu groß, aber ich dachte, vielleicht passen sie dir.« Sie lacht. »Das kommt daher, daß es kälter wird und du keine Wintersachen dabei hast.«

Sie hat den Ofen angemacht, sagt sie, wenn ich zurückkomme, wird es im Haus wärmer sein. Im Hintergrund höre ich Vivaldi.

»Was machst du gerade? Mußt du nicht zur Arbeit?«

Sie zögert. »Ich schreibe.« Es ist noch früh, bestimmt sitzt sie im Nachthemd am Tisch. Vielleicht raucht sie auch eine Zigarette, wie sie es manchmal tut, wenn sie arbeitet. In dem Schränkchen mit den Glastüren, hinter dem Foto von Ahmed, liegt eine angebrochene Packung.

»Was schreibst du?«

Wieder zögert sie. Ich kenne das bei ihr: Am Telefon fällt ihr das Reden schwer.

»Etwas für die Universität?«

»Nein, nein, eine Geschichte, nur für mich.« Es geht darin um die Begegnung zweier Frauen, sagt sie. Die eine tut und denkt die falschen Dinge, die andere ist viel mutiger, sie...

»Aber die andere bin ich auch, nur...«

Karge Worte, aber ich glaube zu verstehen. »Es ist, wie wenn man in den Spiegel schaut.«

»Ja, so ähnlich.«

»Und dann sieht man sich selbst.«

»Nein, dann sehe ich dich!« Einen Moment lang ist es still. Ich wünschte, ich wäre bei ihr, aber ich weiß, daß sie so etwas dann nicht gesagt hätte.

»Mir geht's genauso.« Jetzt sind wir beide verlegen. Der unsichtbare Dritte, der womöglich mithört – versteht er dieses diffuse Zwiegespräch?

»Amüsierst du dich in Aleppo?« Plötzlich klingt ihre Stimme freier. »Hast du gefunden, was du gesucht hast?«

Ich erzähle ihr von der Ausstellung eines libanesischen Malers, die ich mir zusammen mit Amira angesehen habe. Große Bilder von Pferden und Madonnen, viel Rot. Ich fand sie kitschig. Inzwischen ist die Ausstellung nach Damaskus weitergereist – Hala hat sie auch gesehen. »Der Mann hat nichts zu sagen«, schimpft sie. »Das ist Kunst für die Reichen.« Ihre Heftigkeit erschreckt mich. *Kunst für die Reichen!* Unter diesem Aspekt hatte ich es noch gar nicht betrachtet. Es ist ein Urteil aus einer anderen Welt, und ich spüre darin den unausgesprochenen Vorwurf an mich.

Ich erzähle Hala, daß ich auf einem Basar ein Kissen für Asmas Sammlung erstanden habe. Ein seltsames Gebilde mit einer aufgenähten Katze und einer Maus, aber Asma wird es bestimmt gefallen. Dann frage ich: »Und wie steht's mit Ahmed?«

Zum ersten Mal seufzt Hala. »Unverändert. Aber die Gerüchte halten an. Seine Eltern haben gesagt, sie schlachten ein Kamel, wenn er nach Hause kommt. Bleib nicht so lange weg, sonst verpaßt du's!«

Vor seiner Abreise hat Ibrahim mich einen Moment beiseite genommen. Am Abend zuvor habe er mich mit Maître Gaston über die arabisch-israelischen Friedensverhandlungen reden hören, ein Thema, über das der Maître sehr pragmatisch denke. Siebzig Prozent des syrischen Staatshaushaltes würden für Rüstungsausgaben verwendet; nach drei verlorenen Kriegen solle man vernünftigerweise endlich damit Schluß machen. Die Israelis hätten durch den Abschluß eines Friedensvertrages nur Vorteile: sie seien die besten Geschäftsleute in der Region und würden dann über einen riesigen Absatzmarkt verfügen.

»Innerhalb der Familie ist es natürlich kein Problem, darüber zu reden«, sagte Ibrahim, »aber wenn du in den nächsten Tagen neue Leute kennenlernst, ist es vielleicht besser, du stellst keine Fragen über Israel. Man weiß nie, wer mithört.«

Also ist Hala nicht die einzige, die die Ungereimtheiten des Systems sieht! Im stillen mußte ich über Ibrahims Geheimnistuerei lachen, aber ich war auch ein bißchen pikiert. »Das weiß ich doch, Ibrahim, daß ich nicht mit jedem darüber reden kann.«

Er sah mich besorgt an. »Man kann nicht vorsichtig genug sein.«

Und so halte ich mich vorerst an den Maître. Als er hört, daß ich ins Baron Hotel will, leuchten seine Augen auf. Schon lange wollte er wieder einmal seinen alten Freund Krikor Mazloumian besuchen, den armenischen Besitzer des Hotels, den er Coco nennt.

Maître Gaston hat eine ebenso knappe wie zwingende Art, Erklärungen über die Dinge abzugeben, die er sieht. Kaum sind wir draußen, zeigt er mit seinem Spazierstock auf ein staubiges Gebäude auf der anderen Straßenseite. »St. Joseph. Eine hervorragende Schule. Bis sie verstaatlicht wurde. Da war's vorbei.«

Wir müssen über die Straße. Alte Buicks fahren vorüber, aber auch lärmende Kleinwagen mit viel zu starken Motoren. Der Maître hält seinen Stock senkrecht hoch, setzt sich mit schnellen Schritten in Bewegung und fordert mich auf, das gleiche zu tun. Der Stock wirkt wie ein Zauberstab – als könnten die Autofahrer an seiner Gestalt die Unerbittlichkeit des Maître ablesen.

Die hölzernen Fensterläden des Schulhauses hängen schief in den Angeln. Durch ein Loch in einem von ihnen können wir in ein Klassenzimmer sehen. Die Bänke sind abgewetzt, die Metallschränke verrostet, aber die Assad-Poster an den Wänden und auch die Fahnengirlanden in den syrischen Farben sind neu. Wahlpropaganda. Maître Gaston enthält sich eines Kommentars.

In der Stadt habe ich inzwischen auch das unvermeidliche Assad-Standbild gesehen. Die Hände des Präsidenten liegen am Körper, sein Kopf ist leicht geneigt – eine maßvolle Haltung, als wüßte er, was für Menschen ihm hier gegenüberstehen. In den Straßen sind auch die ersten Wahlplakate aufgetaucht. Sie stören die Flucht der anmutigen Giebel und zeugen von der unbequemen Präsenz eines Militärregimes in dieser Stadt, die sich etwas auf ihren guten Geschmack zugute hält. Mitten im Zentrum befindet sich ein Baath-Gebäude im Bau, ein häßlicher Klotz mit einem breiten Wall ringsum – wie eine Festung.

Die Dämmerung bricht herein. Am Kino lungern ein paar Männer vor einem Plakat mit einer spärlich bekleideten Frau herum. Sie wirken ungepflegt in ihren langen Gewändern und ihren um den Kopf geschlungenen Wollschals. Lüstern pfeifen sie zwei vorbeigehenden Mädchen nach.

»Beduinen!« schnaubt Maître Gaston. »Zu Hause haben sie nie auch nur den nackten Arm einer Frau gesehen, und hier müssen sie gleich in einen Pornofilm!« Die Straße mit dem aufgerissenen Bürgersteig und den zahllosen Cafés, zwischen denen wir durchgehen, war früher eine Art Champs Élysées, erzählt er, mit schönen Lokalen und Kasinos, in denen Männer und Frauen abends zusammensaßen. Jetzt mustern uns aus den dunklen Räumen *nargileh* rauchende Männer.

»Aleppo *beduinisiert* sich immer mehr«, sagt Maître Gaston ärgerlich. Früher befanden sich hier ein französisches Kulturzentrum und ein Goethe-Institut, jetzt gibt es beide nur noch in Damaskus, wo sie besser zu kontrollieren sind. »Und wir haben dafür die Beduinen.« Auch Halas Bruder Salim hatte sich über die Dörfler beklagt, die Damaskus überschwemmen. »Meinen Sie die Alawiten?« frage ich. Maître Gaston schüttelt unwillig den Kopf. »Nein, nein, die waren auch hier, aber jetzt sind kaum noch welche da. Die haben gemacht, daß sie wegkommen, sofern sie nicht... « Er schweigt einen Moment und sieht mich prüfend an: »Hast du nichts davon gehört? Eine Zeitlang wurde hier ein alawitischer Funktionär nach dem anderen erschossen. Auf der Straße, im Büro. Einfach so – peng!« Er gibt einen mißbilligenden Laut von sich.

»Von Moslembrüdern?«

»Natürlich, von wem sonst?« Wieder eine Kreuzung, und wieder hält der Maître seinen Stock hoch. Auf der anderen Straßenseite sagt er: »So, jetzt ist es nicht mehr weit.« Er freut sich darauf, den alten Coco wiederzusehen – unser Gesprächsthema ist irgendwo im Gewühl verlorengegangen.

»*Voilà l'Hôtel Baron.*« Maître Gaston ist vor einem majestätischen Gebäude im arabisch-italienischen Stil stehengeblieben. Breite Treppen, eine weite Terrasse. *Baron's Hotel, Mazloumian & Frères* steht über dem Eingang. In der schwarzweiß gefliesten Halle sitzt unter einem Plakat, auf dem das Hotel in ruhmreicheren Tagen zu sehen ist, ein dösender alter Ober in einer schmuddeligen Jacke. Die Bar ist leer. Im Salon liest ein einsamer Tourist in einem Buch. Ein Klavier, rote Lederbänke, an den Wänden goldgerahmte französische Drucke – Maître Gaston führt mich herum, als wäre das alles sein Eigentum.

»Ist dein Vater da?« fragt er einen Mann in mittleren Jahren an der Rezeption. Der Mann nickt, geht uns durch den Flur voran und bleibt an einer Tür stehen, vor der ein Hund liegt, der seine besten Jahre hinter sich hat. »Ah, Cäsar!« Maître Gaston bückt sich und streicht ihm über das schmutzigweiße Fell. Später erfahre ich, daß er sich geirrt hat: Es war nicht Cäsar. Cäsar ist schon lange tot.

Drinnen treffen wir in einem Wirrwarr von Fernschreiben und anderem Papierkram einen kleinen, ziemlich schrullig wirkenden Mann an. Er trägt ein grellblaues Hemd, einen Safarianzug mit großen Taschen und eine dunkle Brille mit Lederklappen an den Seiten: Haarbüschel sprießen ihm aus den Ohren, und auf dem Kopf hat er eine grüne Mütze. Er sieht aus wie ein Pilot aus einem Comic-Heft.

Es dauert einen Moment, bis Mazloumian uns ins Auge gefaßt hat, doch als er den Maître erkennt, folgt eine überaus herzliche Begrüßung. Er macht Platz für uns und gießt armenischen Branntwein der Marke *Ararat* in Pappbecher. Als Maître Gaston sich nach seinem Befinden erkundigt, verzieht er schmerzlich das Gesicht. »Die Augen, Maître, die Augen!« Er ist halb blind und leidet Höllenqualen, wenn ihm das Licht in die Augen scheint – daher die Scheuklappen.

Mazloumian kramt noch ein wenig in den Papieren auf dem Schreibtisch, doch als er zu reden anfängt, werden seine Hände allmählich ruhiger und seine Aufmerksamkeit wendet sich seinen Erinnerungen zu. Er ist geistig klarer, als ich angenommen hatte – er hat jenes gnädige Alter erreicht, in dem Erlebnisse aus jungen Jahren näher sind als das, was sich nur Stunden zuvor abgespielt hat. Als sein Sohn hereinkommt und ihn nach einem Telex fragt, das am Nachmittag eingetroffen sein muß, gerät er aus der Fassung und schickt ihn unverrichteter Dinge wieder hinaus. Dann gleitet er nahtlos ins Jahr 1912 zurück, als das Baron von seinem Vater und dessen Bruder mit Fanfarenklängen und einem Ball feierlich eröffnet wurde.

Damals lag das Hotel am Rande von Aleppo, in einer unberührten Gegend in der Nähe eines Baches, in dem der kleine Coco Wildgänse jagte. Morgens brachte ihn ein Diener zu Pferde in die Schule. Die Eisenbahnstrecke Berlin–Bagdad wurde gebaut, und in der Stadt wimmelte es von Deutschen. Zweimal wöchentlich kamen Reisende mit dem Orient-Expreß nach Aleppo; hatte der Zug Verspätung, machte das Personal sich Sorgen.

Das Baron hatte sich der kolonialen Tradition verschrieben. Niemand brauchte sich fremd zu fühlen, denn man hatte alles aus Europa importiert: das Geschirr, die Möbel, die Stühle mit dem eingravierten Namen des Hotels. Nur die Teppiche kamen aus Izmir. Im Festsaal wurden Banketts veranstaltet, und die Köche, die früher auf Kreuzfahrtschiffen gearbeitet hatten, eilten mit *canard à l'orange, pommes sautées* und *marrons glacés* hin und her. Bei den Bällen führten die Damen und Herren ein *carnet de bal* mit sich, in dem jeweils die Namen der nächsten Tanzpartner für Walzer oder Polka eingetragen wurden. Der deutsche Maître d'hôtel verliebte sich in eine protestantische Betreuerin aus Cocos Kindergarten und schoß sich eine Kugel in den Kopf, als seine Liebe unerwidert blieb.

Die Männer waren stets im Anzug, die Frauen trugen lange Kleider, Hüte und Juwelen. In ihrer freien Zeit begleiteten die Hotelbesitzer sie auf ihren Ausflügen zu den »Toten Städten« – Ruinen römischer und byzantinischer Städte außerhalb von Aleppo – oder gingen mit ihnen auf die Jagd. Liman von Sanders, Jamal Pasha, Atatürk, alle hohen deutschen und türkischen Offiziere, die während des Ersten Weltkrieges in die Stadt kamen, saßen hier an einem Tisch und wurden auf die gleiche Art empfangen. »Denn im Krieg stellt man keine Fragen«, sagt Mazloumian. Der syrische König Faisal nahm auf dem Balkon des Zimmers 215 den militärischen Salut entgegen, Nasser und Tito hielten auf der Terrasse Reden. Bei dem Namen Nasser fällt Mazloumian einen Moment aus der Rolle: »*That swine*«, schimpft er. Nasser war der Mann der Verstaatlichungen – ich kann mir vorstellen, daß er ihm nicht wohlgesonnen ist. Dreimal am Tag mußte seine Uniform gebügelt werden, erinnert er sich. »So führt man in Ägypten Krieg!«

Gertrude Bell, Freya Stark, Patrick Leigh Fermor – die Namen sprudeln nur so hervor. Wie Mazloumian in seinem Safarianzug und der komischen Kappe so dasitzt, sieht er aus, als hätte etwas vom Abenteuergeist seiner illustren Gäste auf ihn abgefärbt. Lawrence hat nie einen Teppich gekauft, ohne Mazloumians Vater um Rat zu fragen.

Doch jetzt schwenkt Mazloumian die Hand, wie um die Geister der Vergangenheit zu verscheuchen. »Ach ja, das ist alles vorbei«, seufzt er. Die Wälder, in denen er früher gespielt hat, sind abgeholzt, der kleine Fluß ist zur Kloake verkommen, und auf der Straße dröhnt den ganzen Tag der Verkehr vorbei. Kürzlich hat er entdeckt, daß aus dem *livre d'or* des Hotels zwei Seiten herausgerissen sind. Sogar Lawrences Rechnung in der Vitrine im Salon ist eine Kopie; das Original ist gestohlen worden.

Die Zeit des französischen Mandats – das waren für ihn die schönsten Jahre. Nach der Unabhängigkeit ging es rasch bergab. »Damaskus hat die Führung übernommen«, sagt er bedauernd und fügt flüsternd hinzu: »Seitdem wird alles rationiert.« Er ist fest überzeugt, daß in Damaskus Strom und Wasser niemals abgestellt werden, und als ich widerspreche, sieht er mich argwöhnisch an.

»Und vom Tourismus verstehen die Herren da oben auch nichts«, sagt er trotzig. Vor kurzem logierte ein deutsches Fernsehteam im Hotel, das eine Dokumentation über die Rallye Paris–Peking drehte. Sie gingen hinaus, um das Hotel von der Straße aus zu filmen, standen aber gleich darauf mit zwei *mukhabarat*-Leuten wieder in der Halle. Sie hatten ein zerrissenes Assad-Plakat mitgefilmt, das an der Außenwand hing. Scheinbar erbost versicherte Mazloumian den *mukhabarat*-Leuten, daß er das Plakat, wenn er es gesehen hätte, höchstpersönlich entfernt hätte. »Ich habe ihnen ein Glas Limonade angeboten.« Er lächelt schlau und auch ein wenig mitleidig. »Und einen Anstecker mit dem Namen des Hotels.« Er kramt in seinen Taschen, holt etwas hervor, gibt es mir. »So einen, sehen Sie? Sie können ihn behalten.« Es ist ein billiges Ding aus grünem Plastik. »Damit waren sie vollauf zufrieden.«

Heutzutage kommen die Touristen in Gruppen, klagt er, sie haben es immer eilig und essen sogar die einheimische Küche. Ein *ragoût de bœuf à la jardinière* wissen sie nicht mehr zu schätzen, und so speist er mit seiner englischen Frau Sally und seinem Sohn Armen mittags allein in dem großen Hotelrestaurant. Bedient werden sie von einem Ober, der sein Handwerk nicht versteht und sie bestiehlt, wenn sie nicht aufpassen. In ihrem Haus hinter dem Hotel liegt fingerdick der Staub – die Putzfrau hat trotz aller Warnungen die Hand in die Waschmaschine gesteckt und dabei einen Daumen verloren.

Mazloumian beginnt wieder in seinen Papieren zu wühlen. Jetzt, da er in der Gegenwart angelangt ist, läßt seine Konzentration nach. Er sieht uns durch seine dicken Brillengläser zerstreut an. Da sitzt sein alter Freund, Maître Gaston, aber wer ist die Frau neben ihm gleich wieder? Und was hat ihn so ins Erzählen gebracht?

Sein Sohn erscheint von neuem in der Tür. Ob das Telex jetzt da sei? Maître Gaston räuspert sich und steht auf. »So, Coco, wir müssen weiter.« Der Flur ist leer, aber in den Ledersesseln der Bar sitzen drei Herren und unterhalten sich mit gedämpften Stimmen. Der alte Barkeeper, der vorhin in der Halle vor sich hingedöst hat, poliert träge die Gläser.

Draußen nieselt es. Autoreifen saugen sich am Asphalt fest, und der Staub der vergangenen Tage läuft in schmutzigen Rinnsalen über den Weg. Ich bin auf einmal traurig, und auch Maître Gaston ist stiller, als ich es von ihm gewöhnt bin. Vorsichtig manövriert er sich über den glatten Bürgersteig – als sei er sich der Endlichkeit der Dinge mehr als zuvor bewußt.

Mazloumian hat uns von der englischen Reiseschriftstellerin Freya Stark erzählt, einer vornehmen Dame, die 1939 zu Pferde die Toten Städte besuchte. Er blieb brieflich mit ihr in Verbindung, und vor zehn Jahren kam sie ein zweites Mal nach Aleppo. Sie war inzwischen weit über achtzig und schlecht zu Fuß, wollte aber wie damals zu Pferde in die Toten Städte. Mazloumian hatte größte Bedenken. Eines Vormittags begleitete er sie in den Suq, wo sie noch einmal das Haus der Familie Poche in der Karawanserei sehen wollte. Unterwegs stürzte sie schwer und trug ein blaues Auge und schlimme Schürfwunden an den Knien davon. »Ab jetzt machen wir uns nur noch mit dem Auto auf den Weg«, sagte Mazloumian, aber sie protestierte: man könne doch mit dem

Auto zu den Toten Städten fahren und die Pferde im Anhänger mitnehmen! Natürlich wurde nichts daraus.

Die beiden Alten auf dem Kopfsteinpflaster des Suqs – sie sind Teil der kolonialen Vergangenheit dieser Stadt, von der außer glorreichen Erinnerungen so wenig übriggeblieben ist. Ihr Leben hatte sich in solchem Tempo abgespielt, daß sie sich mit der Langsamkeit, die später eingekehrt war, nicht abfinden konnten.

Maître Gastons Stimme unterbricht meine Gedanken; wir sind an seinem Haus angelangt. »Kommst du noch mit hinauf?« Ich schüttle den Kopf. »Nein, ein andermal.« Er wartet mit mir, bis ein Taxi um die Ecke biegt, und faßt das Nummernschild ins Auge. »Ruf an, wenn du zu Hause bist«, flüstert er. »In Aleppo heutzutage... man weiß nie. Ich hab mir die Nummer gemerkt.«

Ibrahim hat mir ans Herz gelegt, nie aus dem Haus zu gehen, ohne die Rolläden herunterzulassen und den großen Schlüssel siebenmal umzudrehen. Das Knirschen des Schlüssels in dem stillen Flur – wenn etwas mir in den folgenden Tagen Angst macht, dann ist es das. Tagsüber ist meist der Strom abgestellt, so daß ich mich beim Nachhausekommen im Dunkeln zu den Fenstern tasten muß, um die Rolläden hochzuziehen. Bald habe ich genug von diesem grusligen Ritual und beschließe, die Läden nur noch nachts herunterzulassen. Wenn ich aber lesend am Fenster sitze, schauen die Passanten so ungeniert herein, daß ich das Gefühl habe, etwas Ungehöriges zu tun.

Auch in den Nachbarwohnungen gehen die Rolläden selten hoch. Die Bewohner haben zwar ihre Häuser in der Altstadt aufgegeben, scheinen aber in der neuen Umgebung die alten Gewohnheiten beizubehalten. Eines Tages statte ich Bekannten von Amira einen Besuch ab. Es ist erst vier Uhr, doch in den Zimmern ist es Nacht. Die rosa Lampen auf den

Beistelltischchen im Empfangszimmer verbreiten ein so unwirkliches Licht, daß ich das Gefühl habe, ein Theater zu betreten, kurz vor Beginn der Vorstellung. Fußböden aus italienischem Marmor, Wandteppiche aus Aleppo-Brokat, eine Polstergarnitur, die mit dem für Aleppo typischen Stoff bezogen ist, um den Samt darunter zu schonen – alles so klinisch sauber, daß ich mich kaum zu setzen wage.

Die Gastgeberin trägt ein rot-schwarzes Kostüm, ihr Mann sitzt mir steif gegenüber; um fünf wollen sie zu einem Konzert in der Lateinischen Kathedrale. Die Frau bringt mir eine Tasse Kaffee. »Trinken Sie nichts?« frage ich. »Nein, wir haben schon Kaffee getrunken.« Sie geht ins Eßzimmer, macht den Schrank auf – ich rieche die Möbelpolitur – und holt ein Schälchen mit Pralinen heraus. Über dem Schrank hängt ein mit Plastikfolie überzogener Wandteppich.

»Sind die Rolläden hier immer zu?« frage ich so beiläufig wie möglich.

»Ja, natürlich!«

»Warum eigentlich?«

»Der Staub! Haben Sie nicht gemerkt, wie staubig es in Aleppo ist?« Sie muß allerdings zugeben, daß es auch wegen des Lichts ist. Sie befürchtet, die Teppiche könnten ausbleichen.

Angst – die Luft hier ist voll davon, und unsere Unterhaltung ebenso. Ob ich keine Angst hätte vor den Moslems, die Europa überschwemmten, ob sie keine Bedrohung darstellten, jetzt, da das Christentum immer mehr an Boden verliere? Die Gastgeberin sieht mich mißtrauisch an: Bestimmt gehöre ich auch zu diesen halbherzigen Christen. Wenn sie eines an den Moslems zu schätzen weiß, dann ist es deren bedingungsloser Glaube. Heute morgen stand ihre sunnitische Putzfrau hoch oben auf der Leiter und säuberte die Wände. Auf die Ermahnung, vorsichtig zu sein, lachte sie nur: »Wenn ich herunterfalle, ist es Gottes Wille!«

Sie wollen mich noch überreden, zu dem Konzert mitzukommen, aber ich lehne höflich ab. Draußen atme ich erleichtert auf. Ich sehe mich noch einmal nach der Wohnung um, aus der ich gerade komme, kann sie aber nicht mehr finden: Eine gleichförmige Fassade mit heruntergelassenen Rolläden gähnt mich an. Ich lasse mich mit dem Strom der Menschen treiben, die ihre Einkäufe machen. Seit ich allein in Aleppo bin, merke ich, daß ich Aufmerksamkeit errege. Die Leute nehmen fremde Gesichter in den Straßen wahr und versuchen sie einzuordnen.

Im Salon von Maître Gaston treffe ich auf eine Gruppe von französischen Archäologen. Sie nippen an Kristallgläsern und erzählen mit vielen Ahs und Ohs von den Baudenkmälern, die sie gesehen haben. Ein maronitischer Würdenträger, der zu diesem Anlaß eingeladen worden ist, hat sich mit selbstzufriedener Miene im besten Sessel niedergelassen und spielt mit dem großen Kreuz auf seiner Brust. Der Maître saugt genüßlich an seiner Pfeife und erzählt alle Geschichten, die ich in den vergangenen Tagen schon von ihm gehört habe, noch einmal von vorn.

Die Franzosen auf der Suche nach der reichen levantinischen Vergangenheit, der Geistliche mit seinen violetten Socken, der Maître mit seinen Geschichten – und draußen vor dem Fenster eine Stadt, durch die der Verkehr brandet und in der blauäugige Beduinen Pornoplakate anstaunen. Je länger ich die Gesellschaft in diesem Salon beobachte, desto anachronistischer erscheint sie mir. Statische Figuren sind es, die die Verbindung zu der Landschaft, in der sie sich befinden, verloren haben. Plötzlich verstehe ich, weshalb Aleppo so wenig Eindruck auf Hala macht: Was soll sie mit all der Nostalgie?

Als ich schon fast glaube, daß hier jeder irgendwelchen hoffnungslos überholten Ideen nachhängt, begegnet mir Walid. Er ist einer der syrischen Intellektuellen, die Khomeinis *fatwa* gegen Salman Rushdie verurteilt haben. Die Petition wurde in Syrien nie veröffentlicht, aber jeder kennt sie, und alle Unterzeichner bekamen Schwierigkeiten mit dem *mukhabarat*. »So etwas konnte Assad natürlich nicht durchgehen lassen«, sagt Walid. »Die Fundamentalisten hätten ja denken können, die Regierung steht auf unserer Seite!«

Walid arbeitet in einem staatlichen Betrieb, und in seiner Freizeit schreibt er. Er geht auf die sechzig zu, aber seine Augen sind so lebendig, und alles, was er sagt, ist so erfrischend, daß er viel jünger wirkt. Er muß über meine düsteren Eindrücke von Aleppo lachen und widerlegt sie höchst gewandt. Er reist viel, ist aber jedesmal froh, wenn er wieder hier ist. »Du mußt Aleppo als eine Arabeske betrachten«, sagt er bedächtig. »Die Stadt ist fünftausend Jahre alt. Es gibt hier eine Schule für Ikonenmalerei, Aleppo hat seine eigenen Lieder, und in jeder Familie spielt jemand ein Instrument. So eine Gesellschaft ist nicht so leicht kaputtzukriegen.«

Wir sitzen in seinem Büro, einem kahlen Raum mit verblichenen Postern an den Wänden. Walid hat sich eine Pfeife angezündet und zieht genüßlich daran. Natürlich wird der *mukhabarat* ihm früher oder später ein paar Fragen über meinen Besuch stellen, grinst er. »Der *mukhabarat* – der gehört hier eben zur Folklore!«

So etwas hätte Pater Léon sagen können, doch aus dem Mund eines Syrers überrascht es mich. »Du hast gar keine Angst, so wie die anderen«, sage ich. »Warum nicht?«

Walid lacht. »Ich habe nicht viel zu befürchten. Reich will ich nicht werden, und eine höhere Position in diesem Betrieb strebe ich auch nicht an. Das macht mich unangreifbar.« Walid ist in einer liberalen sunnitischen Familie aufgewachsen. Sein Vater war Geistlicher. Kein Fanatiker, wie man sie heute immer häufiger trifft – nein, zur Zeit seines Vaters wurde unter Geistlichen noch heftig diskutiert. Walid erinnert sich, wie der Schulgeistliche in seiner Kindheit demjenigen Schüler, der beweisen könne, daß die Erde rund ist, ein Goldstück versprach. Als Walids Vater davon hörte, geriet er in Zorn. Er ging zu dem Mann und sagte: »Wenn Sie kein Goldstück haben, dürfen Sie den Kindern auch keines versprechen. Außerdem kann mein Sohn auch für zehn Piaster beweisen, daß die Erde rund ist!«

Als Armstrong auf dem Mond landete, sagte ein Geistlicher in der Moschee: Wenn du jemanden fragst, ob Armstrong auf dem Mond gelandet ist, und er sagt ja, dann frag ihn noch einmal. Bleibt er auch beim dritten Mal bei seiner Antwort, darfst du ihn töten. Walid lacht verächtlich: diese Rückständigkeit!

Die Freunde seines Vaters waren empört, als er seine Tochter auf eine christliche Schule schickte: ob er etwa wolle, daß sie Christin werde? Er aber lachte sie aus. Er war der Meinung, als Moslem müsse man soviel wie möglich darüber lernen, was die Welt zu bieten hat.

Als seine Schwester später einen Christen heiratete, rief ein christlicher Patriarch bei Walid an und meinte: »Wie kannst du nur deine Schwester einem Christen geben!« »Der hatte bloß Angst, ein Schäfchen aus seiner Gemeinde zu verlieren«, grinst Walid. Er sagte dem Anrufer, seine Schwester habe sich ihren Mann selbst ausgesucht, er habe damit nichts zu tun.

»Zur Zeit meines Vaters gingen die Veränderungen in der Gesellschaft von der Universität aus«, sagt er, »aber heute stürzt sich alles auf die Moschee, wo ganz bestimmt keine Veränderungen gepredigt werden. In dem Viertel, in dem ich wohne, fühle ich mich immer mehr als Außenseiter. Meine Frau ist dort die einzige, die kein Kopftuch trägt, und ich selber gehe nicht in die Moschee, trinke Alkohol und rauche sogar im Ramadan Pfeife. Manche Leute halten uns für Christen!«

Nach dem Golfkrieg hat sich die Situation nicht gebessert. Daß Assad für Amerika Partei ergriffen hat, ging Walid anfangs gegen den Strich. »Aber vielleicht ist unser Präsident realistischer als die meisten syrischen Intellektuellen«, räumt er ein. »Wir sind eben Träumer, mich selber eingeschlossen. Aber das ist nur ein Teil von mir. Der andere Teil sagt...« Er lehnt sich zurück und sieht mich lachend an. »Saddam Hussein hat behauptet, er hätte moderne Waffen, aber der Feind hat Kriegsmaterial auf ihn losgelassen, von dem er noch nie etwas gehört hatte!« Nachdenklich zieht er an seiner Pfeife. »Die Araber haben die Algebra erfunden, aber was nützt ihnen das heute noch? Sogar Einstein ist inzwischen passé. Alles redet von unserem großen Dichter al-Mutanabbi, aber Gabriel García Márquez ist mir doch lieber.«

Kürzlich mußte er in der libanesischen Hauptstadt Saida einen Vortrag halten. Für ihn war der Libanon immer das Land der Freiheit gewesen, und er sprach ungeniert über die Notwendigkeit neuer Impulse in der arabischen Kultur. Er führte das Beispiel hybrider Pflanzenzüchtungen an, die wesentlich widerstandsfähiger seien als Pflanzen mit geschlossenem Fortpflanzungskreislauf. In der Pause erfuhr er zu seinem Schrecken, daß der Saal voll von Sympathisanten der pro-iranischen Hisbollah war. Noch am selben Abend flüchtete er ins christliche Ost-Beirut.

»Ich werde alt und ungeduldig, ich hätte gern, daß sich noch zu meinen Lebzeiten in dieser Region etwas ändert, aber ich fürchte... Die Wahlen in Syrien zum Beispiel. Wenn ich frei wäre, würde ich wahrscheinlich für Assad stimmen, weil ich keine Alternative sehe, aber ich fühle mich nicht frei.« Überall im Land werden *masiras* – Umzüge – veranstaltet; jeder ist verpflichtet, dem Präsidenten seine Loyalität zu bekunden. Auch Walids Betrieb ist vor einigen Tagen auf die Straße gegangen. Tags darauf machten seine Kollegen Bemerkungen über Walids Fernbleiben. Er strahlt. »Da hab ich zu ihnen gesagt: Aber mit dem Herzen war ich bei euch! Ich hab alles im Fernsehen gesehen, da hatte ich einen viel besseren Überblick!«

Immer öfter wird Assad in dieser Wahlkampagne als *Abu Basil* – Basils Vater – bezeichnet. Auf diese Weise wird sein ältester Sohn als sein potentieller Nachfolger ins Rampenlicht gerückt. »Mir soll's recht sein«, sagt Walid, »aber dann sollen sie's offen tun, dann sollen sie die Monarchie einführen, am besten mit einer passenden Zeremonie, so daß wir mit dieser Komödie Schluß machen können!«

Er hat Angst vor der Zeit nach Assads Tod. Ströme von Blut würden dann durch das Land fließen, hat kürzlich jemand prophezeit, und Walid meint, er könnte recht haben. »Wenn die Moslembrüder an die Macht kommen, werde ich wahrscheinlich umgebracht. Ich rauche Pfeife, ein Symbol der Verwestlichung – das allein genügt schon.« Die Moslembrüder seien nur auf Zerstörung aus, meint er, sie hätten keine Lösung für die wirklichen Probleme dieses Landes. »In zehn Jahren werden die Syrer Brot brauchen und keine Gebete!«

Sollten tatsächlich einmal Fanatiker an die Macht kommen, würde er sofort emigrieren. »Ein Job im Hafen von Rotterdam«, schmunzelt er, »das wär doch was für mich.«

Zum ersten Mal merke ich, wieviel Sorge sich hinter seinem Lachen verbirgt. Vielleicht kann er sich seinen Optimismus nur durch seine häufigen Auslandsreisen bewahren. Am schlimmsten wäre es für ihn, Teil einer Gruppe zu werden, keine Distanz mehr zu haben. Er ist ein paarmal in Japan gewesen und würde dort gern eine Zeitlang wohnen, um zu lernen, worum es in der modernen Welt geht. »Ich glaube an eine kosmopolitische Kultur«, sagt er, »ich glaube an die Wissenschaft. Was wir hier brauchen, ist nicht eine neue Politik, sondern eine neue Kultur.«

»Shawqi Baghdadi ist in der Stadt«, verkündet Walid eines Tages. »Er hält heute abend einen Vortrag – kommst du mit?« Baghdadi – der Name erreicht mich wie aus ferner Vergangenheit. Er ist der Dichter, um den sich einmal in der Woche im Damaszener Café Havana ein Kreis von Freunden schart. Hala hatte gemeint, ich solle besser nicht hingehen. Und jetzt hat das Schicksal ihn mir ein zweites Mal über den Weg geschickt! Begierig sage ich zu.

Nach und nach tröpfeln die Zuhörer in den Saal, und als es Zeit ist anzufangen, sind noch längst nicht alle Plätze besetzt. Ein Mann in den Sechzigern betritt in einem Anzug von syrischem Schnitt das Podium und setzt sich an einen kleinen Tisch. Er liest jedoch nicht vor, wie ich erwartet hatte, sondern er erzählt. Neben mir sitzt ein Bekannter von Walid, der für mich übersetzt.

Baghdadi spricht über sein Leben. Früher war er Kommunist. Er ging nach Moskau und war so voller Bewunderung für Stalin, für dessen Militärmacht und seine imponierende Erscheinung, daß er epische Gedichte über ihn schrieb. Während der Vereinigung mit Ägypten kam er wegen seiner kommunistischen Ideen ins Gefängnis. Damals fühlte er sich als Held, inzwischen aber schämt er sich dieser Phase seines Lebens, seiner Verehrung für Stalin, des Persönlichkeitskults, den er getrieben hat.

Ich war auf alles gefaßt, nur nicht auf eine solch altertümliche Demonstration kommunistischer Selbstkritik. Apropos Anachronismen! Aber im Saal ist es mucksmäuschenstill. Alles schaut wie gebannt auf Baghdadi, und ich spüre, wie die Spannung steigt, während er redet. Ich betrachte ihn. Ein älterer Intellektueller in einem etwas zu engen und für die Jahreszeit zu dünnen Anzug. Erst jetzt bemerke ich das Assad-Porträt hinter ihm: der Präsident mit einem Lächeln um den Mund, eine Gebetsschnur locker zwischen den Fingern.

Plötzlich wird mir klar, warum es im Saal so still ist. Während Baghdadi über Stalin redet, scheint das Porträt an der Wand zum Leben zu erwachen. Mit allwissendem Lächeln blickt Assad auf den Büßer herab, der seinerseits zunehmend beklommen wirkt. Eine Mischung aus Bewunderung und Mitleid mit Baghdadi regt sich in mir. Nicht nur in seinen Rücken bohren sich zwei Augen, auch vom Saal aus wird er beobachtet: von einem *mukhabarat*-Mann. Gerade hat mein Übersetzer ihn mir gezeigt. Er trägt einen kobaltblauen Anzug und schaut mit ausdrucksloser Miene geradeaus.

Jetzt spricht Baghdadi das Publikum direkt an. Er sei froh,

sagt er, daß auch einige Jüngere gekommen seien, denn der große Kummer seines Lebens sei es, daß er den Kontakt zur Jugend verloren habe. Irgendwo sei etwas zerbrochen; junge Menschen hätten kein Interesse mehr, ihre Köpfe seien leer. Er trägt ein Gedicht vor, das er nach dem Besuch einer Schule geschrieben hat, in der ein Lehrer seine Schüler tyrannisierte. Es endet mit dem Satz: *Wenn dein Vater nicht entscheiden kann, entscheide selbst.*

Ich muß an meine arabischen Freunde denken, die ich vor meiner Abreise nach Syrien in London und Paris besucht habe. Wieviel heftiger hatten sie das Regime attackiert! Doch wer soll die Moral in diesem Land hochhalten, wenn alle Dissidenten abwandern? Plötzlich muß ich an Hala denken. Sie bewundert Baghdadis Mut, Dinge zu sagen, über die andere schweigen. Er ist ein Mann, der auf dem schmalen Grat zwischen Freiheit und Gefangenschaft balanciert.

Nach dem Vortrag treffen wir uns bei Freunden. Es ist ein milder Abend, im Innenhof wird getrunken, gegessen und geredet. Baghdadi erkundigt sich interessiert nach dem Ausgang des Fußballspiels am Nachmittag. Es hört sich wie ein ganz normales Männergespräch über Sport an, doch bald merke ich, daß mehr dahintersteckt: Heute hat der Verein von Jableh gespielt, der als Alawitenverein bekannt ist. Bei einem Spiel gegen einen sunnitischen Verein war es neulich auf der Tribüne zu Gewalttätigkeiten gekommen, bei denen ein Mensch getötet und einer verletzt wurde.

Als Walid später am Abend eine seiner berühmten Anekdoten über die Rückständigkeit der Geistlichen zum besten gibt und ich um Übersetzung bitte, sagt Baghdadi: »Du müßtest mindestens ein Jahr hier leben, um das zu verstehen.« Irritiert wende ich den Kopf ab. Der Wind aus Damaskus weht heran, der Wind der Abgeschlossenheit. Walid zwinkert mir zu und sagt: »Ein Jahr? Ein Jahrhundert!«

Ich versuche mich zu beruhigen und denke an die Tragik, die Baghdadis Leben überschatten muß. Ein alter Kommunist, nun ja, aber hat Walid nicht gesagt: »Wir brauchen die

Kommunisten als Gegengewicht zu den religiösen Fanatikern.« Wie Hala ist auch Baghdadi in seiner Bewegungsfreiheit eingeschränkt – woher soll er wissen, was ein Ausländer versteht und was nicht?

Als wir uns verabschieden, lädt mich Baghdadi zum nächsten Treffen im Café Havana ein. Ich werde kommen, höre ich mich sagen. Hala, Ahmed, die Wahlen, das Café Havanna – plötzlich gibt es so viele Gründe, nach Damaskus zurückzukehren.

VII

HALA öffnet die Tür und lächelt geheimnisvoll. »Hast du gesehen?« Sie wirft einen vielsagenden Blick auf das bunte Gewirr der Wahlplakate in unserer Straße. Der Hühnerverkäufer, der Friseur, der Gemüsemann – alle verkünden an Hauswänden und Fenstern groß und breit ihre Unterstützung für den Präsidenten. Der ärmlich wirkende junge Mann, der den Sommer über in einem Loch in der Wand Captain-Majed-Sticker verkauft hat, späht jetzt unter einem Fächer aus herzförmigen Assad-Stickern hervor nach draußen. Bei dem Geschäft mit den »Kleidern aus fünfter Hand«, wie Hala es nennt, ist ein dicht beschriebenes Tuch über die Straße gespannt.

»Je ärmer sie sind, desto lauter schreien sie«, sagt Hala. »Sollen wir auch ein Schild raushängen? Was hältst du davon: *Hala und Asma sagen ja zu Präsident Assad.*« Lachend zieht sie mich in die Wohnung.

Ich setze meinen Koffer im Flur ab und sehe mich verwundert um. Während ich weg war, ist es hier Winter geworden. Rustikale Teppiche mit Blumenmuster liegen auf dem Boden und lassen alles schwerer und dunkler wirken als vorher. Der kleine Kanonenofen im Wohnzimmer bullert, und auf meinem Bett liegt eine Daunendecke. Mein Blick bleibt an dem Teppich im Schlafzimmer hängen. Wo habe ich den schon mal gesehen?

»Weißt du nicht mehr? Überleg doch mal. Du hast ihn mir selber geschenkt!« Eine Karawanserei im Suq – Hala hatte blaue Glassachen und die kleine Figur der nackten Leda mit dem Schwan für mich gekauft. Im Geschäft gegenüber hatte ich einen handgewebten grauen Teppich mit einfachem Motiv für sie ausgesucht. Er ist schön, aber er paßt nicht zu den türkischen Tapeten – bestimmt hat sie ihn extra meinetwegen hingelegt.

Asma kommt nach Hause, ganz zappelig vor Aufregung: Sie hat den ganzen Vormittag zu einem Lied getanzt, das die Schule demnächst bei dem großen Umzug für Assad singen wird. Kurz darauf hüpft sie im Schlafanzug auf dem Bett auf und ab und singt *Abu Basil* und *Assadna* – unser Assad.

»Sieht ganz so aus, als würdest du ihn mögen«, sage ich scherzhaft.

»Ja, natürlich mag ich ihn!«
»Warum eigentlich?«
»Weil er meinen Vater ins Gefängnis gesteckt hat!«

Ich sehe Hala an, aber sie lacht. »Was Neues von Ahmed?« Sie legt den Finger auf die Lippen. »Gleich.«

Auf dem Boden sitzend, packe ich meinen Koffer aus. Asma kauert neben mir. Ich sei so lange weg gewesen, ob ich unterwegs vielleicht Karten spielen gelernt hätte? Das Marzipan mit Pistazien aus Aleppo, die Schokolade, das kleine Kissen mit der Katze und der Maus – alles wandert sofort in ihren Schrank, wo sie wie Hala ihre Sachen hortet. Die Hausschuhe aus rotem Leder, die ich für mich selbst gekauft habe, findet sie viel zu groß, ihr gefallen die glänzenden Pantöffelchen besser, die ich bei Tété trage.

Hala sitzt auf dem Bett und schaut uns zu. »Wie war's denn in Aleppo?« Ich kenne diesen Ton – begeisterte Berichte möchte sie nicht hören. Ich erzähle also von meinem Besuch im ruhigen Club d'Alep, vom Niedergang des Baron Hotels. »Und rate mal, wen ich getroffen habe! Shawqi Baghdadi.«

»Baghdadi? In Aleppo?« Jetzt erwacht ihr Interesse. »Ein guter Mann ist das«, sinniert sie. »Vor dem hab ich Respekt.«

»Warum seht ihr euch eigentlich nie?«
»Was sollten wir schon miteinander reden? Daß es uns

gutgeht? Wir wissen doch, daß das nicht stimmt.« Sie lächelt. »Für dich ist alles, was wir sagen, neu, aber er und ich, wir haben nichts zu besprechen, wir wissen schon alles.«

Sie kennt auch Walid. »Der pfeift auf alles«, sage ich.

Sie zuckt die Schultern. »Der kann sich das auch leisten, er stammt aus einer sehr bekannten Familie, an den trauen sie sich nicht heran.« Sogar Baghdadi ist ihrer Meinung nach geschützt.

»Baghdadi? Wieso?«

»Wenn sie ihn verhaften, schlagen die Dichter in den Nachbarländern sofort Alarm.«

»Und du?« frage ich. »Bist du auch geschützt?«

»Ich? Nein, das weißt du doch. Das ist ja mein Problem.«

Als Hala nach dem Essen Asma abhört, komme ich mir plötzlich verloren vor: Ich bin wieder zu Hause, mein Koffer ist ausgepackt, meine Sachen sind verstaut, und nun? Ich habe noch den Rhythmus von Aleppo in mir. Dort wäre ich jetzt in die Stadt gegangen.

»Bist du nicht müde? Möchtest du nicht baden?« Hala ist in der Tür erschienen.

Ich mache eine abwehrende Geste. »Nein, nein, später vielleicht.« Immer wenn ich weg war, soll ich baden – dabei bin ich überhaupt nicht schmutzig! Und warum sollte ich müde sein? Das einzige, was mich müde macht, ist die Lethargie, die in diesem Haus herrscht. Ich sehe Hala an. »Laß nur.«

Sie zögert einen Moment und setzt sich dann neben mich aufs Bett. »Ich weiß, wie dir zumute ist«, sagt sie leise. »Früher war ich auch so wie du, ich wollte alles wissen, alles entdecken – ich war viel optimistischer. Und jetzt... wenn ich daran denke, was hier passiert, mit Ahmed und all den anderen... daß ich mich nicht wehren kann, daß ich nichts tun kann – das macht mich so mutlos.«

Ich schaue auf den Teppich unter unseren Füßen. Als ich ihn kaufte, war ich nicht die einzige, die ihn schön fand; auch Hala war begeistert. Aber man bräuchte eine größere, hellere

Wohnung dafür. Plötzlich steigen so viel Trauer und Reue in mir auf, daß ich den Arm um sie lege. Ich würde sie gern an mich drücken, aber wie immer traue ich mich nicht.

»Du bist hierhergekommen«, sagt sie, »und du staunst über alles. Ich habe meine Neugierde verloren. Kannst du das verstehen?«

Ich nicke und ziehe meinen Arm zurück, der sich ungeschickt und schwer anfühlt. »Was ist denn mit der Geschichte, an der du geschrieben hast?«

»Das Übliche, sie liegt irgendwo herum.«

»Und Ahmed?«

»Ich weiß auch nicht. Es heißt, Assad will bis zu den Wahlen alle Gefangenen freilassen. Demnächst muß ich zum *mukhabarat* und eine neue Besuchserlaubnis beantragen – das ist seit Jahren nicht mehr vorgekommen. Ich hatte mir vorgenommen, auf nichts zu hoffen, aber jetzt hat die Warterei doch wieder angefangen.« Sie sieht mich unschlüssig an. »Wenn sie ihn nur entlassen würden, dann könnte ich mit meinem Leben weiterkommen.«

»Was wirst du tun, wenn er freikommt?«

»Sofort die Scheidung einreichen.« Sie seufzt. »Es ist vorbei. Wenn ich mir vorstelle, daß er hier hereinkommt und sich als Ehemann aufführt...« Sie schaudert bei dem Gedanken. »Er muß zu seinen Eltern. Er will eine Frau, aber nicht mich, nicht Hala.«

Schweigend schaut sie vor sich hin. Dann sagt sie: »Ich habe Firas wiedergesehen.« Sie lacht, als sie meine Überraschung sieht. »Weil du nicht da warst – ich hab mich so schwach und allein gefühlt.« Wochenlang hatte sie nichts mehr von ihm gehört, er schien wie vom Erdboden verschwunden. Da machte sie sich auf die Suche nach ihm. Sie fand ihn in seinem Atelier, das sie »Helikopter« nennt, weil es wie eine Halbinsel an dem Gebäude hängt und Bleiglasfenster mit Blick über die Stadt und den Qassiun-Berg hat. Es war so kalt darin, daß ihr Atem Wolken bildete. An eines der Fenster hatte Firas geschrieben: *Liebe macht traurig.*

»Ich hab das Bedürfnis, daß jemand an mich denkt«, sagt sie scheu, »und ich selber will auch an jemanden denken.«

»Das brauchst du mir nicht zu erklären, das versteh ich nur zu gut.«

»Aber hier versteht es niemand! Kürzlich hat ein Kollege zu mir gesagt, es sei meine nationale Pflicht, Ahmed treu zu bleiben!« Verzweifelt sieht sie mich an. »Erinnerst du dich, was in Frankreich los war, als *Madame Bovary* erschien? Die Leute waren empört, sie konnten es nicht akzeptieren, daß eine Frau ihre Familienbindungen zerreißt und sich für ihr Gefühl entscheidet. *Madame Bovary, Anna Karenina...* Ich hab das alles geglaubt, als ich es gelesen habe, ich dachte, ich könnte auch meinem Herzen folgen. Was dabei herausgekommen ist, siehst du ja.« Mutlos zuckt sie die Schultern. »Manchmal frage ich mich, was dümmer ist: Firas zu lieben oder ihn nicht zu lieben.«

»Mama, Mama, komm mal!« Von draußen sind Schritte und Rufe zu hören; es klingt, als liefen viele Leute gleichzeitig in dieselbe Richtung. Wir stürzen zur Tür. Ein Blick genügt Hala. »Eine *masira* für den Präsidenten«, sagt sie. Ich schaue über ihre Schulter zu der großen Straße vor. »Was machen die denn?« »Ach, nichts Besonderes, du kannst es dir ja ansehen.«

In den Hausschuhen aus Aleppo laufe ich hin. Es ist eine Schülerdemonstration. Sie tragen paramilitärische Uniformen und skandieren ohne allzu große Überzeugung immer denselben Satz. Sie müssen schon länger unterwegs sein, denn der Schwung ist dahin, die Fackeln sind erloschen, die Füße schurren müde über den Asphalt – sie gleichen eher Schemen in einem Trauerzug.

Die Leute, die sich am Straßenrand versammelt haben, sehen mich an. Ich zittere in meinen dünnen Kleidern, aber gerade als ich mich umdrehen will, sehe ich ganz nahe eine Lederjacke glänzen. Mein Herz macht einen Satz. Der Zigarettenverkäufer! Seine Freunde sind nicht dabei, er ist allein und sieht mich ruhig und leicht belustigt an. Verlegen schaue ich weg. Kurz darauf schiebt sich im Gewühl eine Hand in meine. Es ist Asma. Sie und Hala haben sich wie viele andere rasch einen Mantel über den Schlafanzug gezogen.

Zu dritt gehen wir zurück, jetzt mit einem Mal eine Familie inmitten anonymer Neugieriger. Zu Hause kocht Hala eine Wintersuppe aus Weizenschrot, Trockenmilch, Zwiebeln und Minze. Sie hat einen Hocker neben den Ofen gestellt; das ist im Winter ihr Stammplatz. Dort sitzt sie, wenn sie aus dem Bad kommt, ein Handtuch ums nasse Haar geschlungen, dort hört sie Asma ab, von dort aus sieht sie mit einem Auge fern.

»Ach, ich hab dir ja noch gar nicht das Neueste erzählt: Shirin ist schwanger.«

»So schnell!«

»Ein kleiner Farid!« sagt sie mißmutig. Sie hat in letzter Zeit oft Streit mit Farid. Tété und sie haben beschlossen, in seiner Gegenwart nicht länger den Mund zu halten. Er ist jetzt Familienmitglied, er muß sich daran gewöhnen, daß nicht zwangsläufig alles, was sie sagen, gegen ihn gerichtet ist. Farid aber hat seitdem das Gefühl, in ein Nest von Spionen geraten zu sein.

»Du bist gefährlich«, hat er neulich zu Hala gesagt.

»Nur zu, schreib einen Bericht über mich«, fuhr sie ihn an.

»Er glaubt an das System, er denkt, der *mukhabarat* ist dazu da, den Menschen zu helfen, daß sie gerechter werden«, sagt sie verärgert. »Er hofft, durch Loyalität gegenüber dem Regime etwas zu erreichen, aber er weiß nicht, wie er's anstellen soll.« Neulich war er mit Shirin im Suq einkaufen, in der Tasche eine Liste mit den offiziellen, staatlich festgesetzten Preisen. Sie sind völlig unrealistisch, niemand hält sich daran, aber Farid holte jedesmal, wenn er etwas kaufen wollte, die Liste hervor und hielt dem Händler eine Standpauke. Mit leeren Händen kamen sie nach Hause zurück. Shirin wäre vor Scham am liebsten im Erdboden versunken.

»Ich glaube nicht, daß die beiden miteinander glücklich sind. Gestern hat Shirin geweint, als sie nach Hause mußte.«
»Dabei hat sie gesagt, sie schwimmt in Honig!«
»Im Dreck, meinst du wohl!«

Keine Straße, kein Platz und kein Gebäude in Damaskus ist dem Wahlfieber entgangen, überall sind Männer mit Plakaten, Fahnen und Assad-Bildern zugange. Als ich vor einem Büro stehenbleibe, wo gerade ein neues Transparent aus den Fenstern gehängt wird, werde ich so eindringlich gemustert, daß ich schuldbewußt weitergehe. Verlegenheit liegt in diesen Blicken, aber auch etwas Aggressives – als sei das, was sich hier abspielt, nicht für Ausländeraugen bestimmt.

Ich betrete Hamids Buchhandlung, um eine Zeitung zu kaufen. Das vertraute Gesicht hinter der Kasse – ich freue mich, Hamid wiederzusehen. Als ich auf die Assad-Aufkleber an der Tür zeige, grinst er und hebt resigniert die Arme. »Von mir sind die nicht!« Vor ein paar Tagen erschienen Männer in allen Läden in der Straße: Aufkleber an die Tür, ein Plakat in die Auslage, hieß es. »Da konnte ich nichts machen, das wirst du verstehen.« Einem Freund von Hamid wurde ein Poster ans Auto geklebt. »Aber glaub nicht, er hätte gewagt, es abzumachen. Das hätte ihn mindestens ein Jahr Gefängnis gekostet!« In seiner Nachbarschaft hat ein Mann, dessen Sohn im Gefängnis sitzt, ein Plakat von seiner Haustür abgerissen. Noch am selben Abend wurde er verhaftet, und seitdem hat man nichts mehr von ihm gehört.

»So schlimm wie diesmal war's noch nie«, sagt Hamid besorgt. »Aber wir wissen natürlich, woher das kommt.« Er sieht mich verschwörerisch an. »Assad will den Amerikanern zeigen, daß wir alles schlucken, sogar den Frieden mit Israel.«

Ich bin mit Hala verabredet. Wir gehen Wintersachen für

mich kaufen, hat sie beschlossen. Secondhand, wie in ihrem Traum, denn die syrische Mode sei nichts für mich. Auf dem Weg in den Suq komme ich an einem Transparent vorbei, auf dem das Damaszener Filmfestival angekündigt wird, eine Veranstaltung, die alle zwei Jahre stattfindet und auf die Hala sich sehr gefreut hatte. Doch als ich sie gestern abend danach fragte, glitt ein Schatten über ihr Gesicht. Es sei eine heftige Kontroverse über das Festival entbrannt, sagte sie. Angefangen hatte es mit Gerüchten über einen tunesischen Film, in dem ein sympathischer Jude vorkommt, während alle Araber als unangenehme Figuren dargestellt sind. Jemand rief, der Film sei vom Westen mitfinanziert, jemand anderer behauptete, er sei mit jüdischem Geld produziert worden. Jetzt beschwört alles die Gefahren von Koproduktionen.

»Die tunesischen Filmemacher gelten zur Zeit als die besten in der arabischen Welt«, sagte ich vorsichtig.

Hala rümpfte die Nase. »Ja, im Westen!«

Ich seufzte – warum sollte ich unsere häusliche Ruhe gleich am ersten Abend stören? Auch Hala insistierte nicht; ich merkte, daß ihr das Thema schon zum Hals heraushing. Wenn das Festival angefangen habe, solle ich einfach einmal mit ihr hingehen, sagte sie versöhnlich, dann könne ich mir selbst ein Bild machen.

Seit zwanzig Minuten stehe ich am Eingang des Suqs und warte auf Hala. Gerade als ich anfange, mir Sorgen zu machen, sehe ich sie in dem Menschenstrom auftauchen. In der großen schwarzen Jacke, die sie als Mantel benutzt, wirkt sie noch kleiner als sonst. »Puh, war das wieder ein Streß!« Sie lacht. »Komm, schnell.« Mit raschen kleinen Schritten läuft sie neben mir her und läßt unterwegs Dampf ab. Tété hat fast kein Heizöl mehr. Normalerweise kommen die Händler mit ihren Wagen durch die Straßen, aber seit einiger Zeit ist keiner mehr aufgetaucht. Schließlich hat Hala einen Heizöllieferanten angerufen und ihre Position an der Universität ins Feld geführt. Übermorgen kommt er, hat er versprochen.

»Wenn es schon mit *wasta* zwei Tage dauert, wie lange müssen dann erst Leute ohne *wasta* warten!«

Auch ihr eigener Heizölvorrat ist fast aufgebraucht, doch sie hat nicht gewagt, den Lieferanten noch um einen zweiten Gefallen zu bitten. Auf dem Weg zum Suq sah sie plötzlich einen Tankwagen vorbeifahren. Sie rannte hinterher, aber er fuhr in voller Fahrt weiter. Da nahm sie mit einem Taxi die Verfolgung auf. »Wie in einer ägyptischen Fernsehserie!« Der Taxifahrer war sehr hilfsbereit, er schnitt dem Tankwagen den Weg ab und stieg aus, als sei er einem Verbrecher auf der Spur. Doch der Händler war nicht bereit, zu Hala zu fahren, nicht einmal nachdem sie angeboten hatte, ihm das Benzin zu bezahlen. »Irgendwas stimmt da nicht«, sagt sie. »Heizöl scheint knapp zu sein.« Der Händler war völlig desinteressiert – als wüßte er, daß eine Krise bevorsteht.

Dann unterbricht Hala sich. »Hast du heute morgen Nachrichten gehört?«

»Nein, warum?«

»Die Sowjetunion wird aufgelöst.« Sie stößt einen tiefen Seufzer aus. »Wenn du wüßtest, was das früher für eine Aufregung gegeben hätte! Die Sowjetunion, das war wie ein Leuchtfeuer in der Ferne, etwas, wonach man sich sehnen konnte. Aber jetzt interessiert es niemanden mehr, was dort passiert. Im Radio ist nur noch von den Wahlen die Rede.«

Die Geschäfte, durch die Hala mich an diesem Nachmittag in rasendem Tempo durchschleust, sind von äußerster Trübseligkeit. Düstere, modrig riechende Keller, in denen Frauen mit Schals um den Kopf in Kleiderbergen wühlen. Überall hält man mich für eine Russin. »Das sind die einzigen Ausländerinnen, die man hier sieht«, flüstert Hala. Ich fühle mich zusehends älter und häßlicher, und bald folgt uns der Geruch der Kleider bis auf die Straße. »Laß gut sein«, sage ich schließlich, »das wird nichts mehr.« Pater Léon hatte mir angeboten, einen Blick in seinen Schrank zu werfen, um mir den Stapel Pullover anzusehen, die ihm fromme Damen gestrickt haben und die er nie anzieht. Ich hatte das Angebot lachend abgelehnt, aber nach dem, was ich heute gesehen habe, erscheint es mir doch sehr verlockend.

An der Straßenecke steht ein junger Mann mit einem großen Plastiksack voll chinesischer Tennisschuhe. »Ein Soldat aus dem Libanon«, flüstert Hala mir zu.

»Woran siehst du das?«

»Das ist die Gegend hier. Hier bekommt man alles.« Jetzt, da ich darauf achte, sehe ich noch mehr solche Händler: einen Mann mit einem Sack Fußbälle, einen Jungen, der Nike-Schuhe auf dem Bürgersteig aufgereiht hat. Eigentlich dürfen diese Waren hier gar nicht verkauft werden, aber laut Hala will man auf diese Weise die schlechtbezahlten Soldaten im Libanon entschädigen.

In einer kleinen Gasse lehnt eine Frau mit orangeroten Lippen, hochtoupiertem Haar und einem knallgelben Kleid an einer Hauswand. Billiger Parfümgeruch weht uns in die Nase. »Stehen die hier jetzt schon auf der Straße?« frage ich verwundert.

»Das ist die Gegend hier«, wiederholt Hala knapp. Es ist lange her, seit ich zuletzt mit ihr in der Stadt war, und ich merke, wieviel weniger ich sehe, wenn ich allein unterwegs bin. Stundenlang könnte ich noch mit ihr herumlaufen, aber jetzt bekommt ihr Blick etwas Gehetztes: Asma ist bei Tété, und die Zeichentrickfilme sind zu Ende – bestimmt wird sie schon unruhig.

Tété sitzt wie eine Statue unter einer Wäscheleine voller Nachthemden neben dem großen Ofen. »Ihr kommt spät«, sagt sie. Den ganzen Nachmittag haben Leute angerufen, um sich nach Ahmed zu erkundigen. Hala schießt die Röte in die Wangen. »Was haben sie gesagt? Ist er entlassen worden?« Es kommt oft vor, daß ein Häftling ohne vorherige Benachrichtigung plötzlich vor der Tür steht. Doch Tété weiß von nichts. »Bestimmt wieder falscher Alarm«, meint Hala. Dennoch packt sie Asmas Sachen eiliger als sonst zusammen. »Komm, wir müssen nach Hause. Auf Ahmed warten.«

Im Taxi läuft das Radio. Hala lauscht mit hochgezogenen Augenbrauen den pathetischen Worten des Sprechers. »So ein Quatsch!« schimpft sie. Es sei lange trocken gewesen, sagt die Stimme, aber bald werde Gott Regen schicken, und der Regen werde ja sagen zu Hafez al-Assad. Ich pruste los. »Hat er das wirklich gesagt?«

»Sei froh, daß du nicht verstehst, was er sonst noch alles verzapft.« Wir kommen an einem Brunnen vorbei, aus dem grünes Wasser sprudelt. Verärgert sieht Hala aus dem Fenster. »Als nächstes sagt er: Ich kam an der syrischen Zentralbank vorbei und fragte den grünen Brunnen, was er denke, und er erwiderte, er sage ja zu Hafez al-Assad.«

Als wir die Haustür aufmachen, klingelt das Telefon. Es ist Sahar. Ein Bekannter von Ahmed ist freigelassen worden. Er sagt, Ahmed sei vom *mukhabarat* vorgeladen worden, was bedeute, daß sie ihn ebenfalls entlassen würden. Den ganzen Abend geht das Telefon, aber mehr erfahren wir nicht. Dann ruft Tété an. Der Heizöllieferant hat Bescheid gegeben, daß er schon morgen früh komme – ob Hala ihn nicht abfangen wolle? Hala knallt den Hörer auf. »Auch das noch! Sie will, daß ich jetzt gleich komme.«

»Aber das tust du doch nicht, oder?« Asma muß Hausaufgaben machen, und wir wollten... Doch Hala packt schon ihre Sachen. Sie sieht mich resigniert an. »Ich sag ja, ich stamme aus einer Familie von lauter Behinderten.« Ich protestiere noch einmal. »Dann komm mit«, schlägt sie vor, aber das reizt mich noch weniger.

Ich frage mich, was mich mehr enttäuscht: die Vorstellung, allein hierzubleiben, oder die Tatsache, daß Hala nicht den Mumm hat, ihrer Mutter eine Bitte abzuschlagen. Wie soll sie je eine Entscheidung über ihre Zukunft fällen, wenn sie sich von ihrer Familie so leicht erpressen läßt?

Eine Passage aus dem Buch *Arabesken* des palästinensischen Schriftstellers Anton Shammas kommt mir in den Sinn. Der Erzähler ist neun Jahre alt, als er eines Tages den Boden des Brunnens hinter seinem Elternhaus reinigen muß.

Schaudernd läßt er sich an einem Seil an der naßkalten, glitschigen Brunnenwand hinab, voll Angst vor dem Dunkel, das ihn erwartet. Doch sobald seine Füße auf dem schlammigen Grund Halt gefunden haben, schwindet seine Angst. Zum ersten Mal in seinem Leben ist er allein, und diese Einsamkeit übt einen besonderen Zauber aus.

Es ist eine harmlose kleine Szene, doch ihre Symbolik ist von großer Kraft: Am Grund des Brunnens entdeckt der Junge, daß es eine Welt außerhalb seiner Familie gibt, ein Universum, in dem er allein sein und seine eigenen Regeln aufstellen kann. Aber wie soll Hala diese Symbolik je begreifen? Shammas hat sein Buch auf hebräisch geschrieben, das weckt bei ihr nur negative Assoziationen.

Shawqi Baghdadi scheint sich aufrichtig zu freuen, als er meine Stimme hört. Als ich ihm in Aleppo begegnet bin, hatte ich angenommen, er würde häufig Vorträge halten, aber aus der Begeisterung, mit der er auf den Abend zurückblickt, schließe ich, daß es in seinem Leben windstiller ist, als ich geglaubt habe. »Was hast du die letzten Tage gemacht?«

Ich erzähle ihm von meinen Spaziergängen durch Damaskus, meinem Gang mit Hala. Ganz automatisch rede ich ihn mit *ustez Shawqi* – Meister Shawqi – an, wie seine Freunde in Aleppo.

»Damaskus hat sich stark verändert, während ich weg war«, sage ich. Er lacht. »Ja, sicher!« Das Wort »Wahlen« fällt nicht.

»Und was machen Sie?«

Einen Moment bleibt es am anderen Ende der Leitung still. Dann sagt er: »Ich esse, ich schlafe, und ich warte auf ein Wunder« – eine Variation dessen, was Walid gesagt hat: »Ich warte auf ein Erdbeben.« Baghdadis Lachen klingt jetzt hoch und ein wenig spöttisch. Bestimmt rechnet er damit, daß wir abgehört werden. »Sehen wir dich heute nachmittag?« fragt er. Den Ort nennt er nicht.

Das Café Havana hat dunkelbraun getönte Fensterscheiben, die das Innere dem Blick vollständig entziehen. Unzählige Male bin ich nichtsahnend daran vorbeigegangen. Etwas zaghaft schiebe ich die Tür zu dieser verborgenen Welt auf. Gott sei Dank, Baghdadi und seine Freunde sind schon da. Die anderen Gäste beobachten mich ungeniert, als ich auf seinen Tisch zusteuere. Alles Männer, registriere ich aus den Augenwinkeln, keine Frau weit und breit.

In Aleppo hatte ich Baghdadi von Halas Bedenken gegen meinen Besuch im Café Havana berichtet. Er hatte mich beruhigt: Jetzt, da wir uns bei einem Vortrag kennengelernt hätten, habe er etwas, worauf er zurückgreifen könne, falls man ihm Fragen stellen sollte; er werde sagen, ich interessierte mich für arabische Literatur.

Baghdadi hat sich erhoben, legt mir die Hand auf die Schulter und stellt mich seinen Freunden vor. Ein Schriftsteller, ein Rechtsanwalt, ein Wirtschaftswissenschaftler, ein paar Journalisten. Später gesellt sich zu meiner Erleichterung noch eine junge Frau zu uns.

Ein wenig erstaunt sehe ich mich um. Marmorboden, rohe Holztische, kahle Wände – ist das wirklich das legendäre Café, in dem sich früher die Ideologen der Baath-Partei trafen? Ich hatte mir etwas Bohemehafteres vorgestellt. »Es ist kürzlich renoviert worden«, sagt Baghdadi und zeigt nach oben, zu den lauschigen Sitzecken, die dort eingerichtet wurden; seitdem kommen auch Liebespaare hierher. Er lächelt leise. »Es ist touristischer geworden.«

Aber früher! In den fünfziger Jahren fanden hier hitzige Debatten statt. Die französischen Kolonialherren waren abgezogen, und die Syrer mußten selbst sehen, wie sie zurechtkamen. Der arabische Nationalismus feierte Triumphe, und in Syrien wie auch im Irak gelangten die baathistischen Ideale zur Blüte. Im Café Havana saßen die Intellektuellen, im gegenüberliegenden Café Brésil die Beamten. Die Beziehungen zwischen den beiden Gruppen waren gespannt, und nicht selten ging jemand über die Straße, um zu berichten, was auf der anderen Seite ausgeheckt wurde.

Baghdadi zeigt auf einen alten Mann ein paar Tische weiter. »Das ist der frühere Bürgermeister von Damaskus«, flüstert er mir zu. »Der sitzt oft mit seinen Freunden hier.« Einstige Kommunisten, Baathisten, Sozialisten – sie alle treffen sich wie eh und je im Havana und werfen einander wissende Blicke zu. Die Beziehungen zum Irak sind schon vor langer Zeit abgebrochen worden, ihre Träume sind verflogen, viele hat man aufs Abstellgleis geschoben; sie kommen hierher, um sich an ihren Erinnerungen zu wärmen. »Und weil der Kaffee hier billiger ist als anderswo«, gesteht Baghdadi, »denn reich sind wir alle nicht geworden.«

Die Araber seien nicht weitblickend genug, sagt er. Ob ich *1984* von George Orwell gelesen hätte? Er selbst hat es in den fünfziger Jahren gelesen. Ein imperialistisches Buch mit all dem Gerede vom »Großen Bruder«, fand er damals. Vor kurzem aber hat er es noch einmal gelesen. Was für ein klarsichtiger Mann dieser Orwell gewesen sei! In Syrien repräsentiere die Regierung keine soziale Klasse, sondern sei eine Koalition verschiedener Geheimdienste. »Ich bin nicht gegen den Präsidenten«, sagt er vorsichtig, »aber er müßte mehr Parteien zulassen, er müßte die Leute frei reden lassen. Die Welt verändert sich; Syrien darf nicht zurückbleiben.«

»Haben Sie nie daran gedacht, ins Ausland zu gehen?« Die Frage beschäftigt mich schon eine ganze Weile. Baghdadi schüttelt den Kopf. »Was soll ich da? Hier bin ich als einer der fünf Schriftsteller bekannt, die sich trauen, Mißstände anzuprangern, wenn sie ein Mikrofon in die Hand bekommen. Diese Rolle könnte ich im Ausland nicht spielen.«

Vor zwei Jahren hatte ein Redner auf dem alljährlichen Schriftstellerkongreß in Damaskus den Irak heftig angegriffen. Baghdadi stand auf, bat ums Wort und sagte: »Daß es im Irak keine Demokratie gibt, wissen wir inzwischen, aber gibt es hier etwa Demokratie? Müssen wir nicht alles, was wir schreiben, der Zensur vorlegen?« Einen Moment war es still im Saal, dann kam zögernd Beifall auf.

Ein paar Tage später brachte Baghdadi seine Kolumne in die Redaktion der Zeitung, für die er seit Jahren schrieb. Der Chefredakteur gab ihm in gewundenen Worten zu verstehen, daß seine Mitarbeit nicht mehr erwünscht sei. Seitdem sind ihm sämtliche Zeitungen verschlossen, und er kann nicht mehr ohne Genehmigung des *mukhabarat* ins Ausland reisen. »Ich schreibe nicht mehr«, sagt er. »Ich bin traurig, ich lese nur noch.«

Der Mann neben uns hat mit bedrückter Miene zugehört. Baghdadi faßt ihn am Arm und sagt väterlich: »Das ist Khairi, auch einer, der in keiner Zeitung mehr schreiben darf.« Von Khairi habe ich schon gehört – er ist einer der Schriftsteller, die die Petition für Salman Rushdie unterzeichnet haben.

Noch mehr Leute haben sich zu uns gesetzt. Manche trinken eine Tasse Kaffee und gehen dann wieder, andere schauen nur kurz vorbei, um eine Neuigkeit zu erzählen. Baghdadi schüttelt Hände, nimmt ein Päckchen entgegen, das ihm jemand mitgebracht hat, sieht sich zufrieden um und schlägt nach einer Weile vor, essen zu gehen.

Als wir durch die Straßen ziehen – eine lockere Gruppe, lachend, redend, gestikulierend, nicht zu schnell, um im Gewühl niemanden zu verlieren –, erfaßt die Euphorie, die Baghdadi und seine Freunde zu beherrschen scheint, auch mich. Zugleich aber spüre ich eine vage Unruhe. Geht das überhaupt? Fallen wir nicht zu sehr auf? Im Café Havana hat man uns mit unverhohlener Neugier angestarrt, und auch in dem Restaurant, in das wir jetzt einfallen, wenden sich uns alle Gesichter zu. Ein Dutzend ausgelassener Männer und mitten unter ihnen zwei Frauen – was hat das zu bedeuten? Aber die Kellner verbeugen sich lachend und schieben sofort drei Tische zusammen.

»Ein einfaches Restaurant, wie du siehst«, flüstert Baghdadi mir zu. »Wir kommen jede Woche hierher. Die Reicheren von uns jedenfalls.« Er bestellt eine Flasche *arrak*. Unaufgefordert werden kleine Speisen serviert, und als der gegrillte Fisch kommt, sind alle schon etwas beschwipst.

An Frauen sind diese Männer offensichtlich nicht gewöhnt. Die junge Frau in unserer Runde – sie studiert arabische Literatur – ist sehr attraktiv, aber auch schüchtern. Sie würde sich gern über Literatur unterhalten, über die Bücher, die sie gelesen hat, über die Geschichten, die sie zu schreiben versucht, aber die Männer machen zweideutige Bemerkungen, schielen auf ihren Busen und fordern sie auf, ihr Glas auszutrinken. Baghdadi beobachtet alles und wird später als gestrenger Meister eingreifen und sie unter seine Fittiche nehmen.

Der Mann, der mir gegenübersitzt, sagt, ich hätte geheimnisvolle Augen, beklagt sich über den Lärm in dem Restaurant und lädt mich in sein Wochenendhaus ein, den einzigen Ort, an dem wir uns ernsthaft unterhalten könnten. Ich lache ihn aus. Danach redet mich niemand mehr auf diese Weise an, und mein Verehrer wird noch manches Mal mit seinen Annäherungsversuchen aufgezogen.

Unser Tisch steht in der Mitte des Restaurants, und die Leute um uns herum hören unserem Gespräch ungeniert zu. Ein Mann hat sogar seinen Stuhl umgedreht und lacht schallend mit, als Khairi einen Witz erzählt. In einer Ecke sitzt, hinter seiner Zeitung versteckt, ein Schriftsteller, der aus dem Irak geflohen ist und hier Asyl erhalten hat. Baghdadi hält ihn für einen Doppelagenten. »Von mir aus kann er ruhig alles hören«, wirft er hin, »ich hab nichts zu verbergen.« Vor kurzem kam ein *mukhabarat*-Mann herein und setzte sich allein an einen Tisch. Baghdadi lud ihn ein, sich zu ihnen zu setzen. Der Mann wußte vor Verlegenheit kaum, wo er hinschauen sollte, und wurde nie wieder in dem Restaurant gesehen.

Im Laufe des Nachmittags lerne ich die Gesellschaft, die sich einmal in der Woche um *ustez Shawqi* versammelt, näher kennen. Einige arbeiten bei Zeitungen oder Behörden, andere sind kaltgestellt, aber alle scheinen das Land, in dem sie leben, mit den gleichen Gefühlen zu betrachten: Überall stößt man auf Einschränkungen, keiner von ihnen kann selbst über sein Leben bestimmen. »Aber dieses wöchentliche Treffen ist uns heilig«, sagt Baghdadi, »das kann uns keiner nehmen.«

Einer der Männer betrinkt sich und schläft mit einer Zigarette zwischen den Lippen ein. Die untergehende Novembersonne wirft einen rosa Schein auf sein zerfurchtes Gesicht. Als die anderen Anstalten machen aufzubrechen, wacht er auf, und wir gehen alle zusammen in ein altes Café im Suq, wo wir *nargileh* rauchen wollen.

Unterwegs vertraut mir jemand an, daß er dabei ist, ein Buch zu schreiben. Nicht irgendein Buch, nein, ein vierbändiges Werk schwebt ihm vor. Der Titel steht schon fest: *The Damascus Quartet*. Ob ich das *Alexandria-Quartett* von Lawrence Durrell kenne? Etwas in dieser Art soll es werden. Es stellt sich heraus, daß er noch nie zuvor etwas geschrieben hat. Als ich behutsam zu bedenken gebe, ob sein Projekt nicht etwas zu ambitioniert sei, ob ein bescheidenerer Ansatz nicht größere Chancen hätte, sieht er mich unwillig an: »Wieso soll ich mich mit etwas Kleinem begnügen, wenn ich ebensogut von etwas Großem träumen kann?«

Im Café zieht Khairi mit düsterer Miene an seiner Pfeife. Er hat gerade ein Buch veröffentlicht, aber das scheint ihn nicht glücklich zu machen. Es handelt von den Nomadenstämmen, die einander zur Zeit der Kreuzfahrer bekämpften und die byzantinische Kultur zerstörten. Er gibt mir ein ausführliches Exposé des Inhalts, als fürchte er, das Buch würde keinerlei Echo finden und seine Ideen könnten letzten Endes nur mündlich verbreitet werden. Das Buch handle zwar von vergangenen Zeiten, sagt er, aber natürlich gehe es darin genauso um die Gegenwart.

Bei jedem arabischen Autor, den ich nenne, seufzt er bekümmert auf. Amin Maalouf, Tayyib Salih, Edward Said, Anton Shammas – sie alle orientieren sich seiner Meinung nach viel zu sehr am westlichen Geschmack. Er wünschte, ich könnte seine Bücher lesen, sie gingen so viel tiefer. Natürlich habe er seine Stimme erhoben, als Salman Rushdie verurteilt wurde, aber sei nicht auch Rushdie ein Clown, der für den Westen exotische Geschichten über sein Land erzähle? Khairi glaubt nicht wie Walid an eine kosmopolitische Kultur, und mit Walids Gleichnis von den hybriden Pflanzen kann er nichts anfangen. »Aus einem Pferd und einem Esel entsteht ein Maulesel«, sagt er, »und der kann sich, wie du weißt, nicht fortpflanzen.«

Hala hat mir erzählt, daß Khairi vor Jahren, als er auf den Golanhöhen seinen Militärdienst ableistete, von den Israelis gefangengenommen wurde und zehn Monate in verschiedenen israelischen Gefängnissen saß. »Warum schreibst du nicht darüber?« frage ich.

Er sieht mich düster an. »Ich hab's probiert. Wenn du wüßtest, wie oft ich es probiert habe! Aber es geht nicht, ich kann's einfach nicht aufschreiben.«

Ein paar Tage später, als ich mit dem Taxi ins Zentrum fahre, sehe ich Khairi unter mehreren Hausfrauen an einer Bushaltestelle stehen. Hinter ihm ragen Wohnblocks auf, daneben liegt ein ungeordneter kleiner Markt, auf dem die Händler frierend hin und her laufen. Nachdenklich zieht Khairi an seiner Pfeife und spielt mit der Gebetsschnur in seinen Fingern. Neben ihm steht eine große Jutetasche mit Einkäufen auf dem Boden. Der Anblick bildet einen so krassen Gegensatz zu der Gewichtigkeit, die ich bei unserer Begegnung an ihm wahrgenommen habe, daß es eine Weile dauert, bis ich erfaßt habe, daß er es wirklich ist.

Eine Szene aus dem Café im Suq kommt mir in den Sinn. Alle redeten durcheinander, und das Gejammer über alles und jedes nahm kein Ende. Khairi zog an seiner Pfeife und war für seine Verhältnisse ungewöhnlich lange still. Dann sagte er: »Aber das schlimmste ist, daß es tagsüber keinen Strom gibt.« Wir mußten alle lachen, er selbst am meisten. Jetzt wird mir klar, daß es ihm vermutlich bitterernst war.

Es klingelt an der Haustür. Hala ist früh am Morgen zum *mukhabarat* gegangen, um die neue Besuchserlaubnis zu holen. Normalerweise mache ich nicht auf, wenn sie nicht da ist, aber in der jetzigen Situation – man weiß nie. Der Mann, der vor der Tür steht, sieht mich unschlüssig an und fragt nach *umm Asma*, Asmas Mutter. Ich schüttle den Kopf und sage, daß Hala nicht zu Hause ist. Unterdessen betrachte ich forschend sein bleiches Gesicht. Dunkles Haar, ein scheuer Blick – nein, Ahmed ist das nicht. Ahmed würde auch nicht so unsicher dastehen; er weiß ja, daß ich hier bin.

Der Mann zittert in seinen dünnen grauen Sachen und macht Anstalten, wieder zu gehen, doch dann sagt er noch etwas, so leise, daß ich ihn nicht verstehe. Ich frage ihn, ob er Französisch, Englisch oder Deutsch spricht, doch er schüttelt verlegen den Kopf und fragt noch einmal nach *umm Asma*. Wahrscheinlich will er wissen, ob sie hier wohnt. Ich sage ja und erkundige mich nach seinem Namen. Er murmelt etwas Unverständliches, tritt einen Schritt zurück, verbeugt sich und geht davon. Man sieht, daß er nicht gewöhnt ist, sich frei zu bewegen. Vorsichtig setzt er einen Fuß vor den anderen und springt erschrocken zur Seite, als zwei Schulkinder johlend um die Ecke gelaufen kommen. Mein Blick begegnet dem der Nachbarin, die die Szene von ihrem Fenster aus beobachtet hat. Schuldbewußt schließe ich die Tür. Wieder habe ich das Gefühl, etwas gesehen zu haben, was nicht für meine Augen bestimmt war.

»*Umm Asma* hat er gesagt? Dann ist es ein Freund von Ahmed.« Hala stellt eine Kanne mit Wasser auf den Herd, gibt zwei große Löffel Kaffee hinein und beginnt zu rühren. »So nennen sie mich im Gefängnis«, lächelt sie, »das ist respektvoll gemeint.« Mit glühenden Wangen ist sie mit drei anderen Häftlingsfrauen im Schlepptau nach Hause gekommen. Jetzt läuft sie geschäftig hin und her, holt die Besuchertassen aus dem Pappkarton im Schrank, stellt sie auf ein Tablett, schenkt Kaffee ein.

Der Besuch beim *mukhabarat* ist in einen Riesenspektakel ausgeartet. Viele Angehörige von Gefangenen waren gleichzeitig vorgeladen worden. Kaum waren sie eingetreten, fingen die Offiziere, die die Besuchserlaubnis ausstellen sollten, an zu schimpfen. »Wir haben die Gefängnistore sperrangelweit aufgemacht«, riefen sie, »aber die sturen Böcke wollen nicht raus!«

Hala vermutet, daß es dieselben Offiziere waren, die auch mit den Häftlingen gesprochen hatten. »Die meisten weigern sich anscheinend, die Erklärung zu unterschreiben. Der *mukhabarat* kocht vor Wut über ihre Unbeugsamkeit.« Niemand hat das Dokument gesehen, aber inzwischen kennen alle seinen Inhalt. Die Gefangenen sollen erklären, daß sie sich von der Partei, der sie früher angehört haben, lossagen, daß sie Anwerbungsversuche jeglicher anderen Partei zurückweisen und auf Verlangen mit dem *mukhabarat* zusammenarbeiten werden.

»Die denken, sie sind stärker als wir!« schrien die Offiziere. »Aber das werden wir ja sehen! Die nächste Chance kriegen sie erst wieder in sieben Jahren!«

»Sieben Jahre, also vor den nächsten Wahlen«, sagt Hala gelassen.

Eine Frau, die ihr Kind mitgebracht hatte, saß weinend auf einem Stuhl. »Lassen Sie mich zu meinem Mann!« schluchzte sie. »Ich bring ihn schon dazu, daß er ja sagt!« Ein Vater rief, er werde seinen Sohn nie wieder besuchen, wenn der sich tatsächlich geweigert habe, »dieses blöde Papier« zu unterschreiben.

Als Hala an die Reihe kam, sah der Offizier sie mißbilligend an. »Ein komischer Vogel ist Ihr Mann«, herrschte er sie an. »Seit elf Jahren sitzt er, und trotzdem will er nicht raus. Und Sie besuchen ihn immer noch! Sie denken an ihn, aber glauben Sie im Ernst, er denkt auch an Sie?«

»Ich tu's für mein Kind«, erwiderte Hala lahm.

»Und Sie glauben, der denkt an sein Kind?«

»Es ist seine freie Entscheidung«, protestierte Hala, war

sich aber in diesem Moment nicht mehr so sicher. Bestimmt Ahmed nicht auch über ihr eigenes Schicksal mit? Und über Asmas? Was bedeutet diese Erklärung überhaupt? Die Häftlinge sind praktisch Geiseln, sie stehen unter Zwang – besitzt ein Papier, das unter solchen Umständen unterzeichnet wird, überhaupt Gültigkeit?

Im Wohnzimmer unterhalten sich die drei Frauen mit gedämpften Stimmen. Der Ofen bullert, Schwaden von Zigarettenrauch hängen in der Luft und mischen sich mit dem durchdringenden Geruch des Kaffees. Auch Hala zündet sich eine Zigarette an und legt die Kastanien, die sie unterwegs gekauft hat, auf den Ofen. Als Sahar anruft, geben die Frauen einander den Hörer weiter und erzählen ihr mit aufgeregten, hohen Stimmen die Geschichte dieses Morgens. Hala äfft den Offizier nach, der sie angeschnauzt hat, und alle müssen lachen. Sahar aber ist wütend. Wenn ihr Mann die Erklärung nicht unterschreibt, besucht sie ihn nie wieder, schimpft sie. Hala zwinkert mir zu: »Das möcht ich mal sehen!«

Als Asma aus der Schule kommt, geht es im Wohnzimmer so vergnügt zu, daß sie sich verwundert umsieht. »Wird Papa entlassen?« »Nein, nein, noch nicht.« Hala gibt ihr eine geröstete Kastanie. »Morgen wissen wir mehr.« Denn nach all seinem Geschimpfe hat der Offizier ihr doch noch eine Besuchserlaubnis gegeben. Das sei das letzte Mal, rief er drohend, wenn Ahmed es sich nicht anders überlege, werde er ins Gefängnis von Tadmur verlegt. »Wir sollen Druck auf unsere Männer ausüben«, sagt Hala, »deshalb haben sie uns kommen lassen.«

»Ich komm mit«, beschließt Asma, »ich sag ihm, daß er unterschreiben soll.« Hala zieht sie an sich. »Okay, du kommst mit. Wir versuchen ihn zu überreden.«

Als Hala am nächsten Tag nach Hause kommt, ist sie nicht mehr so vergnügt. Schweigend läßt sie sich aufs Sofa fallen. Sie sieht aus, als hätte sie geweint. »Wie wär's mit Kaffee?« Sie nickt. Ich höre sie wütend ins Telefon reden, und als ich mit dem Kaffee zurückkomme, weint sie wieder.

»Was ist denn?«

»Ach, diese Leute alle, wenn die mich nur in Ruhe ließen!« Sie zeigt aufs Telefon. »Das war meine Schwiegermutter. Sie sagt, ich soll mich von Ahmed scheiden lassen und einen anderen Mann heiraten. Sie macht sich Sorgen, daß ich sonst auf meine alten Tage nicht genug Kinder habe, die sich um mich kümmern!«

Asma hat sich an sie gekuschelt, und Hala streicht ihr übers Haar. Ahmeds Eltern, sein Bruder Raschid und dessen Frau – alle waren sie ins Gefängnis gekommen, um ihn zu bitten, das Papier zu unterschreiben. Aber Ahmed wollte nicht auf sie hören. »Ihr wißt ja gar nicht, was da drinsteht«, sagte er. »Die wollen, daß wir für sie arbeiten!« Er flüsterte, denn neben ihm stand ein *mukhabarat*-Mann und hörte mit. Man wolle sie einzeln entlassen, sagte er, aber die Kerngruppe seiner Partei habe entschieden, nur geschlossen zu gehen und nicht, bevor auch ihr Vorsitzender freigelassen werde.

Hala seufzt. »Ich versteh ihn ja, aber andererseits... Als Studenten haben wir davon geträumt, ins Gefängnis zu kommen, besser konnte man nicht beweisen, daß man auf der richtigen Seite stand. Aber was hat das jetzt noch für einen Sinn?« Ahmed und seine Parteigenossen sind hart, sagt sie traurig, ihr Vorbild ist Stalin. Für eine Partei wie ihre ist im heutigen Syrien kein Platz mehr, aber sie sind zu starrköpfig, um es sich einzugestehen. Das normale Leben will sie wiederhaben, aber sie wollen nicht vom hohen Roß in die Niederungen des normalen Lebens heruntersteigen, sie wollen Helden bleiben, und von ihren Frauen verlangen sie, daß sie sich ebenso heldenhaft benehmen. Sie lacht bitter. »Die wissen gar nicht, wie mürbe wir inzwischen geworden sind!«

Auch im Gefängnis hingen Transparente und Wahlplakate. *Die Gefangenen sind die harte Mauer hinter Hafez al-Assad*, las Hala. »Das Nein ist sinnlos, wenn der Rest des Landes ja sagt«, hat sie zu Ahmed gesagt. »Die Regierung ist stärker, als wir dachten. Ihr müßt eurer Niederlage ins Auge sehen.«

Auch Raschid redete auf ihn ein, aber Ahmed wurde nur wütend. »Hier ist es nicht wie draußen«, sagte er, »wir leben hier viel enger zusammen, wir können uns nicht einfach im Stich lassen.«

Als Asma sagte, sie wolle, daß er nach Hause komme, fing er an zu weinen, doch beim Abschied hatte er sich zum Glück wieder beruhigt. Hala erzählte ihm von dem Mithäftling, der gestern bei uns geklingelt und nichts zu sagen gewußt hatte. »Dabei hat der Junge hier jahrelang Französisch gelernt!« lachte er verwundert.

Asma ist aufgesprungen und ins Schlafzimmer gelaufen. Hala sieht ihr nach. »Ich habe Angst, sie zu verlieren«, sagt sie. Ahmeds Vater hatte heute morgen zunächst geschwiegen, doch plötzlich sagte er barsch: »Du mußt hier raus, Ahmed, deine Tochter wird groß. Es muß ein Mann im Haus sein, der aufpaßt, daß sie nicht zu weit geht.« *Daß sie nicht zu weit geht!* Hala blieb vor Schreck fast das Herz stehen. Wird Asma für Ahmeds Leute bald jemand sein, der von ihnen beschützt werden muß?

Im Schlafzimmer ist Asma ins Spiel vertieft. Vor ein paar Tagen hat sie einen Plüschaffen geschenkt bekommen, und damit er und ihre Puppen sich aneinander gewöhnen, hat sie alle zusammen in einen großen weißen Sack gesteckt. Heute findet eine Versammlung zum Kennenlernen statt. Asma hat eine Decke auf dem Boden ausgebreitet, sie setzt den Affen darauf und alle Puppen im Kreis um ihn herum. Nach einer Weile wird es ihr zu kalt im Schlafzimmer, sie schlägt die Decke samt Inhalt zusammen, wirft sie sich über die Schulter wie ein Dieb seine Beute und baut im Wohnzimmer alles neu auf.

»Und was jetzt?« frage ich Hala.

»Nichts – wir müssen abwarten.« Anscheinend müssen nicht alle Gefangenen die gleiche Erklärung unterschreiben. Ahmeds Vater will sich erkundigen, ob die Bedingungen, die seinem Sohn gestellt werden, nicht abgemildert werden können.

»Und inzwischen geht das Leben weiter«, sagt sie. Morgen will sie zum Filmfestival, das im Al-Sham-Hotel begonnen hat. Sie hat erfahren, daß ein Teil der vom Festivalkomitee ausgewählten Filme von der Zensur abgelehnt worden ist. Eine heftige Debatte über arabische Filme, die vom Westen mitfinanziert werden, ist aufgeflammt. Jemand rief, die Zionisten versuchten die arabische Welt über den tunesischen Film zu unterwandern. Morgen soll zu diesem Thema eine Podiumsdiskussion mit den Filmemachern stattfinden.

Das kommt alles von den Friedensverhandlungen und von dieser aufgeheizten Wahlkampfatmosphäre«, sagt Hala. »Die Leute haben das Gefühl, bei so vielen Jas wenigstens ein einziges Mal nein sagen zu müssen.«

»Aber sie sollten sich besser überlegen, wozu sie...« Ein Glimmen in Halas Augen läßt mich verstummen.

Im Konferenzsaal des Al-Sham-Hotels ist die Diskussion in vollem Gange. Die Cineasten sitzen an einem langen Tisch und beantworten Fragen aus dem Publikum. Nach einigem Suchen entdecke ich Hala. Sie sitzt angespannt da, so als könnte sie jeden Moment aufspringen. Die Frau neben ihr hebt die Hand und bittet ums Wort. Kenne ich sie nicht irgendwoher? Als sie zu reden anfängt, dämmert es mir: Es ist Fathia, die Psychologin, die nach dem Golfkrieg ihren Swimmingpool zuschütten und einen orientalischen Garten anlegen ließ. Fathia, nach deren Meinung es früher in Osteuropa gar nicht so schlimm war, und die behauptete, die Wende dort sei vom Westen gesteuert gewesen. Sie hat einen verbissenen Ausdruck um den Mund und unterstreicht ihre Worte mit belehrend erhobenem Zeigefinger. Wogegen sich ihr Beitrag richtet, ist nicht schwer zu erraten. Ich schlängle mich nach vorn und frage einen Journalisten, den ich aus dem Café Havana kenne: »Worum geht's?«

Er zuckt die Schultern. »Alles Hysterie.« Fathia wütet weiter. Als sie geendet hat, bekommt sie von den Sympathisanten ringsum donnernden Applaus. Hala, die mit glühenden Wangen zugehört hat, ist aufgestanden und steuert auf mich zu. »Was hat Fathia gesagt?« frage ich sie.

Hala sieht mich unschlüssig an. »Ich glaub, das sag ich dir besser nicht.«

Am Tisch der Cineasten zieht Michel, ein in Brüssel lebender palästinensischer Filmemacher, das Mikrofon zu sich heran. Hala hört zu und fängt nach einer Weile an zu lächeln. »Der redet genau wie du!« flüstert sie.

»Wieso?«

»Er sagt, die Araber sollten die Schuld für ihre Probleme nicht ewig außerhalb suchen, sie müßten der Tatsache ins Auge sehen, daß sie selbst verantwortlich seien.« Michel zieht kräftig gegen einen seiner Vorredner vom Leder, der ihn wegen einer pornographischen Szene in seinem Film angegriffen und ihm vorgeworfen hat, Filme für die Europäer zu machen. Alle Araber, die nach Europa kämen, wollten westliche Pornofilme sehen, sagt er, wieso er dann keine Nacktszene drehen dürfe?

Er zeigt auf die Fernsehkamera, die auf ihn gerichtet ist. »Was glaubst du wohl, wo diese Kamera hergestellt ist? Im Westen! Alle Technologie kommt aus dem Westen. Wovon reden wir hier eigentlich? Warum importieren wir Parfüm aus Paris? Warum haben wir keine eigene Technologie? Das sind die Fragen, die wir stellen müssen!«

Einer seiner Kollegen übernimmt das Mikrofon von ihm. »Das ist Nouri, der tunesische Filmer, mit dem alles angefangen hat«, flüstert Hala erhitzt. »Angeblich hat er Geld von Canon bekommen, einer zionistischen Filmgesellschaft.«

»Eine Zeitung hier hat geschrieben, ich sei Zionist«, sagt der tunesische Filmemacher ruhig. »Das ist das Elend der arabischen Welt: Sobald jemand schneller ist als die anderen, wirft man ihm Zionismus vor.«

Da und dort wird geschmunzelt, doch Halas Gesicht hat einen starren, feindseligen Ausdruck angenommen. Ich sehe mich um. Ich habe hier noch nie eine öffentliche Diskussion miterlebt. Die Leute lachen, stoßen sich an, wechseln vielsagende Blicke. Ich muß an die chaotische Versammlung denken, die ich zu Beginn der Wende in Ungarn erlebt habe. Dagegen ist das hier eine arabische Perestroika! Jetzt hat Fathias Nachbar das Wort ergriffen. Seine Stimme klingt noch unheilverkündender als ihre.

»Steckt uns doch ins Gefängnis, wenn wir alles falsch machen!« ruft Michel. Ich werfe Hala einen verstohlenen Blick zu. Das Publikum ist gespalten, und obwohl wir nebeneinanderstehen und nachher zusammen nach Hause gehen werden, spüre ich plötzlich, daß wir nicht zum selben Lager gehören. Diesen Blick habe ich schon öfter an ihr gesehen, aber nie so deutlich wie jetzt. Argwohn liegt darin, aber auch Angst und etwas, was ich noch mehr fürchte: Fremdenfeindlichkeit. Dort draußen, in der Welt, in der die Filmemacher sich so selbstverständlich zu bewegen scheinen, wird das große Komplott geschmiedet: Dort arbeiten die Zionisten – vom Westen unterstützt – an der Zerstörung der Araber. Neben Canon wird auch der niederländische Hubert Bals Fonds, von dem einige der Filmer Geld bekommen haben, als jüdische Organisation bezeichnet.

Omar, ein zeitweise in Paris lebender syrischer Cineast, der bis jetzt noch kein Wort gesagt hat, zieht mit einer matten Bewegung das Mikrofon zu sich heran. »Auch der Prophet ist emigriert«, sagt er. Der Prophet, emigriert? Vielleicht meint er Mohammeds Flucht von Mekka nach Medina. Die führenden Kaufleute von Mekka waren Mohammed feindlich gesonnen, weil sie in ihm eine Bedrohung der bestehenden Traditionen sahen.

Omar ist aufgestanden und strebt dem Ausgang zu. Seine ganze Erscheinung strahlt Eleganz und Bildung aus. Ich bin ihm schon einmal begegnet; wir haben gemeinsame Freunde in Paris, wo er ein angesehener Regisseur ist. Doch Hala sieht ihm böse nach. Omar ist einer der Organisatoren des Festivals und daher mitverantwortlich für die gegenwärtigen

Auseinandersetzungen. Er hätte wissen müssen, meint sie, daß viele der ausgewählten Filme zu kontrovers sind. Gerüchten zufolge hat er außerdem für seinen letzten Film nicht nur Geld von Frankreich erhalten, sondern will auch das syrische Filmbudget kräftig anzapfen.

Ich gebe Hala durch ein Zeichen zu verstehen, daß ich gleich wiederkomme, und gehe zu Omar hinaus, der im Foyer mit den Händen in den Hosentaschen am Geländer lehnt. Seine Miene drückt Widerwillen aus. »Die Linken hier sind eine einzige Enttäuschung«, sagt er. »Wenn man die hört, dann weiß man, wieso das Regime hier so fest im Sattel sitzt: weil es ihr Denken völlig abgetötet hat. In den letzten zwanzig Jahren hat sich an ihren Ideen nichts mehr geändert. Wie sie über Amerika und den Zionismus reden – man könnte meinen, man hört einen Beamten des Innenministeriums!«

Wir beugen uns über das Geländer und schauen in die von Menschen wimmelnde Halle hinunter, in der Khairi, von Freunden umringt, wie ein Pascha in einem Ledersessel thront. Omar redet vor sich hin, fast als führte er Selbstgespräche. »Man kann Syrien noch am ehesten mit Ceausescus Rumänien vergleichen«, sagt er. »Die Unterdrückung ist so stark, daß die Opposition dadurch völlig deformiert ist. Sie sind erstarrt, sie sind überhaupt nicht neugierig, was in der übrigen Welt passiert. Sie hören nicht zu: Man hat noch nicht ausgeredet, da haben sie schon die Antwort parat. Ich wohne das halbe Jahr in Frankreich, aber niemand stellt mir je Fragen über das Leben dort. Eine Kultur bleibt nur dann lebendig, wenn sie ihre Geschichte in die heutige Zeit, in andere Kulturen integriert. Und deshalb muß man im Grunde bereit sein, die eigene Vergangenheit zu vergessen. Aber hier flüchten sich alle in die Geschichte und reden darüber wie über etwas völlig Isoliertes.«

Seine Worte sind ein Echo dessen, was Walid in Aleppo gesagt hat, aber auch meine eigenen Gedanken klingen darin an. Ich sehe zu Khairi hinab. Er hat den Arm auf die Sessellehne gelegt, nimmt die Pfeife aus dem Mund und murmelt etwas in seinen Schnurrbart, über das seine Freunde laut lachen.

»Vielleicht muß man im Ausland gewesen sein, um so über die Dinge reden zu können«, sage ich.

Omar nickt. »Sie hassen uns, sie hassen jeden Filmemacher, der in Europa erfolgreich ist, der die Brücke zum Westen geschlagen hat. Wer es wagt, sich von seinem Stamm zu lösen, ist sofort ein Verräter. Der Stamm will, daß jeder wie ein schwerer Stein zu Boden sinkt. Sie können's nicht ertragen, daß einige oben schwimmen, daß es Ausnahmen gibt.« Seine Stimme klingt zornig, trotzig. »Die Gesellschaft hier zieht die Menschen herunter. Wir sollen alle in der *merde* schwimmen.« Schweigend sieht er mich an. »Um den Übergang in eine andere Gesellschaft zu schaffen, muß man sich auf sein Talent verlassen«, sagt er bedächtig, »nicht auf das Land, den Clan oder das politische System.«

Hinter uns ist Stimmengewirr zu hören. Die Diskussion ist zu Ende, das Publikum strömt heraus. Omar entschuldigt sich, als ein befreundeter Cineast ihn anspricht. Hala unterhält sich mit ein paar Leuten. Sie trägt einen rosa Pullover mit eingewirkten Goldfäden, den sie sich von Shirin geliehen hat. Er steht ihr nicht, er läßt sie rundlicher erscheinen, als sie ist. Verzweifelte Zärtlichkeit wallt in mir auf, als ich sie so betrachte. Ich fühle mich ihr so nahe wie einer Schwester. Wie gern würde ich ihr die Welt zeigen, in der Omar und Walid leben, wie gern würde ich sie mitnehmen auf die andere Seite.

Einen der Männer, die bei ihr stehen, kenne ich. Er hat in Rußland studiert. Heftig gestikulierend setzt er den anderen, mit Kopfnicken und zustimmenden Lauten von ihnen angespornt, etwas auseinander. Als ich näherkomme, wendet er sich plötzlich mir zu und sagt: »Dieser Omar, mit dem du gerade geredet hast – der hat eine jüdische Mutter.«

»Wenn Omar Jude ist, dann bin ich's auch«, versetze ich

scharf. Die anderen sehen sich beunruhigt um. Hat mich jemand gehört? Ich muß lernen, den Mund zu halten, es wimmelt hier von *mukhabarat*-Leuten. »Nun streitet ihr euch bitte nicht auch noch«, sagt Hala beschwörend, »es reicht jetzt wirklich.«

Ich gehe zu Khairi hinunter, der mich mit großartiger Geste auffordert, auf der Armlehne seines Sessels Platz zu nehmen. »Was machst du denn hier?« Er grinst. »Das ist das einzige Mal im ganzen Jahr, daß ich im Al-Sham-Hotel sitzen kann, ohne hinausgeworfen zu werden.« Er stellt mich seinen Freunden vor, von denen er einige aus Ägypten kennt, wo er als junger Mann gelebt hat. »Das ist die einzige Möglichkeit, sie zu treffen.«

»Vor ein paar Tagen hab ich dich gesehen«, sage ich, »an einer Bushaltestelle.«

»Mich?« Er zieht die Augenbrauen hoch. »Wo?« Ich sage es ihm. »Das war ich nicht«, erklärt er entschieden. »Da hast du mich mit jemandem verwechselt.«

Es erscheint mir ratsam, das Thema zu wechseln. »Warst du bei der Diskussion?« Ich zeige nach oben.

Khairi lacht. »Nein, die kriege ich hier unten auch mit. Die anderen erzählen mir alles.«

»Und?« Mit einem Mal ist es mir wichtig zu wissen, was er davon hält. Khairi zieht an seiner Pfeife. »Patriotismus«, murmelt er in seinen Schnurrbart, »falscher Patriotismus natürlich.«

Hala sitzt auf dem Schemel am Ofen, die Hände im Schoß gefaltet. »Was hat Omar gesagt? Bestimmt war er sauer.« Soll ich es ihr sagen? Sie würde es ebenso ungern hören wie ich die Kommentare ihrer Freunde. »Er ist sehr intelligent«, sage ich störrisch. »Ich fürchte, ich bin ganz seiner Meinung.«

»Omar hat die Verbindung zum Volk verloren. Er will zu

schnell vorwärts«, ereifert sie sich. »Wenn er uns rückständig findet, dann soll er in Frankreich bleiben.« Ich wünschte, ich könnte ihr zuhören, ohne böse zu werden, aber es gelingt mir nicht. »Wir wollten damals auch alles zu schnell verändern«, fährt sie fort, »aber heute weiß ich, daß das nicht geht. Die Deutschen haben einmal das Verhalten von Spinnen untersucht: Sie ließen eine Spinne ihr Netz machen, und immer wenn es fertig war, haben sie es wieder zerstört. Zum Schluß wurde die Spinne verrückt und wußte nicht mehr, wie man ein Netz baut.«

Sie verschränkt die Hände, als wäre ihr kalt. »Du kannst nicht verstehen, was im Moment mit uns passiert, und ich kann's dir nicht erklären. Jedenfalls nicht auf französisch. Du müßtest Arabisch können, um es zu begreifen.«

Das wird ja immer besser! Fünf Monate lang haben wir alles auf französisch besprechen können, und jetzt reicht das plötzlich nicht mehr aus! Das Wort »Obskurantismus« kommt mir in den Sinn, aber ich dränge es mit aller Macht zurück.

»Das kommt von den vielen Jas um uns herum. Das macht alle ganz nervös. Am liebsten würde ich hier drin ein großes Schild aufhängen und *Nein!* draufschreiben. Nur ein einziges Mal!«

»Aber du sagst nein zu den falschen Dingen!«

»Wieso zu den falschen Dingen? Ich bin gegen diese Koproduktionen, weil der, der mitbezahlt, auch den Inhalt mitbestimmt.«

»Was spielt es denn für eine Rolle, wenn Frankreich mitbezahlt! Ist es dir lieber, wenn alle arabischen Filmer von ihren Regierungen abhängig sind? Als ob die es so gut mit ihnen meinen würden!« Ich glaube, ich verstehe sie tatsächlich nicht, oder besser: Ich will sie nicht verstehen. Pater Léon würde lachen, wenn er mich hören würde. »Du kommst diesen Leuten mit Logik«, hat er einmal zu mir gesagt, »aber das führt zu nichts. Du mußt psychologisch vorgehen, du mußt auf das hören, was hinter ihren Worten steckt. Wie oft ruft jemand ganz laut nein, bevor er ja sagt!« Vielleicht hat er recht, aber etwas in mir weigert sich, das zu akzeptieren. Ich habe Hala nie aus solcher Distanz betrachtet, dazu ist sie mir immer viel zu nahe gewesen.

»Wovor hast du denn solche Angst?« frage ich.

»Davor, daß ich meine arabische Identität verliere.«

»Deine arabische Identität!« Diesen Ausdruck habe ich noch nie von ihr gehört. »Und was ist das?«

Sie weiß es selbst nicht so genau. »Ich will mich frei entscheiden können«, sagt sie zögernd.

Ich bin aufgestanden; ich glaube, ich brauche einen Wodka. Doch in der Küche werde ich erst richtig wütend. Wie kann sie, nach all den Enttäuschungen, die sie erlebt hat, noch von arabischer Identität reden! Ich gehe ins Zimmer zurück. »Was meinst du eigentlich? Das Elend, das ich hier seit Monaten mit ansehe? Dein Mann im Gefängnis, deine Familie, die dich keine Sekunde in Ruhe läßt, kein Heizöl, kein Wasser, kein Strom – ist es das, was du dir unbedingt erhalten willst? Nennst du das Entscheidungsfreiheit?«

Sie sieht mich vorwurfsvoll an. »Wenn du so weitermachst, mußt du dich nicht wundern, wenn ich eines Tages auf die Linie der anderen einschwenke.«

»Der anderen?« Aber im Grunde brauche ich nicht zu fragen, wen sie damit meint – ich weiß es bereits. Heute nachmittag, als ich mit Omar an dem Geländer lehnte, ist mir der Gedanke schon einmal gekommen. »Meinst du die Moslembrüder?« Hala nickt.

Einen Moment lang ist es still. Dann sage ich, leiser jetzt: »Wenn jeder, der Verbindungen zum Westen hat, ein Verräter ist, bist du dann nicht auch einer? Immerhin läßt du mich bei dir wohnen, und ich bin aus dem Westen.«

»Du bist anders als die anderen«, sagt sie kaum hörbar.

»Findest du? Ich halte mich normalerweise für eine typische Europäerin.« Hala zupft an einem der goldenen Fäden in Shirins Pullover. »Vielleicht tut es dir inzwischen leid, daß ich gekommen bin«, sage ich.

»Nein, nein.« Sie schüttelt heftig den Kopf. »Das einzige, was mir leid tut, ist, daß ich dich nicht dazu bringen konnte, dieses Land zu lieben.«

»Nach allem, was ich hier gesehen habe? Wie kannst du da erwarten, daß ich das Land liebe?«

»Ich wollte dir zeigen, daß das Leben weitergeht, obwohl mein Mann im Gefängnis sitzt...« Sie sieht mich hilflos an. »Wir sind solche öffentlichen Diskussionen nicht gewöhnt. Die letzte habe ich in meiner Studienzeit erlebt. Da hat man die Intellektuellen frei reden lassen, man hat sich angehört, was sie zu sagen hatten, und dann fingen die Razzien an. Hohe Beamte wurden entlassen, die Führungsspitze der Universität wurde ausgewechselt, und viele durften nicht mehr publizieren. Vielleicht passiert jetzt wieder das gleiche.«

Während sie redet, scheint sich die Welt um uns herum zu verengen. Was für Gefahren lauern hier in den unerwartetsten Winkeln, was für düstere Szenarien spuken in Halas Kopf herum! Schweigend sitzen wir einander gegenüber.

»Das von vorhin tut mir leid«, sage ich. »Wir sollten uns nicht streiten, wir beide schon gar nicht.«

Hala nickt. »Alles nur wegen des Festivals«, seufzt sie. »Jeder hat vor jedem Angst. Wenn wir uns öfter frei äußern könnten, wäre das anders.«

»Vielleicht möchtest du, daß ich eine Zeitlang weggehe?« Wieder schüttelt Hala den Kopf. »Hast du nicht schon mal daran gedacht? Daß ich besser gehen sollte?«

»Nein.«

»Sag's ehrlich.«

»Heute nachmittag dachte ich, wir sollten uns eine Weile nicht sehen, aber dann wäre ich zu meiner Mutter gegangen, und du hättest hierbleiben können.«

Ich atme erleichtert auf. »Was ist nur los mit uns? Wir sind wohl alle ein bißchen hysterisch geworden.«

Hala lacht. »Zuviel Freiheit«, sagt sie. Fünf Stunden hat die Podiumsdiskussion gedauert, und wenn sie daran zurückdenkt, muß sie zugeben, daß eigentlich jeder ein bißchen recht hatte. »Zwischendurch hab ich noch einen Dokumentarfilm gesehen«, sagt sie geheimnisvoll. »Über Assad!« Der Film war schon ein paar Jahre alt, und wenn sich jemand die Mühe gemacht hätte, ihn sich noch einmal anzusehen, wäre bestimmt etwas herausgeschnitten worden, denn an einer Stelle sagte der Sprecher: »Und Syrien nahm Kontakt zu fortschrittlichen Ländern auf«, und auf der Leinwand erschien Assad in inniger Umarmung mit Ceausescu!

Hala sieht auf die Uhr. Asma ist bei einer Freundin in der Nachbarschaft – es ist Zeit, sie abzuholen. Ich bin froh über den blauen Pullover, den Pater Léon mir geliehen hat, denn draußen ist es bitterkalt. Unterwegs nehme ich Halas Arm. »Alles wieder gut? Kein Streit mehr?« Sie nickt und zeigt auf ein Assad-Wahlplakat. »Der ist an allem schuld.«

Später sitzen wir vor dem Fernseher. Die Stadt ist eine einzige große, sich bewegende Masse. Mädchen in Asmas Alter singen: *Hafez al-Assad beschützt uns, für ihn haben wir uns die Haare schneiden lassen und tragen eine Waffe.* Männer tanzen *dabke*, wie damals bei der alawitischen Hochzeit in Latakia. Der Landwirtschaftsminister schaukelt auf Männerschultern durch die Straßen, und selbst die Geistlichen drehen sich händeklatschend im Kreis. »Wie in Afrika«, sagt Hala mißbilligend.

Gewöhnlich ziehe ich mich abends zurück, um zu schreiben, doch heute zögere ich. Wie würde Hala es auffassen, würde es nicht aussehen, als schriebe ich einen Bericht für meine europäische Basis? Die Luft zwischen uns ist zwar wieder rein, aber die Worte, die gesagt worden sind, gehen mir noch im Kopf herum, und ich frage mich, ob sie je wieder daraus verschwinden werden. Es ist, als hätte ich einen Blick auf die Grenzen unserer Freundschaft geworfen, und nach allen Emotionen der vergangenen Stunden erfüllt mich das mit dumpfer Trauer.

Am frühen Morgen klingelt das Telefon, und ich höre Hala aufgeregt reden. Es ist Freitag, Asma muß nicht zur Schule, doch gleich darauf ertönt auch ihre helle Stimme. Was ist passiert? Ich ziehe meinen Morgenrock an. Asma liegt in Halas Arm und sieht mit Eichhörnchenaugen zu mir auf. »Ist Ahmed ... ?« Hala lacht. »Nein, eine Gruppe Palästinenser ist freigelassen worden. Da werden sie heute im Palästinenserlager bestimmt *dabke* tanzen!«

Sie zieht Asma an sich. »Meine Tochter will wissen, wo ihr Vater schlafen soll, wenn er nach Hause kommt.« »Und?« »Jedenfalls nicht bei uns, hat sie entschieden.« Sie fährt Asma durchs Haar. »Es wird nicht leicht für sie werden. Sie will zwar ihren Vater wiederhaben, aber ihren Platz will sie nicht räumen.«

Den ganzen Morgen turteln die beiden miteinander wie ein Liebespaar. Hala setzt Tee auf, röstet Brot und füllt Schälchen mit Käse, Oliven und *makdous* – eingelegten Auberginen. Sie essen kniend an dem niedrigen Wohnzimmertisch, aber das ist Asma noch immer nicht heimelig genug. Sie spannt eine Decke zwischen Sessel und Tisch und zieht sich mit ihrem Affen, ihrem Walkman und den Resten des Frühstücks darunter zurück. Wachsam lugt sie aus ihrer Höhle hervor. Hala darf nicht mehr Französisch mit mir sprechen und als ich im Flur einen Blick in den Spiegel werfe, ruft sie mir böse zu, ich solle in meinen eigenen Spiegel schauen. »Aber Asma!« protestiert Hala gespielt ärgerlich. Doch die Karfunkelaugen unter der Decke sind mir weniger fremd, als Hala ahnt. Hat sie sich in den vergangenen Tagen nicht mit dem gleichen Blick umgesehen? Die Geborgenheit ihres Lebens mit Asma steht im Begriff zu zerbrechen. So lange haben sie nicht mehr an dem, was sich draußen abspielt, teilgenommen, daß sie sich am liebsten verstecken würden.

Hala und ich reden nicht mehr über gestern, aber unser Zusammenstoß geht mir nicht aus dem Kopf. Plötzlich gibt es so vieles, worüber wir nicht mehr miteinander sprechen können. Ich fühle mich unbehaglich und befangen, als seien die Zimmer, in denen wir monatelang so problemlos zusammengelebt haben, plötzlich zu klein geworden. Schließlich setze ich mich doch ins Schlafzimmer und fange an zu schreiben. Hala bringt mir Tee und schaut mir über die Schulter. »Geht's?« Sie müßte eine Vorlesung vorbereiten, sagt sie, aber ich hätte ja gesehen, wie Asma heute ist. Und am Nachmittag müsse sie ins Palästinenserlager, um den Ex-Gefangenen zu gratulieren.

»Kann ich mit?«

Sie schwankt einen Moment und sagt dann entschieden: »Nein, das wär wohl keine so gute Idee. Da ist bestimmt alles voll von *mukhabarat*-Leuten.«

Als es klingelt, zieht sie sich rasch einen Morgenrock über das Nachthemd. »Wenn das Ahmed ist!« Aber die beiden Männer, die vor der Tür stehen, kommen nicht herein. Asma sitzt halb versteckt in ihrer Höhle und spitzt die Ohren.

»Es geht los«, flüstert Hala, als sie gleich darauf wieder ins Zimmer kommt.

»Was?«

»Die Probleme mit dem *mukhabarat*.« Mir bleibt fast das Herz stehen. Also doch! Hala sucht nach ihren Papieren, kann sie in der Eile nicht finden und durchwühlt den ganzen Schrank. Als sie wieder zur Tür geht, stürzt Asma hinter ihr her. Ich stehe verloren da. Sollte ich mich nicht besser verstecken? Aber wo? Und warum eigentlich? Was habe ich verbrochen?

Die Tür fällt ins Schloß. Hala wedelt mit einem Brief. Es ist eine Vorladung: Morgen muß sie beim *mukhabarat* erscheinen. Asma springt in ihrem rosa Schlafanzug ängstlich um sie herum. »Du darfst nicht allein hingehen, Mama, du mußt jemanden mitnehmen! Sonst behalten sie dich da, wie Papa!« Ich sehe sie zärtlich an. Sonst ist sie Fremden gegenüber so schüchtern, und jetzt war sie im Nu an der Tür, als sie hörte, worum es ging. Und wie bedingungslos sie ihren kleinen Leib in den Kampf geworfen hat! Sie hat den Männern gezeigt, daß Hala nicht allein ist, daß man mit ihr, Asma, zu rechnen hat.

»Meinst du, das hat was mit mir zu tun?«

Hala zuckt die Schultern. »Ich weiß nicht, sie haben nichts gesagt.« Plötzlich fällt mir der sonderbare Anruf von vor ein paar Tagen wieder ein. Eine Männerstimme fragte nach Hala. Als ich sagte, daß sie nicht da sei, begann der Anrufer Englisch zu sprechen. Sein Ton gefiel mir nicht, er klang auf eine plumpe Art dreist. Er wollte wissen, wie ich heiße und wie lange ich schon hier sei. Sein Englisch war miserabel. Ich tat so, als würde ich ihn nicht verstehen, und sagte, er solle noch einmal anrufen, wenn Hala da sei. »Meinst du, das war einer vom *mukhabarat*?« Hala sieht mich abwesend an. »Wer weiß?«

Ich mache mir tausend Vorwürfe. Ich hätte nicht ins Café Havana gehen dürfen, ich habe mit Gott und der Welt geredet und über alles und jedes meine Meinung kundgetan. Mit Omar an dem Geländer im Al-Sham-Hotel zu stehen – wie konnte ich nur! Und dann der Streit mit Hala – als hätten sie nur darauf gewartet, um zuzugreifen. »Soll ich abreisen? Meinst du nicht, das wäre das beste?«

»Nein, nein, wenn wir gehen, dann gehen wir zusammen.« Sie starrt gedankenvoll vor sich hin. »Wir ziehen für eine Weile zu meiner Mutter, da sind wir sicherer.« Zu Tété! Fernsehen am hellichten Tag, Streitereien, Essen – und kein Ort im ganzen Haus, an den ich mich zurückziehen kann. Was für eine teuflische Schicksalsfügung, daß der *mukhabarat* nun auch mich in Tétés Arme treibt!

Hala geht händeringend im Zimmer auf und ab. Hat sie auf dem Filmfestival etwas Falsches gesagt, oder wollen sie ihr wegen meines Aufenthalts auf den Zahn fühlen? Sie hatte geglaubt, es sei kein Problem, mich bei sich wohnen zu lassen, all die Beschränkungen seien aufgehoben, jetzt, da Syrien sich der Welt von seiner demokratischen Seite zeigen will. Doch dann kommen ihr wieder Zweifel. »Ahmed kommt aus dem Gefängnis, und dafür sperren sie mich ein.«

»Wieso sollten sie dich einsperren?«

»Weil Ausländer eigentlich nicht wissen dürfen, daß es hier Leute gibt, die so leben wie ich.« Sie sieht mich verzweifelt an. »Merkst du, wie absurd das ist? Niemand darf wissen, daß es mich gibt. Ich bin ein syrisches Geheimnis.«

Das Unheil rollt wie ein riesiger Schneeball auf mich zu. Was wissen sie über uns? Alles, was wir je zusammen unternommen haben, erscheint mir jetzt gleichermaßen tollkühn und gefährlich. Selbst Bagdad, die Stadt, in der wir uns kennengelernt haben, ist ein verbotener Ort. Hala ist auf den Schemel am Ofen gesunken und studiert die Vorladung, als versuchte sie, einen verborgenen Sinn in den vorgedruckten Zeilen zu entdecken. Der *mukhabarat*-Mann war in Begleitung ihres Hausbesitzers erschienen, der schon seit geraumer Zeit über die niedrige Miete jammert. Er braucht Geld, er will das Haus verkaufen. Ob er den *mukhabarat* eingeschaltet hat? Auch der *mukhabarat*-Mann selbst kam Hala bekannt vor. Wohnt er hier in der Gegend, wollen ihr da zwei Freunde einen Streich spielen?

Oder hat einer der Händler in der Straße den *mukhabarat* informiert? Der Hühnerhändler, der immer in der Tür steht, mit dem Rücken zu all dem Gegacker und den auffliegenden Federn? Der Friseur, der jeden Nachmittag seinen Handtuchständer hinausstellt? Der *ful*-Verkäufer an der Ecke? Allmählich verliert unsere Straße all ihre Unschuld. »Hast du den Mann mit den Plastikpuppen schon mal gesehen?« fragt Hala. »Er taucht manchmal auf und verschwindet dann wieder. Ich glaube nicht, daß er je was verkauft.« Der Zigarettenjunge mit der Lederjacke, sein arroganter Blick, sein mitleidiges Lächeln – ob er vielleicht... ?

»Was wir beide da machen«, konstatiert Hala schließlich, »ist genau das, was ich mit meinen Freunden gemacht habe, als Ahmed verhaftet worden ist.« Die Erinnerung daran scheint sie nicht zu ängstigen, sondern eher zu beruhigen. »Wir dürfen nicht in Panik geraten, keine unüberlegten Entscheidungen treffen.« Wieso sollten wir überhaupt zu Tété flüchten? Das wäre wie ein Schuldbekenntnis, und der Hausbesitzer würde sich ins Fäustchen lachen! »Nein, wir bleiben hier«, beschließt Hala, jetzt plötzlich ganz streitbar. »Und wenn sie uns was wollen, werfen wir mit Steinen, wie die Palästinenser.«

Wir dürfen niemandem etwas sagen, erklärt sie, und müssen besonders am Telefon vorsichtig sein, das jetzt bestimmt abgehört wird. Ins Palästinenserlager geht sie nicht, das kann warten. Bis zum Abend hat sie alles genau durchdacht. Vielleicht wird es halb so schlimm.

Asma sitzt vor dem Fernseher. So viel *bizr* wie heute hat sie noch nie gegessen. In rasendem Tempo schmilzt ihr Vorrat zusammen; der Boden ist mit Schalen übersät.

Unruhig schlafe ich ein. In meinen Träumen ist unser Haus nicht mehr durch eine Mauer von der Straße getrennt, und die Haustür hat sich in ein dürftiges Gitter verwandelt. Die Leute schauen ungeniert herein, und ein Mann steht davor, der alle möglichen Fragen stellt. Ob das Haus zu vermieten oder zu verkaufen sei? Ich will, daß er weggeht, aber als ich das Gitter zu schließen versuche, merke ich, daß es nicht mehr zugeht.

Am Morgen ist Hala auffallend ruhig. Gleich wird sie ihren Verfolgern in die Augen schauen und wissen, was sie wollen. Alles ist besser als die Ungewißheit. Sie kleidet sich sorgfältiger als sonst und legt Make-up auf. »Männer wie die wollen eine verletzliche Frau sehen«, lächelt sie.

Als ich sie ein paar Stunden später zurückkommen höre, stürze ich zur Tür. »Und?«

Sie sieht mich geradezu triumphierend an. »Was hab ich gesagt? Der Hausbesitzer!« Ganz sicher ist sie sich nicht, und er selbst wäre der letzte, der es zugeben würde, aber alles deutet darauf hin, daß er die Sache ins Rollen gebracht hat. Der *mukhabarat*-Offizier war sehr zuvorkommend und sichtlich angetan. Er bot ihr Kaffee und sogar eine Zigarette an und wollte wissen, ob sie in ihrem Haus untervermiete – was verboten ist, zumal wenn ich die Miete in Devisen zahlen würde.

»Und was hast du gesagt?«

»Daß du eine Freundin von mir bist. Und daß der Besitzer das Haus zurückhaben will und mich deshalb angezeigt hat.«

»Und das war alles? Nichts vom Filmfestival?«

»Nein, danach haben sie nicht gefragt. Obwohl – man weiß nie, was noch kommt. Vielleicht hat mein Hauswirt noch mehr in petto.« Ihre Miene verdüstert sich. »Da siehst du, wie weit es mit uns gekommen ist. Wir müßten das System bekämpfen, und statt dessen bekämpfen wir uns gegenseitig.« Sie hat noch versucht, etwas über Ahmeds Schicksal zu erfahren, aber der Offizier wußte nicht Bescheid – dafür sei eine andere Abteilung zuständig.

Hala sieht sich im Zimmer um. »Wir müssen etwas tun, meinst du nicht? Ich wollte hier schon lange was verändern.«

»Was denn?«

Sie zeigt auf den Schrank mit den Glastüren. »Sollen wir den umstellen? Was meinst du?« Der Nutzen dieses Unternehmens leuchtet mir nicht ein, aber Hala macht sich sofort ans Werk. Als Asma nach Hause kommt, steht der Schrank woanders, und Hala ist hochzufrieden. »Als sie Ahmed eingesperrt haben, hab ich auch alles verändert«, sagt sie. »Das ist das einzige, was hier nicht verboten ist: die Möbel so zu stellen, wie man will.«

Tété ruft an und klagt darüber, daß eine versehentlich in die weiße Wäsche geratene schwarze Socke alles grau verfärbt hat. Und von dem Bleichmittel ist alles gelb geworden. »So eine Mutter gibt's nicht noch mal!« lacht Hala, als sie auflegt. Sie hofft, daß der *mukhabarat* mitgehört hat. In den nächsten Tagen wird er alles darüber erfahren, was ihre Mutter gekocht hat oder zu kochen beabsichtigt, wie es mit Shirins Schwangerschaft und den Streitereien mit Farid steht. »Die kriegen noch Mitleid mit mir!«

Doch als es dunkel wird, beginnt sie wieder zu grübeln. Warum war der Offizier heute morgen so nett? Ist das womöglich eine Falle? »Der Hausbesitzer ist noch nicht mit mir fertig«, sagt sie düster. Plötzlich schlüpft sie resolut in ihre schwarze Jacke und verläßt das Haus. Asma zeigt mit vielsagender Gebärde auf das Haus gegenüber. Als Hala wiederkommt, ist sie außer Atem und sichtlich zufrieden. Sie hat dem Hausbesitzer gehörig den Kopf gewaschen. »Seine Frau hättest du sehen sollen! Die wurde ganz weiß vor Schreck!«

In der Nacht werde ich von eiligem Fußgetrappel in unserer Straße wach. Der *mukhabarat*, ist mein erster Gedanke. Im Nu bin ich auf den Beinen. Auch Hala ist aufgewacht. »Was ist los?« Wir gehen zur Tür und spähen hinaus. Leute laufen an uns vorbei die Straße hinunter. »Es brennt«, flüstert Hala. Männer schreien, Frauen kreischen, Rauchgeruch dringt mir in die Nase. »Ein Kurzschluß. Nichts Ernstes«, beruhigt mich Hala. Zwei Männer aus der Nachbarschaft, die im Schlafanzug herbeigeeilt sind, hören uns Französisch sprechen und sehen befremdet zu uns her. Instinktiv tauche ich ab. Gleich darauf aber strecke ich den Kopf wieder heraus. Man wird doch wohl noch neugierig sein dürfen!

Je näher die Wahlen rücken, desto absurder werden die Slogans in den Straßen. »*Wir wählen Assad, von Ewigkeit zu Ewigkeit*«, liest Hala vor. Bekannte Damaszener Familien haben Transparente an ihren Häusern aufgehängt, auf denen sie Assad ihren »Vater« nennen, und auch die Transparenthersteller selbst mischen kräftig mit: *Khaled, der Plakatemacher von Salhia, sagt ja zum Führer.* »Ein Psychologe, der sich die Mühe machen würde, diese Sprüche alle zu analysieren, könnte tief ins syrische Unterbewußtsein eindringen«, sagt Hala. Eigentlich sollten die freigelassenen Gefangenen auch eine *masira* veranstalten, meint sie. Sie sieht es bereits vor sich: Männer in Schlappen und ärmlicher Gefängniskleidung, in der Hand hastig bemalte Schilder: *Hafez al-Assad – der Held der syrischen Gefangenen.*

»Er bekommt bestimmt hundert Prozent der Stimmen«, prophezeie ich.

»Hundert? Viel mehr!«

Am Wahlmorgen werden wir von Marschmusik geweckt. Der Gemüsemann hat zwei Lautsprecherboxen aufgehängt, aus denen es bis tief in die Nacht durch die Straße schallt. *Hafez al-Assad – Symbol der Gerechtigkeit. Hafez für immer.* Hala sollte ihre Stimme in der Universität abgeben, aber sie geht nicht hin. Wenn sie mit Nein stimmt, wird sofort eine Untersuchung eingeleitet, denn es wird alles überprüft. Irgend jemand wird schon in ihrem Namen mit Ja stimmen, vermutet sie.

Zwei Tage später tritt Assad im Fernsehen auf, um seinem Volk für das Tanzen in den Straßen, das Schafeschlachten, die überwältigenden Sympathiebekundungen zu danken. Hala schaut ungläubig auf den Bildschirm. »Der muß doch wissen, daß das alles arrangiert war!«

Auf das Wahlergebnis scheint niemand neugierig zu sein, aber eines Tages kommt Hala mit einer Anekdote nach Hause. Der Wahlkampfleiter soll Assad angerufen haben, um ihm zu gratulieren. »Nur 389 Wähler haben gegen Sie gestimmt, Herr Präsident, was wollen Sie noch mehr!« Die grimmige Antwort lautete: »Ihre Namen!«

Das Heizöl ist so knapp geworden, daß Hala mit Kanistern an der Tankstelle Schlange stehen muß. Und jetzt macht sich zu allem Unglück auch noch der Strom rar. Daran sind nur die Wahlen schuld, heißt es hinter vorgehaltener Hand, die haben Unsummen verschlungen. Asma macht ihre Hausaufgaben bei Kerzenlicht, Hala und ich setzen zum Baden große Töpfe mit Wasser auf. Im spärlich beleuchteten Badezimmer hebe ich eines Abends den Deckel vom dampfenden Topf.

Suppenschwaden schlagen mir entgegen. Nach dem Waschen rieche ich nicht nach Seife, sondern nach Fleischbrühe.

Der Strom der Berichte über freigelassene Häftlinge reißt nicht ab. Da Ahmed vor den Wahlen nicht entlassen worden ist, hofft Hala auf die bevorstehenden Feiertage. »Wenn er bis Neujahr nicht frei ist, geb ich's auf«, sagt sie.

Hayat, eine der drei Häftlingsfrauen, die neulich bei uns zu Besuch waren, liegt nachts mit nervösen Bauchkrämpfen wach. Sie ist vor kurzem nach Dummar, einem Neubauviertel außerhalb von Damaskus, umgezogen. Jetzt hat sie Angst, der Taxifahrer könnte ihr Haus nicht finden und ihren Mann ganz in der Nähe im Kreis herumfahren!

Bei manchen Gefangenen spielen sich Ehedramen ab, wenn sie nach Hause kommen. Ein Mann, der seine Frau nicht mehr liebte, hatte sie beschworen, ihn zu vergessen, aber sie hatte ihn getreulich weiter besucht. Eines Nachts stand er plötzlich vor ihrer Tür. Vor Überraschung fiel sie in Ohnmacht. Als sie wieder zu sich kam, war er verschwunden – er war zu seinen Eltern gegangen. Hala ist dort gewesen, um zu gratulieren. Der Mann hat gestrahlt, sagt sie, aber die Frau war bleich und in sich gekehrt.

Am Abend kommt ein Bekannter von Ahmed zu Besuch, der gerade entlassen worden ist. Er hat seine Schwester mitgebracht, die ihm in dem Labyrinth, das Damaskus für ihn geworden ist, als Führerin dient. Er ist mager, und sein Haar lichtet sich bereits. Den Kaffee nimmt er ohne Zucker, und die Torte, die Hala gekauft hat, lehnt er ab. Verlegen hält er sich die Hand auf den Magen: Er hat sich noch nicht wieder an das Essen »draußen« gewöhnt. Hala nennt er *umm Asma*, was mich nach einer Weile irritiert – als stünde sie nicht für sich selbst, sondern sei Anhängsel einer anderen Person. Ob er etwas für sie tun könne, fragt er, ob sie alles habe? Dabei ist er derjenige, der alles braucht! Vom Gefängnis redet er kaum, und obwohl er etwas Englisch spricht, wage ich die Fragen, die mir auf der Zunge brennen, nicht zu stellen. Nach einer halben Stunde steht er auf und lächelt entschuldigend: Er muß weiter. »Ich will leben«, sagt er, »ich will alles auf einmal sehen.« Seine Worte überraschen mich, sie passen nicht zu seiner müden Haltung, den sparsamen Bewegungen.

Nachdem er gegangen ist, räumt Hala gelassen den Tisch ab. »So sind sie alle, wenn sie rauskommen«, sagt sie, »zerbrechliche Traumtänzer.«

»Du warst ja nicht gerade begeistert.«

»Na ja, es war eben ein Pflichtbesuch. Er hat's für Ahmed getan.« Sie setzt sich, den Teller auf dem Schoß, und seufzt. »Du siehst, ich stecke wieder mittendrin. Ich komm da einfach nicht raus.« In ein paar Tagen muß sie zur Hochzeit eines palästinensischen Bekannten, der vor einiger Zeit entlassen worden ist. »Wenn du willst, gehen wir zusammen hin.«

»Falle ich da nicht zu sehr auf?«

»Nein, nein, er ist schon seit einem halben Jahr wieder frei.« Sie lacht. »Der *mukhabarat* hat im Moment anderes zu tun.«

Meine armselige Wintergarderobe kommt mir in den Sinn. »Was zieht man denn zu so einem Fest an?«

»Ach, nichts Besonderes. Da kommen viele Alt-Revolutionäre, viele Neinsager.« Sie rümpft die Nase. »Vielleicht sind sogar welche dabei, die sich nicht waschen!«

Asma nimmt ein Schulbuch mit zu der Feier; es wird bestimmt langweilig, meint sie. Das Taxi bringt uns in ein Arbeiterviertel am anderen Ende der Stadt und hält an einem verwahrlost wirkenden kleinen Saal. An den Giebel hat jemand in einer fernen Vergangenheit ein fröhliches Brautpaar gemalt. Drinnen treffen wir Sahar und Aisha. Wir umarmen uns. »Und?« »Noch nichts«, sagt Sahar traurig.

Der Saal ist voll aufgeregt durcheinanderredender Menschen, doch plötzlich tritt Stille ein. Alles dreht sich zum Eingang um, wo Braut und Bräutigam erschienen sind. Sie trägt ein langes weißes Kleid, er einen steifen blauen Anzug.

Als sie nach vorn gehen, bricht tosender Beifall aus. Hala hat Tränen in den Augen. »*Ces sont des moments volés de la tristesse*«, sagt sie.

Das Brautpaar geht zum Podium und nimmt auf den goldenen Stühlen Platz. Als alle den beiden Glück gewünscht haben, steht der Bräutigam auf, streckt einer alten Frau, die in traditioneller Kleidung in der ersten Reihe sitzt, die Hand hin und führt sie zur Tanzfläche. Er weiß nicht recht, wie er mit ihr tanzen soll, und auch sie scheint sich in seinen Armen unbehaglich zu fühlen. Sie nimmt seinen Kopf zwischen die Hände, küßt ihn auf die Stirn und fängt an zu weinen. Behutsam schiebt er sie von sich, lacht dem Publikum zu und versucht weiterzutanzen, doch die Frau weint jetzt so heftig, daß er sie verlegen an ihren Platz zurückbringt. »Ist das seine Mutter?« Hala nickt.

Kurz darauf aber werden alle Emotionen von der angeheuerten Band überdröhnt. Halas Freunde sehen sich an und halten sich die Ohren zu, während ein ägyptischer Schlager nach dem anderen durch den Saal schallt. »Wie schaffen die das nur?« rufe ich. Hala zieht zweifelnd den Mundwinkel hoch. Auch das zeigt, wie unsicher die Ex-Gefangenen sind, sagt sie mir später: Der Bräutigam war so lange fort, daß er nicht mehr weiß, wie es auf einer Hochzeit zugeht; wahrscheinlich hat seine Familie die Feier arrangiert.

Nach diesem Abend verstehe ich Halas Angst vor Ahmeds Rückkehr besser. Es wird alles ganz anders werden, als sie es will, sie wird von einem Wirbelstum der Ereignisse mitgerissen werden. Niemand wird sie nach ihrer Meinung fragen, sie wird sich den Familienritualen unterwerfen müssen. Das Kamel und die Schafe, die Ahmeds Eltern schlachten wollen, sind natürlich Teil eines riesigen Fests, für das Halas Haus viel zu klein ist. Sie werden Ahmed ebenso wie Hala und Asma zu sich holen. Tagelang wird Hala die Glückwünsche Hunderter von entfernten Bekannten entgegennehmen müssen.

Halas Hausbesitzer läßt nichts mehr von sich hören, und es tritt ein, was ich nie für möglich gehalten hätte: Unser Leben nimmt wieder seinen gewohnten Rhythmus an. Der Heizölhändler ist wieder aufgetaucht und hat den Tank bis zum Rand gefüllt. »Jetzt schwimmen wir in Öl!« ruft Hala. Eines Tages gehe ich sogar wieder zu dem Treffen im Café Havana, das von Gerüchten summt. Jemand hat im Radio gehört, daß eine große Gruppe Gefangener entlassen worden ist. Der Sprecher verhaspelte sich, als er die Zahl verlas, denn bis dahin hatte die Regierung nie offiziell zugegeben, daß es in Syrien überhaupt politische Gefangene gab. Einer der Journalisten am Tisch zuckt gleichgültig die Schultern. »Dreitausend? So wenig? Und was ist mit den übrigen zwölf Millionen?«

Ich rufe Hala an, aber sie ist nicht da. »Dann steht ihr Mann vor verschlossenen Türen, wenn er nach Hause kommt«, sagt Baghdadi. Einem Impuls folgend, ziehe ich meinen Mantel an und fahre mit dem Taxi nach Hause. Asma hat gerade Schule aus – ob sie bei Tété ist? Tétés Stimme klingt aufgeregt. »Ja, sie waren hier. Ich glaube, sie sind zum Gefängnis, um Ahmed abzuholen.« Kaum habe ich aufgelegt, klingelt das Telefon wieder. Es ist Sahar. »Ist Ahmed schon da?« Kurz darauf ruft Hala mit derselben Frage an. »Nein, ich dachte, er ... «

»Bleib, wo du bist«, sagt sie, »ich bin gleich da.«

Aufgekratzt und außer Atem kommen sie und Asma eine halbe Stunde später mit vollen Einkaufstaschen beladen hereingepoltert. Als Asma nach der Schule die Nachricht im Radio gehört hat, war sie nicht mehr zu halten: Sie wollte unbedingt ihren Vater abholen. Ein Nachbar von Tété erbot sich, die beiden hinzuzufahren. Hala hatte erwartet, daß die Gefängnistore weit offenstehen und auf dem Platz davor zahllose Busse warten würden, aber es war auffallend ruhig. Als sie fragte, was los sei, erfuhr sie, daß das Gefängnis leer war, daß alle Gefangenen fortgebracht worden waren.

»Sieh mal, was ich gekauft habe.« Hala bringt einen großen Topf zum Vorschein. Sie will Hammelkeulen machen wie an dem Tag, an dem Ahmed verhaftet wurde. »Vielleicht kann er sie jetzt endlich essen.« In der Küche macht sie sich sofort an die Arbeit. Asma schneidet Herz, Nieren und Leber klein, als hätte sie nie etwas anderes getan, und Hala läuft immer wieder zum Telefon. Plötzlich rufen aus dem ganzen Land Leute an, mit denen sie seit zehn Jahren nicht mehr gesprochen hat. In Qamishly im Nordosten sind drei Busse mit Gefangenen eingetroffen, und die Einfallstraße nach Hama säumen Tausende von wartenden Menschen. Tété ruft an, um mitzuteilen, daß sie barfuß zu Hala gehen wird, sobald Ahmed da ist. »Barfuß im Taxi!« schnaubt Hala. Als Ahmeds Mutter anruft und nach Asma fragt, ist Hala einen Augenblick lang beunruhigt: ob Ahmed frei ist und im nächsten Moment vor der Tür stehen wird, um Asma zu holen?

Bis zum Abend hat sie eine Menge Informationsfetzen gesammelt, die sie atemlos zusammenzufügen versucht. Die Gefangenen sind in zwei Gruppen eingeteilt worden: diejenigen, die Schuhe besitzen, und die Schlappenträger. Letztere durften sich ein Paar Espadrilles aussuchen, und dann bekam jeder eine Hundertpfundnote zugesteckt. Mit Bussen wurden sie um Mitternacht ins Stadtzentrum gebracht. Zahlreiche Moslembrüder und sogar Sympathisanten der irakischen Baath-Partei sind freigelassen worden, aber von der Partei, der Ahmed angehört, hat man nichts gehört.

Die Küche ist aufgeräumt, und das ganze Haus riecht nach Hammelkeulen. Da klingelt es. »Ich mach auf! Ich mach auf!« Asma springt auf und rast zur Tür. Enttäuscht kommt sie zurück: Es ist ein Junge aus der Nachbarschaft, dessen Mutter fragen läßt, ob Ahmed schon da sei. Hala sitzt im Wohnzimmer auf dem Schemel am Ofen, die Hände untätig im Schoß. Zum soundsovielten Mal an diesem Tag seufzt sie: »*La hawla illa billa* – Gott helfe mir.« Ich versuche ein Gespräch mit ihr anzufangen, aber es gelingt mir nicht. Mit leerem Blick schaut sie an mir vorbei. Was nun, frage ich mich, was machen wir jetzt? Hala ist aufgestanden. »Kommst du mit, Asma? Wir kaufen einen Weihnachtsbaum.«

Lametta, Christbaumkugeln, Blechvögelchen, bunte Lämpchen – stundenlang sind wir damit zugange. Als der Nachrichtensprecher am Abend den Bericht über die Freilassung von 2864 Gefangenen verliest, knistert die Luft wieder vor Spannung, ein Zustand, der jedoch nicht lange anhält. Ahmeds Mutter ruft an, diesmal in Tränen aufgelöst: Ihr Mann hat gesagt, sie würden Ahmed umbringen, weil er sich geweigert hat zu unterschreiben.

Am Abend hänge ich meine Kleider ordentlich über den Stuhl. Wenn Ahmed heute nacht mit einem Bus im Zentrum abgesetzt wird, kann er zehn Minuten später hier sein. Doch Ahmed kommt nicht, in dieser Nacht nicht und auch in den folgenden Tagen nicht. Asma hat Ferien und verbringt den größten Teil der Zeit in der Höhle, die sie sich unter dem Christbaum gebaut hat. Nach und nach bringt sie ihre sämtlichen Habseligkeiten dorthin. Auf einer Decke zusammengerollt und von allen ihren Puppen umgeben, starrt sie in die Lämpchen und redet mit sich selbst. Ab und zu greift sie zum Telefon und führt endlose Gespräche mit Rami. Sie liegt dabei auf dem Rücken, und ihre Füße spielen mit den Christbaumkugeln. Ihre Mutter werde einen Saal mieten, wenn Papa nach Hause kommt, sagt sie.

Durch den Christbaum inspiriert, gehe ich ins christliche Viertel und kaufe in der Konditorei von Louises Bruder eine Weihnachtstorte. Asma ist entzückt: Kleine Plastikfiguren sitzen darauf und Pilze auf dünnen Stielen. Die Torte muß im Innenhof stehen, beschließt sie, da bleibt sie länger frisch. Wir laden Louise ein, die ihren Freund mitbringt. Asma plaudert mit Louise munter drauflos und wirft dem Freund verstohlene Blicke zu. »Heißt er wirklich Karim?« fragt sie, als die beiden gegangen sind. Ich nicke. »Ist er Moslem?« Wieder nicke ich. Da sagt sie nichts mehr – sie weiß genug.

Asma sitzt auf meinem Bettrand. Hat sie mich geweckt? Das ist noch nie vorgekommen. Sie redet mit einem so lieben Stimmchen, daß ich ganz weich werde, aber ich verstehe nicht ganz, worum es geht. »Es ist kalt«, sage ich und schlage die Decke zurück. Widerspruchslos krabbelt sie zu mir ins Bett. Ich wage mich kaum zu bewegen, aus Angst, irgend etwas zu tun, was sie zurückscheuen läßt. Sie hat ihren Arm um mich gelegt und redet in einem fort. Nach einer Weile verstehe ich, was sie mir sagen will. Es schneit, sie hat es gerade im Fernsehen gesehen. Nicht in Damaskus, aber in den Dörfern weiter oben in den Bergen. Sie zermartert sich das Hirn nach den französischen Wörtern: Einen *garçon* aus Schnee will sie bauen, mit *boutons* auf dem Bauch. Sie zeigt auf das Telefon neben meinem Bett. Ob ich nicht Louise anrufen kann, die hat doch ein Auto! Vielleicht fährt sie ja mit uns hin.

»Was höre ich da?« Hala macht die Tür auf und sieht lachend auf uns herab. »Wir können Louise doch jetzt nicht anrufen«, sagt sie streng. »Die hat bestimmt andere Dinge im Kopf.«

Asma hat sich aufgesetzt. »Alle Kinder können im Schnee spielen, nur ich nicht!« Sie sieht ihre Mutter böse an. »Warum haben wir denn kein Auto?«

»Nicht jedes Kind hat einen politischen Gefangenen als Vater.« Zum ersten Mal seit Tagen höre ich wieder so etwas wie Stolz in Halas Stimme. Sie zieht Asma an sich und wiegt sie in ihren Armen. »Hast du denn schon vergessen, was wir heute abend vorhaben? Nein, nicht wahr?«

Die Straße nach Dummar ist unbeleuchtet. Die Weinflaschen zu meinen Füßen sind umgefallen, aber wenn ich sie wieder aufzustellen versuche, rutscht mir die Schüssel mit dem warmen Essen vom Schoß. Auch Hala hält eine Schüssel, deren Folie im Dunkeln glänzt. Asma sitzt vorn. Sie hat den Tag schmollend vor dem Bildschirm verbracht, wo Kinder mit Schlitten die Hänge hinabsausten und Schneemänner bauten, doch bis zum Abend hatte sie sich wieder mit ihrem Schicksal ausgesöhnt. Sie hält ein Päckchen Wunderkerzen in der Hand, die sie heute nacht um zwölf anzünden will.

Es ist ein Silvesterabend, wie Hala und Asma ihn gewöhnt sind. Sahar und Aisha und alle anderen werden auch dasein. Hayat, die Gastgeberin, hat noch immer nervöse Bauchkrämpfe, obwohl inzwischen klar ist, daß auch ihr Mann nicht nach Hause kommen wird. Man wird essen, trinken und tanzen. Wenn Strom da ist, werden die Kinder fernsehen, während die Frauen auf dem Boden sitzen und sich über ihre Männer im Gefängnis unterhalten. Hala schaut trübselig aus dem Fenster. Sie hätte sich gewünscht, ein einziges Mal um diese Silvesterfeier herumzukommen.

»Wir könnten doch nach Aleppo fahren«, habe ich ihr vor ein paar Tagen vorgeschlagen. Eine Suite im Baron Hotel, ein Abend mit Walid und seinen Freunden – ich sah es bereits vor mir. Aber als Tété davon hörte, wurde sie hysterisch. Sie habe nicht mehr lange zu leben, rief sie, und da wolle Hala ausgerechnet am letzten Silvesterabend ihres Lebens nach Aleppo! »Das ist Erpressung!« rief ich böse, aber ich merkte, daß Hala schon den Rückzug angetreten hatte. »Und was ist, wenn Ahmed kommt?« sagte sie. Nein, es wäre nicht in Ordnung, jetzt nach Aleppo zu fahren.

Seit wir im Taxi sitzen, hat sie noch kein Wort gesagt. Ob sie an Firas denkt? Vor ein paar Tagen war sie wieder bei ihm. Wenn die Frauen, die auf uns warten, davon wüßten – sie würden es ihr nie verzeihen. Aber sie braucht ihn in diesen Tagen mehr denn je.

»Ist was?« frage ich vorsichtig.

»Es hat wieder angefangen.«

»Was?«

»Das Warten auf Ahmed. Es kann Jahre dauern, bis er wieder eine Chance bekommt.« Sie seufzt matt. »Ich weiß, was jetzt kommt, ich hab's ja schon mal durchgemacht. Letztes

Mal hat es ein Jahr gedauert, bis ich über die Enttäuschung weg war. Ich will das nicht mehr, ich glaub nicht mehr daran.«

Als meine Augen sich an die Dunkelheit gewöhnt haben, sehe ich, daß wir durch eine kahle, zerklüftete Felslandschaft fahren. »Kennst du die Geschichte von der Frau und der *mudjadara*?« Ohne die Antwort abzuwarten, beginnt Hala zu erzählen. Eine Frau lief von zu Hause fort, weil sie genug davon hatte, Tag für Tag *mudjadara* – ein Reis- und Linsengericht – für ihren Mann zu kochen. Sie stellte sich an die Straße, und bald hielt ein galanter Herr, der ihr vorschlug, sie mit zum Strand zu nehmen, wo sie einen romantischen Spaziergang machen könnten, um danach vielleicht... Freudig überrascht lehnte sie sich zurück. »Aber zuerst«, sagte der Mann, »suchen wir uns ein Restaurant und essen *mudjadara*.«

Hala lacht, ein freudloses Lachen, das mich erschreckt. »Na, ganz so ist es ja nicht«, protestiere ich leise, »es gibt doch auch noch andere Dinge...«

»Welche denn? Ich hab gesagt, ich besuche Ahmed nicht mehr, wenn er nicht unterschreibt, ich reiche die Scheidung ein, aber das geht natürlich nicht. Und selbst wenn ich es täte, was würde das für einen Unterschied machen?« Sie hat mir das Gesicht zugewandt. »Wenn das ein Roman wäre, dann würde jetzt mit den Hauptpersonen, die durch alle möglichen Fäden mit der Handlung verbunden sind, etwas Dramatisches passieren. Sie würden sterben, oder irgend etwas in ihrem Leben würde sich von Grund auf ändern. Aber hier geht einfach alles weiter wie bisher.«

Es ist kalt im Wagen. Ich wärme mir die Hände an der Schüssel und sehe, daß Hala das gleiche tut. »Die Frauen in ägyptischen Filmen tun mir immer so leid«, sagt sie. »Manchmal müssen sie einen Mann heiraten, den ihre Eltern für sie ausgesucht haben, sind aber unsterblich in einen anderen verliebt. Jedesmal hoffe ich, sie folgen dem Mann ihrer Träume, aber zum Schluß machen sie doch immer, was die Eltern wollen. Ich hab Angst, daß es bei mir genauso kommt – wie in einem ägyptischen Film.«

Sie sieht wieder zum Fenster hinaus. Einige der Felsspitzen sind mit einer dünnen Schneeschicht bedeckt. In der Ferne tauchen die Lichter von Dummar auf. Hala schaut trotzig nach vorn. »Die anderen übernachten alle dort«, sagt sie, »Aber wir nicht, auf keinen Fall. Und wenn ich mit den Schüsseln unterm Arm zu Fuß zurück muß!«

MALIK

Lieve Joris
Mali Blues

Ein afrikanisches Tagebuch. Aus dem Niederländischen von
Ira Wilhelm und Jaap Grave. 313 Seiten. Geb.

Was ist es, das Lieve Joris' Erzählungen über fremde
Länder so anders, so besonders berührend macht? Sie
lebt mit den Menschen, an den Orten, bevor sie über sie
schreibt. Die Afrikaner, die sie auf ihren Reisen trifft, sind
Überlebenskünstler, die Zauberei, Tradition und Moderne
zu vereinbaren wissen. Der politischen Unfähigkeit ihrer
Regierungen bewußt, nehmen sie mit Mut und viel Humor
ihr Leben selbst in die Hand.
Lieve Joris schreibt aus tiefer persönlicher Kenntnis
heraus über dieses riesige, heterogene Land, über diesen
Kontinent mit seinen enormen Ressourcen und seinen
enormen Mängeln; sie schildert dessen Würde, Hoffnung
und Poesie.

»Joris schreibt so, daß man beim Lesen glaubt, einer
Kamera zu folgen. Bunt wie ein Film baut sich das Leben
eines Dorfes, einer Stadt, eines Landes auf. Man wird
beim Lesen schnell nach dieser Kamera süchtig, denn sie
zeigt ein menschliches Afrika.«
Sybille Mulot

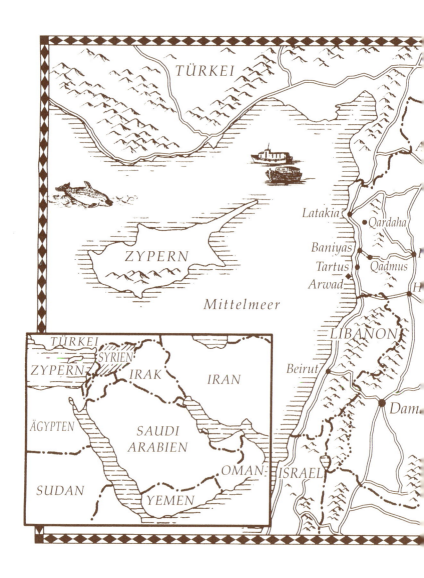